RUMEURS

DU MÊME AUTEUR

Échec à la science ?
La survivance des mythes chez les français
(avec B. Dubois)
Nouvelles Éditions rationalistes, 1981

Les Chemins de la persuasion
Le mode d'influence des médias et de la publicité sur les comportements
Dunod, 1984

L'Enfant et la Publicité
Les chemins de la séduction
Dunod, 1985

La Marque
Moteur de la compétitivité des entreprises et de la croissance des économies
Mc Graw Hill, 1989

Les Marques, Capital de l'entreprise
Éditions d'Organisation, 1991

La Sensibilité aux Marques
(avec G. Laurent)
Éditions d'Organisation, 1993

Strategic Brand Management
New York, Free Press, 1994

Jean-Noël Kapferer

RUMEURS

Le plus vieux média du monde

Éditions du Seuil

La présente édition a été
revue et augmentée par l'auteur

TEXTE INTÉGRAL

ISBN 2-02-024743-7
(ISBN 2-02-009529-7, publication brochée
ISBN 2-02-012110-7, 1re publication poche)

Introduction

Depuis 1981, Procter et Gamble, une des plus importantes entreprises américaines de produits de grande consommation, reçoit plusieurs milliers d'appels téléphoniques par mois émanant de consommateurs inquiets : ils veulent savoir si la société a des liens avec Satan, comme le prétend la rumeur. Selon celle-ci, le symbole visuel de cette société, un visage humain contemplant une myriade d'étoiles, cache en réalité de nombreux signes sataniques. En les regardant bien, les étoiles dessineraient le chiffre du diable : 666. Pour prospérer en affaires, Procter et Gamble aurait pactisé avec le diable et verserait 10 % de ses bénéfices à une secte satanique. Née vers 1980 à l'ouest du Mississippi, cette rumeur avait rapidement pris de l'ampleur et atteint l'Est des États-Unis. Elle entamait une guerre à laquelle Procter et Gamble n'était nullement préparée : une guerre des étoiles d'un genre particulier. Secoués par la signification de ces innocentes étoiles, de nombreux groupes religieux prônèrent même le boycott des produits marqués par l'empreinte fatale.

Fin 1966, à Rouen, la rumeur accuse une boutique de confection bien connue d'être un appât pour la traite des blanches. Les menaces téléphoniques se multiplient. Poursuivie par cette rumeur qu'aucun démenti ne parvient à calmer, la gérante du magasin préfère abandonner la lutte et quitter la ville. Trois années plus tard, une même rumeur s'abattait sur Orléans. Les clients désertent six magasins de prêt-à-porter bien connus et tenus par des israélites : des jeunes femmes auraient disparu, enlevées dans les cabines d'essayage. En visitant les sous-sols des magasins, la police aurait trouvé deux ou trois jeunes filles, droguées et prêtes à être remises à un réseau de traite des blanches. La rumeur prit une ampleur considérable : il fallut toute la mobilisation de la presse parisienne et locale, des associations et des pouvoirs publics pour éteindre la « rumeur d'Orléans », ou du moins la réduire au silence.

En janvier 1973, une rumeur circula avec insistance dans les milieux politiques de la majorité comme de l'opposition. Le président Georges Pompidou serait gravement malade, sa vie menacée, et le septennat n'irait pas jusqu'à son terme. Cette rumeur connut une large diffusion dans la nation, relayée par la presse et les médias qui entretenaient les interrogations. La maladie du président, bien que jamais confirmée officiellement, était au hit-parade des sujets de conversation. Une année plus tard, le président de la République devait effectivement décéder d'une terrible maladie.

Le 22 novembre 1963, aux États-Unis, John Fitzgerald Kennedy était assassiné alors que son cortège traversait la ville de Dallas. Très vite on identifia le coupable, un certain Lee Harvey Oswald. Une commission officielle fut chargée de remettre ses conclusions sur ce sombre moment de l'histoire de l'Amérique. Celles-ci, consignées dans le célèbre rapport Warren, furent dénuées de toute hésitation : le président Kennedy a été assassiné par une personne seule, L. Oswald, ayant agi de son propre chef. Pourtant, dès les premiers jours qui suivirent l'attentat, une rumeur était née : il y aurait eu plusieurs tireurs ce jour-là à Dallas. On avait donc affaire à un réel complot. D'aucuns parlèrent de Fidel Castro, d'autres de la CIA. Une chose est certaine, la thèse officielle du tireur isolé n'a jamais convaincu une partie de l'opinion publique américaine.

Quatre exemples de rumeurs bien connues. Chaque fois, le même processus se déroule. Un bruit, venu d'on ne sait où, se met à proliférer, à circuler. Le mouvement prend de l'ampleur, atteint un paroxysme avant de retomber, de se scinder en de mini-feux rampants, et de sombrer, le plus souvent, dans le silence. Quatre exemples pourtant bien différents. A Orléans, la rumeur n'avait aucun fondement. De même Procter et Gamble n'a rien à voir avec le diable. En revanche, la rumeur concernant la maladie mortelle du président Pompidou était bel et bien fondée. Quant à la rumeur contestant les conclusions du rapport Warren, l'incertitude est totale et le doute permis.

Pour le public, le mot rumeur évoque un phénomène mystérieux, presque magique. L'analyse du vocabulaire courant est révélatrice à cet égard : la rumeur vole, rampe, serpente, couve, court. Physiquement c'est un animal surprenant, véloce et insaisissable, n'appartenant à aucune famille connue. Son mode d'action sur les hommes serait proche de l'hypnose : elle fascine, subjugue, séduit, embrase.

La thèse centrale de ce livre est que cette conception est erronée. Loin d'être mystérieuses, les rumeurs obéissent à une logique forte dont il est possible de démonter les mécanismes. Aujourd'hui, on peut mieux répondre aux grandes questions que posent les rumeurs. Comment naissent-elles, d'où partent-elles, pourquoi apparaissent-elles un jour dans un groupe ou dans un lieu particulier ?

On peut également interpréter les rumeurs : pourquoi sont-elles noires ? A quelles règles leur message obéit-il ? Au-delà du contenu apparent, quel est le message caché ? Etc.

Ensuite, on ne saurait analyser le phénomène des rumeurs sans parler de leur usage dans la vie quotidienne. Comment vit-on avec les rumeurs, comment les utilise-t-on, à quelles fins, avec quels résultats attendus ou inattendus ?

Dernière question enfin : peut-on éteindre une rumeur ? A ce jour, on s'est contenté de donner une analyse descriptive ou explicative du phénomène : les réalités sociales commandent d'aller au-delà, vers la prescription. Surtout, en étudiant de façon approfondie le problème du contrôle de la rumeur, on pénètre au cœur même de sa logique, c'est-à-dire fondamentalement du phénomène de la croyance.

1. Un phénomène fuyant

La rumeur est partout, quelles que soient les sphères de notre vie sociale.

Elle est aussi le plus ancien des mass médias. Avant que n'existe l'écriture, le bouche-à-oreille était le seul canal de communication dans les sociétés. La rumeur véhiculait les nouvelles, faisait et défaisait les réputations, précipitait les émeutes ou les guerres. L'avènement de la presse, puis de la radio et enfin l'explosion de l'audiovisuel ne l'ont pourtant pas éteinte. Malgré les médias, le public continue à tirer une partie de son information du bouche-à-oreille. L'émergence des premiers, loin de supprimer la rumeur, l'a seulement rendue plus spécialisée : chacun a désormais son territoire de communication.

Malgré cela, on ne sait pas grand-chose sur les rumeurs. Rarement un phénomène social aussi important aura été aussi peu étudié : événement mystérieux, presque magique, la rumeur constitue encore un no man's land ou un Mato Grosso du savoir.

Où commence et où s'arrête le phénomène appelé rumeur ? En quoi est-il différent de ce que l'on appelle communément le bouche-à-oreille ? En fait, le concept se dérobe quand on croit l'avoir cerné. Chacun croit savoir reconnaître une rumeur quand il en rencontre une, mais personne n'arrive à en donner une définition satisfaisante. En somme, si chacun a le sentiment très fort de l'existence des rumeurs, aucun consensus n'existe pour délimiter avec précision où commence et où finit le phénomène.

Comment expliquer la rareté des travaux sur le sujet ?

Une première raison tient à la difficulté de la tâche. Il est aisé de travailler sur la presse, la radio ou la télévision, car leurs messages sont conservés. Chacun peut compulser les collections complètes de magazines ou de journaux. De même, le magnétophone et le magnétoscope permettent de réentendre ou de revoir des émissions passées. Il en va différemment d'une rumeur. Sauf exception, le chercheur en apprend en général trop tard l'existence : la rumeur est soit terminée, soit dans sa phase finale. Il ne peut plus alors que procéder à des interviews sur le souvenir de cette rumeur, sujet à l'oubli, à la rationalisation et à la distorsion. Ce faisant, le chercheur n'étudie pas la rumeur, mais le souvenir qu'elle a laissé chez les uns et les autres. Ainsi l'objet se prête difficilement à l'observation.

Une seconde raison tient à ce que l'on a plus cherché à moraliser sur les rumeurs qu'à en éclairer les mécanismes.

Une information gênante

Les premiers travaux systématiques menés sur les rumeurs ont été américains. Le nombre des rumeurs pendant la Seconde Guerre mondiale et leurs effets négatifs sur le moral des troupes et de la population ont conduit plusieurs équipes de chercheurs à s'intéresser au sujet.

Comment ont-ils défini la rumeur ? Pour Allport et Postman [5] [1], les pères fondateurs du domaine, la rumeur est une « proposition liée aux événements du jour, destinée à être crue, colportée de personne en personne, d'habitude par le bouche-à-oreille, sans qu'il existe de données concrètes permettant de témoigner de son exactitude ». Pour Knapp [85], elle est une « déclaration destinée à être crue, se rapportant à l'actualité et répandue sans vérifica-

1. Les chiffres entre crochets renvoient aux ouvrages cités dans la bibliographie.

tion officielle ». Pour Peterson et Gist [115], la rumeur est « un compte rendu ou une explication non vérifiés, circulant de personne à personne et portant sur un objet, un événement ou une question d'intérêt public ».

Ces trois définitions sont très proches. Pour elles, la rumeur est d'abord une information : elle apporte des éléments nouveaux sur une personne ou un événement liés à l'actualité. En cela, elle se distingue de la légende qui porte sur un fait passé. En second lieu, la rumeur est destinée à être crue. On ne la raconte en général pas dans le seul souci d'amuser ou de faire rêver : en cela, elle se distingue des histoires drôles ou des contes. La rumeur cherche à convaincre.

Ayant ainsi défini le concept, les auteurs présentent une série d'exemples et d'expériences. Chose curieuse, tous leurs exemples sont des cas de « fausses » rumeurs : ce que le public avait cru n'était pas fondé. Pourtant les cas de rumeurs fondées ne manquent pas : celles de la maladie de R. Reagan, de L. Brejnev, de Y. Andropov ou de G. Pompidou, dont nous avons parlé. Chaque dévaluation est précédée de rumeurs. Dans l'entreprise, la rumeur annonce les licenciements ou les mutations. En politique, elle précède les départs des ministres. Autre exemple, en 1985, plusieurs semaines avant que la nouvelle fût officiellement confirmée, la rumeur avait annoncé un grand succès de l'industrie française : les Américains préféreraient Rita, le système de transmission mis au point par Thomson CSF, pour équiper leur armée de terre. Rita fut effectivement retenue, contre son concurrent britannique.

Les exemples retenus par ces chercheurs sont tendancieux. Ils ne développent que des cas de rumeurs non fondées, or leurs définitions de la rumeur ne font aucunement référence à la véracité de l'information. Ils ne disent nulle part que la rumeur est « une information fausse », mais que la rumeur n'est qu'une information « non vérifiée ». Rien n'est dit sur le verdict de la vérification ultérieure.

Tout se passe comme si, conscients que la rumeur n'est pas nécessairement fausse, au contraire, il fallait néanmoins à tout prix empêcher ce mode d'expression. Aussi Allport et Postman ne présentent-ils que des cas de « fausses » rumeurs. De plus, au cas où leurs lecteurs n'auraient pas compris les dangers, ils exposent le processus par lequel la rumeur aboutirait inéluctablement à l'erreur. Leurs expériences sont bien connues : une personne regarde pendant quelques secondes la photo d'une scène de rue, puis elle raconte ce qu'elle a vu à une deuxième personne qui raconte ce qu'elle a entendu à une troisième personne, etc. Au bout du sixième ou septième relais, l'information rapportée n'a plus qu'un lointain rapport avec la photographie de départ.

L'expérience d'Allport et Postman voulait démontrer que la rumeur ne pouvait que mener à l'erreur : en circulant, elle s'éloigne de la vérité, au sens propre comme au figuré, représentant donc une distorsion du réel. CQFD. Nous verrons ultérieurement que cette simulation expérimentale ne correspond pas toujours au fonctionnement de la rumeur dans la vie quotidienne. Il est des cas où le message est soigneusement respecté de personne en personne.

Travaillant pour l'Office of War Information, chargé entre autres de contrôler le flux des rumeurs, les chercheurs américains ont donc exercé un soin particulier à discréditer ce mode de communication. Puisque le concept de rumeur était neutre, on sélectionna avec soin les exemples qu'il fallait pour la démonstration. Il y a une contradiction dans cette démarche : si la rumeur est toujours « fausse », pourquoi s'en soucier ? Après tout, avec l'expérience, la population aura appris de longue date à s'en méfier.

En réalité, c'est parce qu'elle peut se révéler exacte que la rumeur gêne. En temps de guerre, l'ennemi et son oreille mythique – la cinquième colonne – pourraient apprendre par la rumeur quelque vérité cachée. C'est bien la preuve qu'elle n'est pas toujours infondée.

Pour éviter les risques de fuite d'informations confidentielles, l'Office of War Information entreprit des campagnes d'affichage recommandant de ne pas colporter les rumeurs si l'on voulait être un bon citoyen (« Chut, les murs ont des oreilles »). Malheureusement, toutes ces recommandations négligeaient un problème essentiel : comment apprendre au public à reconnaître une rumeur ? Nous sommes donc ramenés très concrètement à un problème de définition. Or, les trois définitions examinées ci-dessus n'aident aucunement le public : que veut dire exactement « une information non vérifiée » ? Dans la vie quotidienne, nous vérifions rarement les informations que nous apprenons des autres. Jésus-Christ lui-même ne rabroue-t-il pas saint Thomas qui attendit de voir avant de croire, en disant : « Heureux ceux qui croient sans voir » ? La vie sociale repose sur la confiance et sur la délégation de la tâche de vérifier. Lorsque nous rapportons une information lue dans un journal, nous supposons qu'elle a été vérifiée, mais n'en avons aucune preuve.

La notion de vérification est donc indissociable de la personne présumée faire cette vérification. Si nous n'avons pas confiance en elle, nous doutons qu'il s'agisse d'une information vérifiée. A ce titre, pour une large fraction des Américains, le rapport Warren est douteux. Pour eux, les thèses du rapport n'ont rien de vérifié : ils ne croient pas à la thèse de l'acte isolé. Comme on le constate, le critère de vérification réintroduit une forte dose de subjectivité.

Enfin, définir la rumeur comme une information circulant et « non vérifiée » permet d'autant moins au public de la reconnaître que celle-ci se présente en général avec les attributs de la vérification idéale, le témoignage direct : « J'ai un ami qui a vu, de ses yeux vu, l'ambulance sortir de l'Élysée ! » La rumeur nous parvient toujours par un ami, collègue ou parent, qui n'est pas lui-même le témoin direct de l'événement relaté, mais un ami de ce témoin. Quoi de plus crédible qu'un témoin direct ? Quelles meilleures preuves attendre ? Ce témoin direct a le statut de journaliste spontané et désintéressé : son récit n'est mû que par le désir altruiste de communiquer à ses amis ce qu'il a vu ou entendu.

Ainsi, toute définition de la rumeur fondée sur son caractère « non vérifié » aboutit à une impasse logique et à l'impossibilité de distinguer une rumeur de bien d'autres informations transmises par le bouche-à-oreille ou apprises dans les médias. Si l'on revient au problème concret posé par l'Office of War Information, comment alors décourager les rumeurs ? On ne pouvait tout de même pas empêcher les Américains de communiquer, surtout en cette période de guerre, où l'anxiété à son comble conduit précisément les gens à se parler pour la faire diminuer. Les cinq « préconisations » émises par Knapp pour décourager la prolifération des rumeurs sont particulièrement intéressantes. A leur insu, elles révèlent pourquoi, de tout temps, les rumeurs ont gêné.

– En premier lieu, il convient que le public conserve une totale confiance dans les *médias officiels* (presse, radio, télévision) de façon à ce qu'il ne soit pas tenté d'aller s'informer ailleurs.

– En deuxième lieu, il faut que le public garde une *foi totale* dans ses dirigeants, qu'il fasse confiance au gouvernement qui fait de son mieux pour répondre aux problèmes posés par la crise et la guerre. Tout doit donc être fait pour éviter la défiance et le soupçon qui forment l'humus des rumeurs.

– Lorsqu'un événement survient, il importe de diffuser le plus vite possible le *maximum d'informations.* Les rumeurs naissent des questions spontanées que se pose le public et auxquelles on ne fournit pas de réponse. Elles satisfont le besoin de comprendre l'événement, si celui-ci n'est pas clair.

– Diffuser des informations ne garantit pas qu'elles soient reçues : il convient donc d'en assurer la bonne réception par tous. Il faut *éliminer tous les îlots d'ignorance.* Par exemple, Knapp cite une récente initiative de l'armée britannique : l'organisation de « réunions éducatives » où les soldats pouvaient aborder tous les sujets et recevoir les bonnes réponses, de la façon la plus claire.

– Puisque l'ennui déclenche une avidité pour les moindres bruits qui supprimeraient cette monotonie, il importe de maintenir la population à *l'abri de l'oisiveté*, par le travail ou l'organisation du temps libre.

Dans le contexte de la Seconde Guerre mondiale, les recommandations de Knapp paraissaient légitimes et mues par le souci de participer à l'effort de la nation. Relues en temps de paix, elles semblent décrire un régime totalitaire. La première recommandation traduit la méfiance devant les médias non officiels : en allant s'informer ailleurs, la population risque d'apprendre une version des faits qui ne correspond pas à la version diffusée par les médias officiels. La deuxième règle est un hymne au respect des dirigeants : il faut que le public garde une totale confiance en ceux qui dirigent la nation, la ville, l'entreprise, le syndicat, le parti politique. La troisième et la quatrième recommandations équivalent à s'assurer que toute la population a bien reçu la version officielle, qu'aucun îlot d'ignorance ne subsiste. Ne connaissant pas la version officielle, cet îlot pourrait créer sa propre vérité. La dernière règle enfin commande d'organiser au mieux le temps de la population : les temps libres et les moments d'oisiveté sont à proscrire.

Ainsi, les définitions de la rumeur insistant sur le caractère « non vérifié » de l'information s'inscrivent dans une période historique où la méfiance vis-à-vis des rumeurs est exacerbée. Elles ne sont pas satisfaisantes car, on l'a dit, le critère de « non-vérification » est subjectif et ne différencie pas la rumeur de la reprise par le bouche-à-oreille d'une information lue par exemple le matin dans son quotidien. Nous déléguons la vérification mais n'avons pas toujours les preuves formelles de sa réalisation. Parce qu'elle se présente comme le récit d'un témoin direct, la rumeur jouit des mêmes apparences de vérification que n'importe quel autre média.

Les définitions fondées sur le critère d'information

« non vérifiée » et a fortiori d'information « fausse » sont en réalité des définitions idéologiques traduisant un préjugé contre la rumeur et une volonté moralisante. Les règles de Knapp paraissent certes caricaturales en temps de paix. Elles ont le mérite d'indiquer clairement la racine du préjugé. Les rumeurs ne gênent pas parce qu'elles sont « fausses » : si tel était le cas, personne n'en tiendrait compte. Elles sont crues précisément parce qu'il leur arrive souvent d'être « vraies » comme dans le cas des fuites et des secrets politiques éventés. Les rumeurs gênent parce qu'elles sont une information que le pouvoir ne contrôle pas. Face à la version officielle, il naît d'autres vérités : à chacun sa vérité.

Une délibération collective

Pour autant, toute diffusion de nouvelles par le bouche-à-oreille est-elle rumeur ? Toute diffusion de nouvelles dans le corps social recevrait alors le nom de rumeur, même s'il s'agit de prévenir la ville de ce qui fut dit par le Premier ministre en tournée, le matin même, à la mairie. Or, nous sentons une réticence à qualifier cette répétition de rumeur. Manifestement, si quelqu'un interpelle un groupe en demandant : « Quelles sont les rumeurs ? », il n'attend pas comme réponse les informations officielles ou le discours du Premier ministre. Une définition de la rumeur doit exclure du phénomène la reprise légitime d'une information officielle par le bouche-à-oreille.

La plus connue des définitions de la rumeur par leur dynamique doit être portée au crédit du sociologue américain T. Shibutani : les rumeurs sont des nouvelles improvisées résultant d'un processus de discussion collective. Pour lui, à l'origine de la rumeur il y a un événement, important et ambigu. Par exemple, pendant la nuit, plusieurs dizaines de chars traversent un village tunisien. Dans ce pays où règne une surveillance étroite de l'information, la population va s'interroger : que se passe-t-il ?

La rumeur serait la « mise en commun des ressources intellectuelles du groupe pour parvenir à une interprétation satisfaisante de l'événement » [137]. Ainsi, la rumeur est à la fois un processus de dispersion d'information, et un processus d'interprétation et de commentaire. Shibutani conçoit la rumeur comme une action collective en vue de donner un sens à des faits inexpliqués : « Les chars signifient-ils que Kadhafi est à nouveau entré en Tunisie ? Y a-t-il une révolte à cause de la hausse des prix ? Est-ce seulement des manœuvres ? Bourguiba serait-il mort ? » En colportant les faits et en les commentant, le groupe parvient à une ou deux explications. L'évolution du contenu de la rumeur ne serait pas due aux distorsions de la mémoire mais à l'évolution et l'apport des commentaires faits tout au long du processus de rumeur.

Il est possible de résumer l'argument de Shibutani par une formule simple :

$$R = \text{Importance} \times \text{Ambiguïté}$$

Il s'agit d'une relation multiplicative : si son importance est nulle ou si l'événement n'est pas du tout ambigu, il n'y aura pas rumeur. L'énergie de la mobilisation du groupe est absente. Par exemple, on croit souvent qu'il est facile de lancer des rumeurs en marketing : c'est une erreur. En effet, la plupart des gens ne portent qu'un faible intérêt à leur dentifrice ou à leurs yaourts : la plupart des produits sont peu impliquants. De plus, ils ne présentent aucune ambiguïté et paraissent totalement transparents.

Ce n'est pas un hasard s'il faut faire de la publicité dans le domaine de la consommation. Les produits étant peu importants, le public n'a pas très envie d'en parler. Le moteur du bouche-à-oreille est absent. Il est significatif que les rumeurs qui concernent des produits banalisés ont justement pour fonction de leur donner et de l'importance et du mystère : « Il y a de l'opium dans les cigarettes Camel » ; « On peut voir trois K dessinés par la couleur rouge du paquet de Marlboro : c'est normal, la firme Marlboro finance le Ku-Klux-Klan » ; tel fromage bien connu serait cancérigène.

D'une façon générale, tous les symboles mystérieux fournissent un tremplin idéal aux rumeurs : ils sont ambigus, donc appellent les questions. Par exemple, quel Français n'a pas remarqué un jour, près de la porte de son domicile, des signes géométriques, dessinés au crayon ou à la craie ? Il circule désormais un tract expliquant ces symboles. Ils représenteraient des « signes de reconnaissance utilisés par les nomades et les cambrioleurs » (on remarquera l'amalgame). Par exemple, un rond veut dire « Inutile d'insister » et un triangle « Femme seule ». Quant aux lettres N, D, DM, elles indiquent le meilleur moment pour cambrioler. Ce tract, tapé sur papier blanc de façon très artisanale, se réclame d'une Direction départementale des polices urbaines des Hauts-de-Seine. Il circule allègrement dans les entreprises et les administrations.

Ainsi, partout où le public veut comprendre mais ne reçoit pas de réponses officielles, il y a rumeur. Celle-ci est le *marché noir* de l'information.

Comme on le voit, la définition de la rumeur par Shibutani est aussi une théorie sur sa genèse et son évolution. Elle concerne les rumeurs construites à chaud, à partir d'un événement. Nous avons là une définition trop spécifique. Toutes les rumeurs ne partent pas d'un événement à expliquer : certaines créent littéralement l'événement. Il n'y a aucune raison de ne pas les appeler « rumeurs ». Par exemple, en janvier 1985, sans raisons, sans l'ombre d'un fait même déformé, une histoire macabre circula à Strasbourg et ses environs [1] selon laquelle des parents inconscients auraient abandonné dans leur voiture leur enfant en bas âge, pendant qu'ils faisaient du ski dans la région. L'enfant aurait eu les deux jambes gelées et on aurait dû l'amputer. Suivre Shibutani et limiter le concept de rumeur aux seules rumeurs nées d'un événement obligerait à créer

1. *Dernières Nouvelles d'Alsace*, 27 janvier 1985.

d'autres concepts pour rendre compte des rumeurs ayant d'autres sources. La multiplication des concepts n'est pas souhaitable lorsqu'elle ne correspond pas à des phénomènes nettement séparés. Nous considérons que les deux histoires sont des cas de rumeur : une information non officielle se diffuse dans le corps social.

Psychiatrisation de la rumeur

E. Morin considérerait au contraire que seule l'histoire de l'enfant gelé justifie l'appellation de rumeur. Elle correspond exactement aux deux critères qu'il donne pour repérer une rumeur à l'état pur : (a) il n'y eut aucun enfant gelé dans la région, « aucun fait qui puisse servir de point de départ ou d'appui à la rumeur » ; (b) « l'information circule toujours de bouche à oreille, en dehors de la presse, de l'affiche, même du tract ou du graffiti » [106]. Compte tenu de la diffusion de l'ouvrage qu'il consacra à un cas exemplaire d'une telle rumeur (la traite des blanches à Orléans en mai 1969), cette acception est devenue dominante en France. Récemment, une revue consacrée à la rumeur la définissait d'entrée ainsi : « La rumeur n'a aucun fondement et c'est là sa définition la plus irréductible peut-être » [55].

Structurellement cette approche est symétrique de celle de T. Shibutani : elle consiste à prendre une partie des récits engendrés et diffusés par le bouche-à-oreille et à l'ériger comme seul représentant du phénomène de rumeur. Mais comment devrait-on alors qualifier les rumeurs nées d'un événement lorsque le groupe s'interroge et engendre ses propres explications tout en les diffusant ? Ne réserver le label de rumeur qu'aux seuls récits nés de rien oblige à créer d'autres noms pour des phénomènes n'ayant pas de différence observable dans leur manifestation concrète.

La définition d'E. Morin restreignant la rumeur aux seules histoires sans faits justificatifs a produit un effet pervers : la rumeur a acquis l'image d'une maladie mentale du corps social. Il est significatif que l'analyse de la rumeur d'Orléans ait utilisé un vocabulaire médical : germe, pathologie, foyer infectieux, phases d'incubation, de métastase. La rumeur est ainsi assimilée à une maladie, à un « cancer mental ». Pierre Viansson-Ponté, éditorialiste du *Monde*, écrivit ainsi : « On n'a guère examiné une autre forme de maladie contagieuse de l'opinion, qui frappe particulièrement la classe politique [...], une maladie que l'on pourrait appeler la rumeur politique[1]. »

Cet amalgame entre rumeur et maladie, voire folie est logique. En effet, si la rumeur n'est qu'une croyance circulant, sans raisons justifiant son existence, elle est donc déraisonnable, c'est-à-dire un signe de folie, l'équivalent sociologique de l'hallucination. Par conséquent, l'explication de la rumeur ne peut que relever de la psychiatrie : si les gens croient une rumeur c'est qu'ils sont fous.

La psychiatrisation de la rumeur a un considérable avantage pratique : elle permet de jeter l'anathème sur tous ceux qui ne pensent pas comme soi, ou qui n'adhèrent pas à la « réalité officielle ». S'ils n'y croient pas, ce n'est pas de leur faute : ils délirent.

La psychiatrisation de la rumeur est la conséquence directe du refus de reconnaître un fait crucial : une fois une fausse information introduite dans le corps social, elle se diffuse exactement comme une information véridique. Cette diffusion ne tient pas à quelque folie ou hallucination collective, mais tout simplement aux règles qui fondent la vie sociale. On l'a dit, la rumeur ne nous parvient jamais par des personnes inconnues, mais au contraire par des proches. La vie sociale repose sur la confiance : nous ne supposons pas, par principe, que nos parents inventent, fabulent ou sont sujets à des hallucinations.

Une fois la preuve faite que la rumeur d'Orléans était sans fondement, il est facile alors de reprocher aux Orléanais d'avoir cru celle-ci, et donc de l'avoir diffusée.

1. *Le Monde*, 28 septembre 1977.

Mais la véracité d'une information n'est pas comme une étiquette attachée à celle-ci. Pourquoi donc, à Orléans, les personnes auraient-elles dû, guidées par une sorte de révélation, percevoir immédiatement que la thèse de la traite des blanches dans certains magasins était nécessairement sans fondement ? La thèse que véhiculait la rumeur n'était pas a priori impossible.

On oublie trop facilement que la véracité d'une information résulte avant tout de conventions et de délégations. Elle n'est pas inscrite quelque part dans un dictionnaire du vrai et du faux, que chacun pourrait consulter aisément en tapotant sur son Minitel. La notion de vérité, de vérifié résulte d'un consensus social : la réalité est donc essentiellement sociale. Pour le lecteur de *l'Humanité*, ce que déclare *le Figaro* n'est pas la réalité, et réciproquement. Il n'y a donc pas une réalité, sorte d'étalon de la vérité, mais des réalités. Pour se faire une idée, chacun puise dans son environnement immédiat, dans son propre groupe ou clan [145].

Les deux sources du savoir sont donc ce que disent les médias mais aussi ce que véhicule le groupe, c'est-à-dire le bouche-à-oreille. La rumeur est la voix du groupe. Or, en de nombreuses circonstances, la voix du groupe, la rumeur est en avance sur les médias. Prétendre que seule la réalité véhiculée par la presse orléanaise devait compter, c'est évacuer la deuxième source de formation du savoir : ce que pensent et disent les gens autour de soi. Est vrai ce que le groupe croit vrai. C'est par la rumeur que cette vérité s'exprime.

Le vrai et le faux

Dans le cadre de la Fondation pour l'étude et l'information sur les rumeurs, une ligne téléphonique permanente a été installée pour permettre au public de nous signaler les nouvelles rumeurs qu'il pouvait rencontrer. Le répondeur téléphonique d'Allô Rumeur montra qu'en général les interlocuteurs nous communiquaient des histoires auxquelles ils ne croyaient pas. Comme ces histoires circulaient, crues par une partie du public, ces interlocuteurs attendaient de la Fondation qu'elle émette des démentis formels pour faire éclater la vérité. D'autres appels téléphoniques émanaient de personnes cherchant à savoir si telle ou telle histoire pouvait être crue.

Il est significatif que les interlocuteurs téléphonent pour avertir de la circulation d'histoires auxquelles eux ne croient pas. Ce faisant, les « rumeurs » auxquelles ils croient (et donc ne reconnaissent pas comme « rumeurs ») échappent à Allô Rumeur. Cela démontre que, pour le public, la ligne de partage entre l'information et la rumeur n'est pas objective. Il appelle information ce qu'il croit vrai et rumeur ce qu'il croit faux ou en tout cas non vérifié.

Ainsi, ce n'est pas la nature du message véhiculé ou du média (la presse *vs* le bouche-à-oreille) qui nous fait décréter ici qu'il s'agit d'une information et là qu'il s'agit d'une rumeur. La ligne de séparation entre information et rumeur est subjective : elle est le résultat de notre propre persuasion. Lorsqu'une personne est convaincue par un message rapporté par un ami ou une connaissance, elle considérera qu'il s'agit d'une information. En revanche, si le doute la prend, elle qualifiera ce même message de rumeur. Là est le paradoxe. Dès qu'une rumeur est qualifiée de « rumeur » par le public, elle cesse de courir. En revanche, lorsqu'il ne la reconnaît pas comme telle, elle peut alors courir. On a donc tort de poser la question : « Mais comment les gens peuvent-ils croire une telle rumeur ? » En réalité, c'est parce qu'ils croient qu'ils retransmettent, donc qu'il y a rumeur. La rumeur ne précède pas la persuasion, elle en est la manifestation visible. Le label « d'information » ou de « rumeur » n'est pas attribué avant de croire ou de ne pas croire : il en est la conséquence. Il s'agit d'un jugement de valeur tout à fait subjectif.

On comprend alors pourquoi la rumeur semble plus saisissable par son existence que par son essence. Tout simplement parce que reconnaître une rumeur n'est que le reflet de son propre doute. Aussi des personnes différentes risquent-elles d'aboutir à des diagnostics opposés : les uns appelleront rumeur ce que les autres appelleront vérité.

Une première conclusion s'impose : si cette définition populaire de la rumeur n'est pas acceptable comme définition scientifique, elle est fondamentale pour expliquer l'impact persuasif des rumeurs.

D'une façon générale, toute définition de la rumeur sur la base du vrai et du faux aboutit à une impasse et rend inexplicable la dynamique des rumeurs. L'examen logique de l'opposition entre le vrai et le faux montre que la ligne de séparation entre l'information et la rumeur est particulièrement floue. En général, le public n'est pas en mesure de distinguer le vrai du faux quand une nouvelle lui est rapportée par le bouche-à-oreille.

Bien que la question du vrai et du faux soit toujours la première posée lorsque l'on parle de rumeurs, en réalité elle n'est pas utile pour comprendre les rumeurs. Le processus de la rumeur se met en route parce que des personnes croient vraie une information et l'estiment suffisamment importante pour en reparler autour d'elles. Cela ne présage en rien du statut réel de cette information. Plus tard, tous les éléments en main, il sera possible d'examiner la véracité ou au contraire l'absence de fondements de la rumeur. La dynamique de la rumeur est donc indépendante du problème de son authentification. Introduire la notion de vrai et de faux dans la définition scientifique de la rumeur, comme le fait E. Morin, introduit un paramètre inutile, voire obscurcissant. Un exemple illustre notre thèse.

De leur vivant, on a dit de François Mitterrand et de Georges Pompidou qu'ils étaient gravement malades. Il se trouve que, avec le recul du temps, ces bruits étaient fondés pour Georges Pompidou. Mais on n'en eut la confirmation officielle que plus tard. Donc, au moment où les bruits circulaient, les processus de diffusion et de croyance étaient les mêmes pour chacun des présidents. On ne saurait faire dépendre la définition de la rumeur du verdict ultérieur des confirmations officielles. Dire que seul le cas de F. Mitterrand mérite le label de rumeur, c'est s'exposer au risque de devoir changer de label si dans vingt ans les archives dévoilent que F. Mitterrand avait bien un cancer en 1981, contrairement à ce que disaient les communiqués officiels.

A la différence de la conception traditionnelle assimilant rumeur et fausse information, dans ce livre, le mot rumeur ne présage donc en aucune façon de son caractère véridique ou erroné.

Le « on-dit » est un « non-dit »

Ce qui caractérise le contenu de la rumeur n'est pas son caractère vérifié ou non, mais *sa source non officielle.* Supposons que, par une fuite, on apprenne que le président de la République a un cancer. Si celui-ci le dément, est-ce que pour autant la thèse du non-cancer devient vérifiée et celle du cancer non vérifiée ? La vérification est indissociable de la personne qui vérifie et de la confiance que nous lui portons. C'est là un critère trop subjectif pour fonder une définition. En revanche, à un moment donné dans une société, dans un groupe, il existe un consensus sur l'identité des sources dites « officielles » : même si on leur nie toute crédibilité, elles restent sources « officielles », c'est-à-dire habilitées à parler.

Nous appellerons donc rumeur l'émergence et la circulation dans le corps social d'informations soit non encore confirmées publiquement par les sources officielles soit démenties par celles-ci. Le « on-dit » est un « non-dit », soit parce que la rumeur devance la source officielle (rumeurs de démission ou de dévaluation) soit parce qu'elle s'y oppose (par exemple la rumeur sur les « vrais » coupables de l'assassinat du président J. F. Kennedy).

Ainsi, le phénomène de rumeur est autant politique que

sociologique. La notion de source « officielle » est politique : elle est régie par un consensus déterminant sur chaque sujet qui a l'autorité juridique pour parler, même si son autorité morale lui fait désormais défaut. Or, *la rumeur est un rapport à l'autorité* : dévoilant les secrets, suggérant des hypothèses, elle contraint les autorités à parler. Mais elle leur conteste le statut de seule source autorisée à parler. La rumeur est une prise de parole spontanée, sans y avoir été invitée. Elle est souvent une parole d'opposition : les démentis officiels ne la convainquent pas, comme si officiel et crédible n'allaient plus de pair. Elle témoigne donc d'une remise en cause des autorités, du « qui a le droit de parler sur quoi ». Information parallèle et parfois opposée à l'information officielle, la rumeur est un *contre-pouvoir.*

Les rumeurs dans l'entreprise en sont la plus belle illustration. Ouand une personne est nommée à un poste – même dans le plus grand secret –, avant même que l'information n'ait circulé par les circuits de l'organisation et de la hiérarchie, du chef au sous-chef au sous-sous-chef, etc., la base est déjà au fait de l'événement. Dans toute organisation, à côté des circuits et des procédures légitimes de la communication, la rumeur instaure des circuits fantômes, parallèles et invisibles. Elle permet aux intéressés de gagner du temps sur le temps : dans la vie de toute organisation, l'effet de surprise est important pour créer ou forcer le changement. Un jour, subitement, plusieurs employés et cadres apprennent leur licenciement. La rumeur désamorce la tactique du fait accompli : elle leur donne les moyens de planifier et d'organiser l'action.

En dévoilant ce que l'on ne soupçonne pas, quelques vérités cachées, la rumeur rétablit une transparence du pouvoir, et alimente les contre-pouvoirs. Parole qui dérange, *la rumeur est la première radio libre.*

Illustrons dès à présent l'éclairage nouveau procuré par la définition de la rumeur comme une information non officielle et par l'abandon de la conception courante. Étant non officielle, la rumeur commence nécessairement à circuler en dehors des canaux habituels, des grands médias, par le bouche-à-oreille ou par tracts. Un des traits caractéristiques de la rumeur est sa vélocité. Ne dit-on pas : Elle court, elle court la rumeur ! Mais pourquoi la rumeur court-elle ? Tout simplement parce qu'elle a de la valeur.

Non officielle, la rumeur propose une réalité que le groupe n'aurait pas dû connaître. C'est précisément pour cela que chacun est à l'affût des rumeurs et s'empresse d'en reparler à ses proches. La rumeur est la rupture d'un secret : elle est rare, donc chère. C'est là le fondement de sa valeur. Cela n'explique pas pourquoi elle circule. En effet, l'or aussi est rare donc cher : cependant, loin de le faire circuler on le thésaurise. Il existe une différence fondamentale entre l'or et l'information : la valeur d'une information n'est pas durable. Il faut donc l'utiliser au plus vite. Retransmettre la rumeur, c'est retirer les bénéfices de sa valeur, tant qu'elle en a encore. En effet, celui qui colporte la rumeur, qui met dans la confidence et fait partager un secret ressort magnifié de cette transaction. Il s'affirme comme détenteur d'un savoir précieux, comme un éclaireur, autant de reflets flatteurs pour son image auprès des récepteurs.

La célérité de la rumeur découle très logiquement de l'appauvrissement inéluctable de la valeur d'une information. Ce même processus explique bien d'autres facettes de la rumeur. Par exemple, la rumeur rapporte presque toujours un événement récent. Même lorsqu'il s'agit de rumeurs à répétition, entendues ici et là depuis dix ans, le rapporteur se présente toujours comme détenteur d'un scoop, d'une information de première fraîcheur. Cette réactualisation permanente est un trait structurel des rumeurs. Elle est nécessaire et logique : en gommant le temps, en remettant le chronomètre à zéro, chacun recrée de la valeur.

Rumeurs, potins, bruits, ragots et autres

Comment situer la rumeur par rapport à tous les phénomènes voisins : ragots, potins, commérages, on-dit, histoires, légendes, bouche-à-oreille ? Le terme rumeur lui-même donne lieu à une différenciation entre « vraies » et « fausses » rumeurs : certains parlent même de « pure rumeur », ce qui laisse à penser qu'il existe des formes impures du phénomène. Ces termes renvoient-ils à une réalité différente, ou ne traduisent-ils que des jugements de valeur différents portés sur le même phénomène ?

Cette abondance de lexique devient claire lorsque l'on se souvient que toute communication peut être définie de six façons : par sa source, son contenu, son processus de diffusion, le média de sa diffusion, l'objet sur lequel elle porte et la nature de ses effets. Étymologiquement, rumeur, bruit et ragot sont des effets : des sons d'intensité et de durée variables. Par exemple, pendant le Tour de France, un journaliste perché en haut d'un col déclara « on peut suivre Bernard Hinault sur la route qui mène à la vallée en suivant la rumeur qui l'accompagne ». La « rumeur » a ici un sens physique : l'acclamation qui s'élève de la foule à son passage. Lorsqu'il n'y a pas foule, mais discussions entre personnes isolées, par intermittence, sans effet de masse, le seul son audible est un « bruit », au même titre que le murmure.

Aujourd'hui, rumeur et bruit ne font plus référence à l'effet sonore, mais à la cause même de cet effet. Ils se distinguent, non par leur source mais par l'amplitude du processus : rumeur et bruit émanent de sources non officielles. La première renvoie à un processus de diffusion en chaîne, à une force de propagation, à une amplitude dont le résultat est le son audible qui s'élève de toutes ces voix, et que l'on peut suivre à la trace : il court. Le bruit renvoie à un processus décousu, rampant, hésitant, très limité localement : il est normal que l'on n'entende rien si ce n'est un vague bruit. « Ce n'est qu'un bruit » signifie que le son est à peine audible, donc que le message n'a pas vraiment d'existence réelle, ferme : on ne l'entend même pas. Le bruit est insignifiant.

A l'origine, le mot ragot faisait référence à la source et à l'effet d'une communication : c'était un grognement émis par un sanglier. Aujourd'hui, il correspond au contenu et à l'objet de la communication : ce sont des histoires de bas étage, à la limite de la calomnie, racontées à l'égard d'une personne. Ces histoires ne font pas honneur à celui qui les colporte, elles le ravalent au rang de bête. Le ragot est donc aujourd'hui un jugement subjectif porté sur le contenu de la rumeur ou du bruit. C'est un type de message.

Le potin renvoie à l'objet de la rumeur ou du bruit. Il porte sur des personnes : il raconte les heurs et malheurs des petits et grands qui nous entourent. En général, le potin n'est pas méchant et se consomme essentiellement pour le plaisir de le mâcher : il est très fugace et doit alors être remplacé par un nouveau potin encore tout savoureux. Lorsqu'il porte sur la dernière dispute entre Ronald Reagan et sa femme, c'est un « macro-potin » ; s'il s'agit des ébats diurnes et nocturnes du proviseur du lycée, c'est un « micro-potin ».

Le commérage est une définition par la source : qui parle ? Comme le ragot, c'est un jugement de valeur [46], une façon de discréditer la rumeur ou le bruit, en lui imputant une source manquant totalement de crédibilité : les commères. L'information est aussi une définition par la source : ne demande-t-on pas systématiquement : « Quelles sont les sources de cette information ? » Lorsqu'il s'agit de sources officielles ou respectées (comme les agences de presse, l'AFP, Reuter...), le message reçoit sa lettre de noblesse : c'est une « Information ». En cas d'erreur, ce n'est pas une rumeur, c'est une « fausse information ». La rumeur exprime donc un phénomène défini par sa source (non officielle), son processus (diffusion en chaîne) et son contenu (c'est une nouvelle, elle porte sur un fait d'actualité). En revanche, la véracité ne fait pas partie de sa définition scientifique.

Le bouche-à-oreille n'est qu'un média. Il recouvre une foule de phénomènes : les conversations deux à deux, les discussions de groupe, les confidences, les harangues, etc. Lorsqu'une nouvelle émanant de source non officielle ne transite que par le bouche-à-oreille, avec un processus caractéristique de diffusion en chaîne et de forte propagation, il y a « rumeur pure ». Si des médias prennent le relais de cette diffusion – sans avertir qu'il s'agit d'une rumeur –, alors ils l'ennoblissent : ils l'« informationnent » et lui confèrent ainsi ses lettres de noblesse. Le phénomène de rumeur n'est plus pur : il est « informationné » et « médiatisé ». Seule la « pure » rumeur permet d'observer ce mouvement d'amplification progressif, parti de peu et retournant finalement au silence. Car il y a un cycle de vie de la rumeur : celle-ci ne procède pas d'une génération spontanée, mais se développe par étapes jusqu'à sa fin.

PREMIÈRE PARTIE

VIE ET MORT DES RUMEURS

2. Comment naissent les rumeurs ?

Quelle est la source d'une rumeur ? De quels événements, faits et personnes est-elle partie ? Ces questions sont toujours les premières posées lorsque l'on aborde le sujet.

Un faux problème ?

Paradoxalement, bien qu'il passionne le public, le problème de la source n'est pas le plus intéressant. Cette poursuite de la source s'inscrit dans un mythe de la rumeur qui voudrait que celle-ci soit en général provoquée à dessein. Certes, il existe des rumeurs notoires dont l'arrivée au bon moment et au bon endroit ne saurait être le fruit du hasard : ainsi en va-t-il des rumeurs sur la vie privée des candidats aux élections cantonales, municipales ou législatives, coïncidant en général avec un scrutin imminent. Mais la rumeur est le plus souvent une production sociale spontanée, sans dessein ni stratégie.

Le mythe de la source tapie et stratège persiste intensément, car il est à la fois agréable et utile. Agréable, il nous plonge dès la moindre rumeur dans l'univers imaginaire du complot, de la manipulation, de la désinformation, de la guerre économique ou politique. La rumeur est alors un crime par personnes interposées, crime parfait car sans traces, sans armes, sans preuves. Il est vrai que parfois la rumeur tue : les ministres Roger Salengro et Robert Boulin se suicidèrent, l'un en 1936 et l'autre en

1979, à la suite d'une campagne et de rumeurs insupportables.

La mythification de la source est aussi entretenue parce qu'elle est utile. Pour faire taire les rumeurs pendant la Seconde Guerre mondiale, dans le camp allié, on a exagéré l'importance et l'efficacité de la « cinquième colonne », l'ennemi caché dans nos murs, source présumée des rumeurs défaitistes.

Enfin, la poursuite de la source permet au public ayant cru une « fausse » rumeur de se disculper. Accuser et poursuivre la source, c'est éviter de reconnaître que l'on *s'est soi-même* trompé, en déclarant en toute innocence *avoir* été trompé. Ce déplacement de la responsabilité de la rumeur en dehors du groupe (la source ne peut être qu'un traître, puisqu'il trompe) n'est pas gratuit : il esquive la vraie responsabilité. Il y a eu rumeur – cet acte collectif de parler – parce que le groupe s'est saisi d'une information. A chaque instant, d'innombrables sources potentielles envoient d'innombrables signaux ou messages, sans aucun effet. De temps en temps, l'un d'entre eux déclenche un processus de rumeur. Ce serait une erreur de l'imputer à on ne sait quelle propriété intrinsèque de ce signal ou de ce message, génératrice de son efficacité. A un moment donné, le public s'est emparé de ce signal ou de ce message parce qu'ils revêtaient pour lui une profonde signification.

La plupart des faits, signaux ou messages sont muets ou neutres : ils acquièrent la signification que l'on veut bien leur donner. Parce qu'ils ne croyaient pas du tout à une attaque japonaise sur Pearl Harbor, les Américains ne remarquèrent pas les multiples « signaux » des préparatifs et concentrations maritimes « suspects ».

Au contraire, pendant la période troublée de la Révolution française, où les fondements d'un ordre séculaire vacillaient sans que l'on sache très bien par quoi il serait remplacé, dans les campagnes, les moindres groupes de voyageurs à pied étaient immédiatement pris pour des hordes de brigands et de mendiants recrutées par les nobles afin de se venger du peuple. La multiplication de ces alarmes, le plus souvent sans fondement, fut nommée par les historiens la « Grande Peur » [91] : l'insécurité ressentie par les villages donnait un sens menaçant aux moindres ombres. Les rumeurs et paniques qu'elles déclenchaient témoignent donc de l'état du groupe et de la situation psychologique de l'époque.

Le problème de la source est finalement peu important. Ce qu'il faut expliquer dans la genèse d'un processus de rumeur, c'est l'adhésion, la mobilisation du groupe. Même s'il existe un locuteur initial, ce qui fonde la rumeur, ce sont les autres personnes, celles qui, ayant entendu, *en reparlent.*

Chercher quelque part l'initiateur de la rumeur, c'est réduire le phénomène de la rumeur à un problème purement individuel, extérieur au groupe et pathologique : le pyromane volontaire ou involontaire, l'apprenti sorcier, le canular qui a mal tourné, ou quelque règlement de comptes entre personnes. Ces scénarios font un bon film. Mais si, dans un film, le public est spectateur, dans la rumeur, il est l'acteur principal.

Après cette mise en garde, il peut paraître contradictoire de consacrer plusieurs pages aux sources de rumeurs. Mais, d'une part c'est une question systématique, d'autre part, les exemples qui suivent témoignent que, dans la rumeur, ce qui est passionnant ce n'est pas sa source, mais ce que le public en fait. Sans prétendre à l'exhaustivité, nous passerons en revue certains processus typiques du déclenchement de rumeurs.

Le discours des experts

Aux États-Unis, depuis 1978, certaines des entreprises parmi les plus connues doivent faire face les unes après les autres à des rumeurs très actives les accusant soit d'avoir une large partie de leur capital dans les mains de la très puissante secte Moon, soit d'être purement et simplement possédées par le démon. On trouve ainsi dans le collimateur de la rumeur : Procter et Gamble, le numéro un mondial des produits d'entretien (Pamper's, Ariel, Bonux, etc.), McDonald's, le leader des restaurants à hamburgers, et Entemann's, un grand de l'alimentaire [69]. L'origine de ces rumeurs a pu être trouvée : les pasteurs des communautés religieuses fondamentalistes du Sud des États-Unis, ce que l'on appelle la *Bible Belt.* Dans ces communautés, la vision du monde est régie par une intense foi religieuse intégriste. Lors des homélies, les pasteurs mettent en garde les fidèles contre ces sociétés. A l'instar de ce qui se passait au Moyen Age, l'Église devient le média de la rumeur.

Ces rumeurs reposent, elles aussi, sur le déchiffrage des signes qui ne trompent pas les « experts » et qui constituent un quasi-aveu. Ainsi, le logotype de la société Procter et Gamble, dont nous avons déjà parlé, représente le visage d'un vieillard jupitérien sous forme de croissant de lune regardant les étoiles, treize étoiles (en l'honneur des treize colonies américaines à l'époque où fut créé le logotype, à la fin du XIXe siècle). La rumeur se polarisa d'abord sur le croissant de lune : ce serait une allusion évidente à la secte Moon et à son fondateur, antéchrist personnifié. Puis, la rumeur s'en prit à d'autres aspects de ce logotype, bien plus révélateurs : dans le logotype, les étoiles « dessinaient » le chiffre 666, c'est-à-dire le chiffre de Satan selon une interprétation d'un vers du chapitre 13 du Livre de la Révélation. Ce chiffre se retrouvait aussi dans les plis de la barbe du vieil homme qui, selon la rumeur, est en réalité un bélier, figuration animale de Satan. En avril 1985, pour essayer de mettre un terme à cette persistante rumeur, Procter et Gamble décidait de supprimer désormais son emblème de tous ses produits. Cet emblème y avait pourtant figuré depuis la fondation de cette très puritaine société, il y a plus d'un siècle.

Spécialiste, détenteur des clés de lecture de signes indéchiffrables par le commun des mortels, l'expert est une source classique de rumeurs. Habilité à porter des jugements, des pronostics, à émettre des prédictions, il dispose d'une chambre de résonance : les personnes qui le considèrent comme expert, les journalistes dont la tâche est de rendre compte.

Dans l'après-midi du 12 octobre 1969, l'animateur d'une station de radio de Detroit, WKNR-FM, un nommé

L'OBJET DE LA RUMEUR SATANIQUE :
L'EMBLÈME DE PROCTER ET GAMBLE

L'emblème *L'emblème interprété*

Russ Gibb, spécialiste de pop music, reçut sur l'antenne un appel téléphonique d'un jeune homme, se présentant sous le nom de Tom [123]. Ce dernier décrivit quelques coïncidences extraordinaires. Si l'on passait à l'envers le morceau des Beatles *Revolution n° 9*, on pouvait alors entendre que la litanie « *Number 9, number 9, number 9* » devenait alors « *Turn me on, dead man !...* » (excite-moi, homme mort). De plus, à la fin de la chanson *Strawberry Fields* dans le disque *Magical Mystery Tour*, si l'on tendait bien l'oreille et si l'on enlevait les bruits de fond, on pouvait entendre John Lennon murmurer « *I buried Paul* » (j'ai enterré Paul) ! Ainsi s'expliquait selon l'auditeur le fait que l'on n'avait plus vu Paul McCartney en public depuis très longtemps.

Deux jours après l'émission de radio de Russ Gibb, le journal de l'Université de Michigan situé à Ann Arbor, le *Michigan Daily*, annonça en gros caractères : « McCartney est mort : de nouveaux indices mis en évidence. » Un long article développait dans ses colonnes l'ensemble des indicateurs indéniables de la vérité cachée. Son auteur, Fred Labour, responsable de la rubrique pop dans le journal, y écrivait : « Paul McCartney a été tué dans un accident de voiture, début novembre 1966, après avoir quitté les studios EMI, fatigué, triste et déprimé. » L'article était étayé par plusieurs « faits ». Sur la couverture intérieure de l'album *Sergeant Pepper*, Paul McCartney porte sur son bras un badge où il est écrit OPD, ce qui voudrait dire *Officially Pronounced Dead* (officiellement déclaré mort). Sur le dos de la couverture, tous les Beatles sont de face sauf Paul McCartney. Les Beatles auraient aussi déposé des indices sur la couverture de l'album *Abbey Road*. John Lennon est vêtu tel un clergyman, Ringo Starr est en noir à l'instar d'un membre des pompes funèbres, George Harrison en tenue d'ouvrier est prêt à creuser la tombe. Quant à Paul McCartney, il traverse une rue pieds nus : or chacun sait que dans les rituels tibétains (très en vogue à l'époque), les morts sont pieds nus. De plus, la plaque d'immatriculation de la Volkswagen stationnant dans la rue porte l'inscription « 28 IF », c'est-à-dire précisément l'âge qu'aurait Paul McCartney « si[1] » il avait vécu.

Il n'en fallait pas plus pour que la rumeur fît le tour du public. Les experts, bénéficiant de la caisse de résonance et de diffusion que constitue un journal, avaient alerté un certain nombre de lecteurs, lesquels s'empressèrent de prévenir leurs proches, mûs par les implications considérables de la nouvelle pour le groupe des fans des Beatles. McCartney était-il vraiment mort ? Il n'est pas sûr, faute d'enquête, que la majorité l'ait cru (l'hypothèse était trop redoutée) : en tout cas, elle s'est sérieusement posé la question pendant plusieurs mois. Quand Paul McCartney

1. En anglais, *if* veut dire « si ».

apparut dans le magazine *Life* pour démentir, la rumeur ne cessa pas pour autant : c'était un sosie... D'ailleurs, sur le verso de la photographie de Paul McCartney, on trouvait la publicité d'une voiture qui, regardée à travers la page, coupait la tête de Paul McCartney. Le démenti fit boomerang : la rumeur l'avait retourné dans son sens.

Confidences

On l'a dit, lorsqu'elle est rare, l'information engendre la rumeur. Nous retrouvons dans cet échange d'information que constitue la rumeur les principes qui régissent tous les échanges. L'information circule parce qu'elle a de la valeur, parce qu'elle vaut de l'or ! Sur le plan de la vie locale, beaucoup de rumeurs naissent de secrets ébruités, de fuites plus ou moins volontaires d'ailleurs. Nous sommes très sensibles à ces fins de banquets et de réceptions où, la bonne humeur aidant, le député ou le conseiller général se laisse aller à une confidence, un aparté sur quelque sujet ayant des implications sur la vie de la cité ou du groupe. On doit aussi considérer comme confidence le cas où une personne surprendrait la conversation entre deux autres, sans qu'elles le sachent, dans les trains, au restaurant ou au téléphone par exemple.

Les psychologues se sont depuis longtemps demandé si le fait d'entendre un message ainsi était plus persuasif que de l'entendre directement de la bouche de ces personnes. Ils ont donc mis sur pied des expériences [143]. Deux personnes allaient par exemple dans le métro aux heures de pointe, ou dans un ascenseur bondé, ou dans une queue de cinéma et s'arrangeaient pour ne pas être exactement l'une à côté de l'autre de sorte que leur conversation puisse être saisie par ceux qui étaient entre elles, le plus naturellement possible. Ces expériences démontrent la supériorité des messages saisis à l'insu, mais seulement si l'auditeur est impliqué dans le thème abordé et si le message va dans le sens de ses opinions. En saisissant une conversation par surprise, nous ne pouvons penser que nous sommes la cible d'un essai de persuasion, aussi considérons-nous inconsciemment le contenu de cette conversation comme reflétant exactement l'opinion des discutants, c'est-à-dire comme authentique. La procédure peut naturellement être inversée si l'on veut lancer une rumeur : ainsi, aux États-Unis, une célèbre agence de relations publiques, W. Howard Downey et Associés, bâtit sa réputation sur sa capacité à lancer sur le terrain en quelques heures des équipes spécialisées pour injecter des rumeurs [9].

La confidence peut donc être involontaire ou planifiée. C'est ce second type qui alimente les grandes affaires politiques. Aux États-Unis, un indicateur secret surnommé « Deep Throat » (gorge profonde) est à l'origine des fuites du Watergate qui devaient amener la chute du président Nixon. En France, en 1971, *le Canard enchaîné* publie une des feuilles d'impôts de Jacques Chaban-Delmas. Comment l'avait-il obtenue ? J. Chaban-Delmas est alors à Matignon où il fait suivre le courrier personnel qui lui est adressé à son domicile. Mais les PTT se trompent et, par erreur la feuille d'impôts du Premier ministre arrive dans un autre ministère. Là, un fonctionnaire remarque que l'expéditeur est le Trésor public. Piqué par la curiosité, il ouvre et découvre que J. Chaban-Delmas ne paie pas plus d'impôts qu'un médecin de campagne[1]. Il la remet à un ami qui la fait parvenir au journal.

Quelque fait troublant

Beaucoup de rumeurs ont pour source un événement, un fait troublant. La rumeur est la mobilisation de l'attention du groupe : lors des échanges successifs, le groupe tente de reconstruire le puzzle constitué par les pièces éparses qui lui sont relatées. Plus il manque de pièces, plus l'inconscient du groupe va peser sur l'interprétation.

1. *Le Canard enchaîné*, n° 3410, 5 mars 1986, supplément p. 13.

Au contraire, plus le nombre de pièces est grand, plus l'interprétation collera au réel. C'est l'interprétation retenue comme la plus satisfaisante qui circule alors et figure en général à la postérité : on ne se souvient que de celle-ci. Examinons un exemple récent.

Le 20 novembre 1984, branle-bas de combat à New Delhi : « Vous connaissez la nouvelle ? Il paraît que le président a été assassiné[1]... » A onze heures, dans les ambassades alertées par leurs employés indiens, l'agitation est à son comble. « Ce n'est pas possible ! Vérifiez illico auprès de vos informateurs ! » A midi, les standards téléphoniques des agences de presse sont encombrés d'appels angoissés : Est-ce vrai ? N'est-ce pas vrai ? A treize heures, dans plusieurs quartiers, des boutiquiers, sikhs et non sikhs, poussaient leurs clients dehors et tiraient précipitamment leurs rideaux. « Vous ne savez pas ? Le président Zail Singh a été tué. Ça va barder... » En milieu d'après-midi, des fonctionnaires et des employés de banque demandèrent à rentrer chez eux plus tôt. Des maîtres d'école renvoyèrent leurs élèves avant l'heure prévue de la sortie des classes. A dix-neuf heures, New Delhi survoltée ne parle plus de cela. A vingt et une heures, au journal télévisé, le présentateur mit à mort la rumeur, sans la répéter (une partie du peuple aurait probablement compris que la télévision venait d'annoncer la mort du président) : « M. Zail Singh va bien. Il a reçu jusqu'en fin d'après-midi de nombreux visiteurs. » Sur l'écran, les images montrèrent le président.

A la source de ces « huit heures de sueurs froides », il y a un fait ambigu et jugé important par ceux qui y assistèrent de près ou de loin. Il y eut bien ce jour-là un décès au palais présidentiel, celui d'un jardinier assassiné. Toujours sous le choc de l'assassinat d'Indira Gandhi, l'opinion publique indienne reste fébrile, au bord de l'angoisse. Dans cet état d'esprit, qu'on ait cette fois-ci assassiné le chef de l'État était l'interprétation la plus plausible du

1. *Le Monde*, 23 novembre 1984.

bruit d'assassinat au palais. Quand l'angoisse est forte, le pire est toujours plus probable que le meilleur.

En France, une rumeur courut sur la Côte d'Azur, il y a quelques années : les Canadair, ces avions appelés pour combattre les incendies de forêt, avaient malencontreusement aspiré des nageurs en faisant le plein d'eau. Les malheureux avaient été directement jetés dans les flammes. Un de nos informateurs, un pilote d'avion, se souvenait avoir lu la nouvelle dans une revue d'aviation. L'article mentionnait que l'on avait trouvé un homme mort, en maillot de bain, dans les zones brûlées et inondées par les Canadair. Sa présence, ainsi vêtu, si loin de la mer, était intriguante : on avait émis l'hypothèse – parmi d'autres plus réalistes – qu'il ait été sorti de l'eau par les Canadair, et propulsé ainsi vers une mort atroce.

Le vague souvenir de faits divers réels relatés par les médias fournit souvent un scénario prêt à l'emploi pour expliquer quelque fait troublant survenu près de chez soi. Ainsi, dans un quartier populaire de Metz[1], la rumeur court en novembre 1984 : « La pauvre enfant a été dévorée par le chien. Il paraît qu'il ne restait plus que les jambes. » A l'origine, la mort réelle d'une petite fille de trois mois, à la suite d'un arrêt respiratoire. La famille a bien un berger allemand, mais il n'a dévoré, ce jour-là, que sa boîte de Canigou. Cette rumeur n'est pas étonnante : la presse s'est fait écho plusieurs fois de retours d'agressivité instinctive chez des bergers allemands, en particulier sur la personne de jeunes enfants. Le fait divers, ce n'est pas uniquement dans les journaux, pourquoi ne se produirait-il pas à deux pas de notre porte ?

Un témoignage

Lorsque l'on parle de noyau de vérité à la base de certaines rumeurs, il est un risque que beaucoup prennent

1. *L'Est Républicain*, 3 novembre 1984.

allègrement : ils en déduisent que grosso modo la rumeur disait vrai. En réalité, ce que l'on nomme noyau de vérité, c'est ce fait ambigu mais jugé important dont la rumeur s'est fait écho. Or, les faits n'existent pas, il n'y a que la relation d'un fait, un témoignage d'avoir vu ou entendu. En d'autres termes, la rumeur part moins d'un fait que de sa perception. L'étude des rumeurs débouche inéluctablement sur les problèmes de la psychologie du témoignage. Les criminologues et les juristes ont depuis longtemps montré combien nous surestimions nos capacités perceptives [23]. De nombreuses expériences de laboratoire le démontrent sans ambiguïté.

L'une des plus classiques consiste à créer un incident artificiel devant un groupe de personnes non prévenues : on demande ensuite à celles-ci de rédiger un témoignage. Par exemple, l'un des fondateurs de la psychologie judiciaire, Claparède, organisa le scénario suivant : le lendemain de la célèbre fête masquée, tenue chaque année à Genève, une personne masquée fit irruption dans l'amphithéâtre où Claparède faisait précisément un cours de psychologie judiciaire devant un parterre d'étudiants. L'individu se mit à gesticuler et à proférer des paroles plus ou moins incompréhensibles. Claparède le mit à la porte [45]. L'incident avait duré en tout vingt secondes.

Claparède posa immédiatement à chacun onze questions sur un questionnaire : la moyenne des réponses exactes fut de quatre et demie uniquement. De plus, les erreurs des étudiants étaient très significatives. L'individu engagé pour créer l'incident avait une longue blouse en toile grise, un pantalon foncé, presque invisible sous la longue blouse, des gants blancs, un foulard brun clair et blanc autour du cou, ses cheveux étaient cachés par un chapeau de feutre gris. Dans une main il tenait une canne, dans l'autre une pipe et sur le bras un tablier bleu. La majorité des étudiants cita ces quatre éléments : la blouse, le bâton, le chapeau et le foulard. En revanche, pour certains, il s'agissait d'un chapeau de paille, pour d'autres un haut-de-forme. On lui vit un pantalon à carreaux, des cheveux noirs, bruns, blonds, gris et blancs. La majorité déclara que le foulard était rouge, qu'il ne portait pas de gants, etc.

Claparède fut un des premiers à montrer que les témoins répondent davantage en fonction du *degré de probabilité* des choses qu'en fonction de ce qu'ils ont observé. Ainsi, l'anarchie amenée dans la salle de classe par cet individu ne pouvait qu'émaner d'un révolutionnaire, dont chacun sait que, s'il porte un foulard, ce dernier ne peut être que rouge. G. Durandin, un des spécialistes de l'étude du mensonge, résume ainsi les résultats de ces diverses expériences [45] :

– un témoignage entièrement exact est exceptionnel ;

– les témoins donnent des renseignements faux avec la même assurance que des renseignements exacts, et ceci tout en étant de bonne foi ;

– ce que nous déclarons reflète parfois plus nos stéréotypes mentaux que ce que nous avons réellement vu ;

– par conséquent, si plusieurs témoignages convergent, cela n'est pas nécessairement un indice de vérité de ces déclarations. Cela peut signifier que plusieurs personnes, partageant les mêmes stéréotypes et les mêmes clichés mentaux, ont perçu les faits d'une manière identique mais néanmoins erronée [59].

Les facteurs qui favorisent les erreurs sont le mouvement (par exemple celui d'un accident de la route), la brièveté de la perception, la condition physique du témoin, l'importance de ses préjugés et son niveau de stress au moment de la scène.

Fantasmes

Les développements précédents montrent combien l'imagination, sous forme de scénarios types, peut déformer la perception des événements auxquels nous assistons. Dans l'exemple du trouble-fête interrompant la classe, il y avait cependant un événement, un incident, un fait à percevoir. L'imaginaire est venu structurer la perception de ce fait de départ. Quelque chose s'était présenté « à voir ». Les exemples de la rumeur de Laval, de La Roche-sur-Yon ou d'Orléans nous conduisent bien au-delà : dans ces trois cas, il *n'y avait rien « à voir »*, aucun incident ou fait de départ.

Il y a vingt ans, une militante anti-traite des blanches avait organisé un tour de France des mairies : dans sa tournée, de ville en ville, elle avertissait du mal invisible, mettait en garde parents et jeunes filles, accusait l'indolence des autorités. Un peu avant ou après sa venue à Laval, une rumeur de traite des blanches secoua la ville. Quelques années plus tard, le magazine populaire *Noir et Blanc*[1], disparu depuis, présentait comme un fait réel « récent » le scénario suivant (tiré en réalité d'un livre à sensation, *l'Esclavage sexuel*) : « A Grenoble, un industriel conduisit en voiture sa jeune femme dans une élégante boutique de confection de la ville. Il attendit une demi-heure, trois quarts d'heure, puis s'impatienta. Il alla s'enquérir de sa femme. "Nous ne l'avons jamais vue ici", lui répondit-on. Comme notre industriel était absolument certain d'avoir vu sa femme pénétrer dans ce magasin, il fut pris de soupçons, mais n'en laissa rien voir. Il présenta des excuses, remonta en voiture et se rendit au commissariat de police le plus proche. Les inspecteurs, qui avaient certaines raisons de suspecter ce magasin, cernaient bientôt l'immeuble, et commençaient à perquisitionner. Ils devaient retrouver dans l'arrière-boutique la jeune femme plongée dans un profond sommeil. Sur son bras droit, les policiers découvraient la trace d'une piqûre : elle avait été droguée. » Une semaine après la parution de cet article, commençait à Orléans la rumeur qui empruntait le même scénario. On le retrouve encore, presque mot pour mot plus tard : en mars 1985, un magasin bien connu de prêt-à-porter féminin de La Roche-sur-Yon subissait la même rumeur.

1. 6-14 mai 1969.

La source de ces rumeurs est la projection pure et simple d'un scénario type : « on » a imaginé que le scénario était en train de se dérouler, à deux pas, tout près de soi, dans les rues marchandes du centre-ville, et tout le monde y a cru. Qui est ce « on » ? Peu importe qu'il s'agisse de Mlle X ou Y. Edgar Morin et son équipe [106] situent les lieux d'incubation de la rumeur dans les classes de jeunes filles (collèges religieux ou lycées) : leur population adolescente, isolée des réalités sociales, vivant en milieu clos, est propice à la production de fantasmes sexuels, ces scénarios imaginaires traduisant des désirs refoulés que l'on raconte à ses copines comme si cela vous était vraiment arrivé, et que celles-ci envient et s'approprient complètement. En l'occurrence, à Laval ou à Orléans, il suffisait d'écouter la tournée de la militante anti-traite des blanches ou de tomber sur l'article de *Noir et Blanc* pour y trouver un fantasme sexuel prêt à l'emploi, et authentifié comme plus que plausible. En quelques jours, dans ces caisses de résonance que sont les pensions et collèges, chacune est dans la confidence, sait, croit, frissonne, car l'histoire est d'autant plus crue qu'elle joue avec l'attirance des interdits sexuels.

Une romancière [92], Catherine Lépront, décrit ainsi le processus de création du fantasme et d'incubation dans le collège Saint-Julien d'une bien calme petite ville de province : « [rentrant d'une promenade à cheval] il effleure la figure de cette adolescente. "Oh, pardon !" Elle est à demi enivrée. Ce trouble, il l'a touchée. Elle commence à construire l'histoire car il faut que quelque chose lui arrive, bien sûr... Elle met l'histoire à l'épreuve de son environnement immédiat et sa mère pousse des cris : "Nos filles ne sont en sécurité nulle part." [Arrivant au collège] l'adolescente disparut dans un essaim de jeunes filles, elle raconte ce qui lui était arrivé la veille. "Après une promenade à cheval, Jean-Pierre Suzini ne l'avait pas seulement effleurée, il l'avait poussée contre le mur de l'écurie, avec ce sourire qu'on lui connaissait bien au magasin... et comme elle résistait, il l'avait attirée à lui. Elle avait senti son odeur. Il laissait toujours sa chemise ouverte, alors...” La cloche se mit à sonner, couvrant les dernières paroles de l’adolescente, les petits cris, les rires étouffés, les “Arrête ! arrête ! je m’en doutais depuis le début, rien qu’à voir cette vitrine...” de ses compagnes. [Quelques jours après] ce fut sous le préau que l’histoire enfla [...]. Nulle ne savait plus de quelle bouche elle était sortie [...]. Et “ça” ne leur était pas arrivé à elles, [...] mais elles avaient une voisine, une amie. Il était entré dans la cabine d’essayage, prétendument pour l’aider à remonter sa fermeture Éclair. »

Ainsi, ce qui n’était qu’un fantasme narcissique d’une adolescente est devenu une réalité bien vivante, à quelques rues de chez soi. Ce processus d’incarnation d’un fantasme dans le réel n’est pas rare. En 1910 déjà, Carl Jung avait attiré l’attention sur une rumeur survenue dans une pension de jeunes filles [72]. Un professeur se voyait accusé d’avoir des relations sexuelles avec une pensionnaire. En réalité, tout était parti d’une adolescente qui avait raconté un de ses rêves à trois copines.

Les mythes flottants

Ce même processus d’ancrage d’un mythe dans la réalité explique aussi les réapparitions régulières et imprévisibles de ces rumeurs que l’on a appelées « histoires exemplaires » ou « légendes urbaines ». Ces histoires se présentent comme des mini-contes moraux et leur apparition n’est liée apparemment à aucun fait tangible. Par exemple, en juillet 1982, toutes les mères de Wittenheim (Mulhouse) sont en émoi : à l’hypermarché Cora, un petit enfant aurait été mordu par un serpent minute sorti d’un régime de bananes ; conduit à l’hôpital, il en serait mort. L’hypermarché, qui était un des seuls à proposer une garderie d’enfants, se voit déserté. Cette rumeur avait déjà fait des siennes dans plusieurs autres villes de France, dès 1981. Elle ressemble fort aux mises en garde des parents pour que les enfants ne mangent pas trop de bonbons ou ne touchent pas à tout dans les rayons. A-t-elle un jour été prise au sérieux par un enfant qui l'a attribuée au magasin près de chez lui ? A travers l'école, il a pu alors bénéficier d'une chambre d'écho et de dizaines de relais. Les cours de récréation sont les plaques tournantes des rumeurs chez les enfants [53].

Une fois finie, la rumeur est devenue une quasi-légende, circulant lentement d'une ville à l'autre. Au cours de cette existence, de temps en temps, l'histoire sans racines peut être « actualisée » par un de ceux qui la mentionnent : « Oui, je crois, ça se serait passé dans l'hypermarché, cet été ! » De là à imaginer que cela vient de se passer, le pas peut être rapidement franchi d'une discussion à l'autre. Cette histoire vit donc une existence souterraine de semi-légende, sans références de lieu ni de temps. Elle est un mythe flottant. Un jour, au fil des discussions, elle s'ancre dans le réel : c'est ici, c'est maintenant. Aussi explose-t-elle un jour à Nice, un autre à Montpellier, un troisième à Liège en Belgique. Qui est passé du récit sans lieu ni date à une version actualisée ? Plus personne ne le sait. Ces détails insignifiants s'oublient.

De plus, rappelons-le, ce n'est pas le vrai problème. Cela explique le mécanisme de déclenchement, mais pas celui du développement rapide de la rumeur dans la ville. Ce qui est significatif, c'est que la ville se soit emparée de cette histoire : comme nous le verrons ultérieurement, cette histoire d'enfant et de serpent-minute, sous des abords anodins, dit de façon symbolique, comme un rêve, et tout haut, ce que les villes françaises pensent aujourd'hui tout bas en le refoulant.

D'une façon générale, si l'on trouvait le fait qui un jour, en un autre lieu, put donner naissance à ces histoires exemplaires, ce qu'il reste de plus étonnant, c'est leur persistance. Même si toute histoire exemplaire, comme toute légende, n'est que l'écho déformé d'un lointain fait exact, il reste à élucider pourquoi la mémoire collective tient tant à cette histoire. Quelles vérités cachées porte-t-elle en son sein [12] ?

La rumeur de la souris dans le Coca-Cola est un exemple de rumeur liée à des faits réels. Selon celle-ci, des consommateurs auraient trouvé des morceaux de souris dans des bouteilles de Coca-Cola. Il s'agit d'une des rumeurs de poison les plus courantes aux États-Unis. Mais le fait est historique [54]. L'examen des annales judiciaires révèle qu'un premier procès fut intenté et gagné par un consommateur en 1914 dans le Mississippi. Depuis, quarante-quatre autres cas ont donné lieu à des procès intentés vis-à-vis des sociétés chargées de la mise en bouteille du Coca-Cola. Bien que ces procès aient reçu très peu de publicité, les faits ont dû tellement frapper les imaginations que la rumeur les a colportés dans tout le pays. L'anecdote est désormais entrée dans la tradition orale américaine et fait partie des histoires que l'on raconte désormais sur Coca-Cola, sorte de mise en garde face à l'emprise de cette mystérieuse boisson dont la formule est tenue si secrète.

De même, toute personne ayant habité à New York a entendu un jour que les égouts de la ville étaient infestés d'alligators. Comment ces bêtes se sont retrouvées dans ces lieux ? Selon les variantes de la rumeur, il s'agirait d'une famille qui avait ramené de petits alligators de ses vacances aux Everglades, en Floride. Mais, s'en étant lassée, elle décida de se débarrasser des bébés alligators par le biais de la chasse d'eau. Se nourrissant de déchets et de rats, les sauriens auraient survécu et même proliféré. Le service des égouts a démenti plusieurs fois la rumeur. Bien qu'aucun égoutier n'ait déclaré avoir rencontré d'alligator, pour beaucoup de New-Yorkais, les sous-sols de la ville sont bien retournés à l'état de jungle, présageant mal de l'avenir de la metropolis.

L'anthropologue A. Coleman [31] identifia dans la presse américaine une soixantaine d'articles rapportant des rencontres intempestives avec des alligators dans les lieux les plus inattendus, entre 1843 et 1973. Seul un article du *New York Times*, publié en 1935, mentionne un égout et dans Manhattan même. Qu'un tel fait ait eu lieu ne modifie en rien le diagnostic. Bien peu d'Américains eurent jamais connaissance de l'article : la croyance à la rumeur procède d'autres sources. Si ce fait divers a survécu plus de cinquante années, intégré désormais dans le folklore vivant, le répertoire des mythes flottants, c'est qu'il frappe les imaginations toujours fascinées par l'épais mystère du monde souterrain. De plus, il porte en lui un message symbolique sur le déclin de l'humanité dans la cité géante : il s'agit d'une parabole, d'un conte moral. Cela ne concerne pas les seuls Américains. En septembre 1984 [1], les gendarmes et les autorités de Dordogne ont dû traquer le crocodile « aperçu » dans les eaux de la rivière à Castelnau-la-Chapelle et à Beyssac. En vain.

C'est ce processus d'ancrage de mythes flottants dans la réalité d'un lieu et d'un moment, qui explique l'apparition régulière de rumeurs telles que l'auto-stoppeur fantôme et d'autres mythes séculaires. Ainsi, en mai 1982, en Vendée, on parla subitement du mystère du moine auto-stoppeur. Le récit colporté est toujours le même. Cela se passe le soir ou la nuit : sur le bord de la route, un auto-stoppeur, un moine. Des automobilistes s'arrêtent, l'invitent à monter, et il prend place sur le siège arrière. Selon les divers témoignages, il est seul et parle peu jusqu'à ce qu'il prononce quelques phrases qui ressemblent à des prédictions : « L'été sera chaud, l'automne sanglant. » Intrigué, le conducteur ou le passager avant se retourne. Mais à l'arrière, il n'y a plus personne : le moine a disparu sans que le véhicule se soit arrêté. Les automobilistes interloqués auraient alors déposé auprès des brigades de gendarmerie, et appris alors qu'ils n'étaient pas les seuls à avoir vécu cette aventure [2].

En réalité, une enquête montra que personne ne s'était présenté aux bureaux de gendarmerie [44]. De plus,

1. *Sud-Ouest*, 9 décembre 1984.
2. *Ouest-France*, 24, 26, 29 mai, 1er juin 1982.

comme d'habitude, les prétendus témoins directs, ces conducteurs désignés comme ayant pris à leur bord l'étrange passager, se sont chaque fois révélé n'être que des intermédiaires. L'histoire leur venait de quelqu'un d'autre.

Deux seules choses sont certaines. Des moines circulent partout en France, donc peuvent être vus en Vendée. Le récit du moine auto-stoppeur s'inscrit dans une catégorie générale de récits bien connue des spécialistes du folklore : l'auto-stoppeur fantôme. Ces récits ont été repérés et classés dès 1942 et donnent lieu régulièrement à des poussées très localisées de rumeur aussi bien en Europe qu'aux États-Unis [21]. Il y a quelques siècles, la même histoire se colportait de paroisse en taverne : la voiture était alors un fiacre.

Le malentendu

Les rumeurs naissent souvent d'une défaillance dans l'interprétation d'un message. Le malentendu fait référence à un témoignage de témoignage et à une différence entre ce qui fut émis et ce qui fut décodé.

A la mi-février 1984, les Algérois s'interrogent : le « cyclone » va-t-il balayer la capitale[1] ? Depuis deux semaines, la rumeur s'amplifie. Un cyclone est à redouter dans cette région pourtant éloignée des Tropiques. Ce sont les Japonais, comme chacun sait experts en catastrophes naturelles, qui en ont informé les autorités. D'ailleurs, preuve que l'avertissement est pris au sérieux, les médecins ont été avisés qu'ils devaient se mettre à la disposition des hôpitaux pendant le week-end. De fait, dans certains hôpitaux, un avis est bel et bien affiché : « En raison de perturbations atmosphériques, le personnel est consigné les 23 et 24 février. » Le week-end le plus long va-t-il commencer ? Des commerçants sont assaillis de

1. *Le Monde*, 25 février 1984.

commandes de bouteilles d'eau minérale. Des gens sérieux décident de s'éloigner quelques jours de la capitale. Le mardi 21 septembre, *El Moudjahid* dément cette rumeur. Il semblerait qu'une sorte de répétition générale d'un plan ORSEC aurait été prévue, mais des messages relatifs à cet exercice d'alerte auraient été mal compris, sans doute parce qu'ils étaient ambigus.

En janvier 1986, la rumeur submergea la Savoie : « Haroun Tazieff aurait dit à la télévision qu'il allait tomber six (ou dix) mètres de neige et que Chamonix risquait bien d'être rayée de la carte. » Pour d'autres la prévision émanait du présentateur vedette de la météo à Antenne 2, Alain Gillot-Pétré. La rumeur courut jusqu'à Dijon à qui l'on prédisait plus d'un mètre cinquante de neige. Il est vrai que le secrétaire d'État aux Risques naturels, le célèbre vulcanologue Haroun Tazieff, se produit souvent à la télévision : une erreur de compréhension est vite arrivée. De plus, le retour tant annoncé de la comète de Halley avait dû impressionner certains téléspectateurs : ils s'attendaient inconsciemment à quelque retombée. Une avalanche de neige paraissait encore plus crédible.

De la même façon, les travailleurs immigrés turcs qui lirent l'article de la revue *Turceman* d'avril 1980 n'en crurent pas leurs yeux. Leur espoir le plus vif, le rêve de leur vie semblaient se réaliser : à Mulhouse, on régularisait la situation de tous ceux qui n'avaient ni cartes de séjour ni travail. En quelques jours, 3 500 Turcs clandestins convergèrent sur Mulhouse[1]. Le mois de mai fut un mois turc en Alsace. En fait, *Turceman* avait publié le reportage de son correspondant de Francfort sur un immigré clandestin de Colmar qui s'était vu attribuer un récépissé de demande de papiers afin de pouvoir subir... une intervention chirurgicale qui s'imposait. Un cas humanitaire donc. Ce reportage présentait la photo du Turc ainsi que le fac-similé du récépissé. Dans cet article, le journaliste posait déjà la question : que se passera-t-il à l'expiration du récépissé

1. *Alsace*, 31 mai 1980.

valable trois mois ? Mais, pour les lecteurs turcs, seul a été retenu le fait qu'un clandestin avait eu « un papier ». Il n'en a pas fallu plus pour déclencher à travers l'Europe une ruée sur Mulhouse.

Un cas célèbre illustre comment le processus du malentendu peut se répéter : dans la mesure où chaque fois le nouveau message reste ambigu, il autorise l'interprétation personnelle de l'auditeur suivant. Dans le cas présent, il s'agit des transformations subies par un article de presse lorsqu'il est repris par une série d'autres journaux. Lors de la Première Guerre mondiale un journal allemand, la *Kölnische Zeitung*, fut le premier à annoncer la chute de la ville d'Anvers devant les troupes allemandes. Il titra donc : « A l'annonce de la chute d'Anvers, on a fait sonner les cloches. » Dans la mesure où ce journal était allemand, il allait de soi que c'était en Allemagne qu'on avait fait sonner les cloches en l'honneur de cette victoire. L'information est reprise par le journal français *le Matin* : « Selon la *Kölnische Zeitung*, le clergé d'Anvers a été contraint de sonner les cloches lorsque la forteresse a été prise. » L'information du *Matin* est reprise à son tour par le *Times* de Londres : « Selon *le Matin*, via Cologne, les prêtres belges qui ont refusé de sonner les cloches à la chute d'Anvers ont été démis de leur fonction. » Quatrième version dans le *Corriere della Sera* : « Selon le *Times*, citant des informations de Cologne, via Paris, les malheureux prêtres qui ont refusé de sonner les cloches à la prise d'Anvers ont été condamnés aux travaux forcés. » Le journal *le Matin* reprend alors cette information : « Selon une information du *Corriere della Sera*, via Cologne et Londres, il est confirmé que les barbares conquérants d'Anvers ont puni les malheureux prêtres de leur refus héroïque de sonner les cloches en les pendant aux cloches la tête en bas, comme des battants vivants. »

C'est ainsi que le dernier journal alimenta la rumeur de la barbarie allemande à Anvers. Plusieurs faits sont remarquables : d'une part, si l'écart entre la première version et la dernière est considérable, le passage d'une version à la suivante n'a rien de surprenant. Il obéit à une logique d'éclaircissement de mots ambigus ou de perception sélective de ces derniers. D'autre part, chaque journaliste a amené de la matière nouvelle : face à la pauvreté de l'information, il a tenté de reconstituer un puzzle complet, quitte à créer les pièces manquantes. Celles-ci reflètent l'état d'esprit ambiant : la guerre de 1914 était presque une guerre sainte. La France allait prendre sa revanche sur les Allemands, laver l'affront de la guerre de 1870. Or, on est encore plus un héros quand l'ennemi est dépeint comme barbare. La déformation vérifiait les stéréotypes courant sur les Allemands, et justifiait aussi les angoisses latentes des populations.

Ainsi, il n'y a pas d'acte manqué. L'erreur est en réalité une construction d'information selon un scénario plausible et la rumeur un reflet des images et stéréotypes en cours. Une interviewée nous citait le cas de la rumeur née dans son village par suite de la disparition de son frère. Celui-ci était tout simplement parti en Grande-Bretagne. A une question, elle répondit qu'il était « à Londres ». La rumeur en fit un taulard : quelqu'un avait compris « à l'ombre », ce qui manifestement ne lui avait pas paru surprenant, ni aux autres villageois. Cette hypothèse correspondait à l'image qu'ils avaient de lui.

Manipulations

En novembre 1968 naquit et se développa une rumeur calomniant de façon extrêmement grave la femme de l'ancien Premier ministre et futur président de la République Georges Pompidou [99]. Cette rumeur, liée à l'affaire de l'assassinat de Stefan Markovic, avait pour source une lettre datée du 10 octobre 1968 et adressée à Alain Delon par un jeune Yougoslave, détenu à Fresnes, ami de Markovic. Cette lettre, portant des accusations calomniatrices, fut saisie par l'administration pénitentiaire. Bien que le détenu ait déclaré que sa lettre à Delon était spontanée et que personne ne l'avait inspirée, l'enquête en attribue la rédaction à un de ses codétenus, poursuivi pour faux et usage de faux.

En février 1976 se mit à circuler un tract, une simple feuille tapée à la machine, présentant une liste des additifs alimentaires (les fameux E...). Cette liste divisait les additifs en trois groupes : les toxiques cancérigènes, les suspects et les inoffensifs. Selon le tract, un grand nombre de produits et marques courantes étaient de purs tueurs. D'où venait ce tract, qui en avait tapé le modèle original : on ne le sut jamais. En revanche, il a été depuis maintes fois reproduit par des milliers de bénévoles, saisis par la gravité de l'accusation et le spectre du mot « cancer ». A ce jour, on estime que sept millions de personnes ont eu le tract en main et furent « empoisonnées » par la rumeur.

En effet, une lecture approfondie du tract révéla vite aux spécialistes son caractère suspect. La plupart des additifs alimentaires interdits en France, donc absents des produits, y étaient décrits comme inoffensifs. En revanche, des substances tout à fait anodines y sont qualifiées de toxiques cancérigènes. Par exemple, la liste présente le E330 comme le plus dangereux de tous. Or, derrière ce code, il ne s'agit que de l'innocent acide citrique, que l'on trouve naturellement dans les oranges et les citrons et dont chacun fait quotidiennement une ample consommation. Comme le dit le Pr Maurice Tubiana, directeur de l'institut Gustave-Roussy à Villejuif et spécialiste mondial du cancer : « Le tract indique comme dangereuses, comme cancérigènes, toute une série de substances extrêmement banales et qui se trouvent couramment dans la nourriture quotidienne [...]. Tous les scientifiques qui l'ont lu ont pouffé de rire tellement c'était un tissu d'âneries. »

Au fur et à mesure de ses reproductions, on vit apparaître sur le tract une référence explicite à l'hôpital de Villejuif. En réalité, cette paternité est mensongère : l'institut Gustave-Roussy de Villejuif a toujours démenti toute paternité avec le contenu de la liste alarmiste. Mais

UN CAS DE RUMEUR MANIPULATOIRE :
LA LISTE DES PRODUITS CANCÉRIGÈNES

Depuis 1976, 7 millions de Français ont été abusés par son apparence crédible et scientifique. Elle court toujours malgré les démentis de l'hôpital de Villejuif, totalement étranger à ce tract.

L'HOPITAL DE VILLEJUIF INFORME :

Tous ces additifs sont actuellement autorisés en France, mais doivent être indiqués. Freinez l'utilisation de ces additifs en sélectionnant les produits que vous achetez (c'est le consommateur qui conditionne les options des fabricants).

PENSEZ A VOS ENFANTS

Reproduisez ce document, distribuez-le autour de vous. Affichez-le.

Surtout, utilisez-le. Il y va de votre santé.

TOXIQUES CANCÉRIGÈNES : 102 - 110 - 120 - 123 - 124 - 127 - 211 - 220 - 225 - 230 - 250 - 251 - 252 - 311 - **330** - 407 - 450.

330 : LE PLUS DANGEREUX : Certains apéritifs, crèmes de fromages, certains sodas.

SUSPECTS (études en cours) : 125 - **131** - 141 - **142** - 150 - 153 - 171 - 172 - **210** - **212** - **213** - **214** - 215 - 216 - 217 - 231 - 232 - 241 - 333 - 340 - 341 - 460 - 462 - 464 - 465 - 466 - 477.

INOFFENSIFS : 100 - 101 - 103 - 104 - 105 - 111 - 121 - 122 - 132 - 140 - 151 - 160 - 161 - 162 - 170 - 174 - 175 - 180 - 181 - 200 - 201 - 202 - 203 - 237 - 239 - 260 - 261 - 270 - 280 - 281 - 282 - 290 - 293 - 300 - 302 - 304 - 305 - 306 - 307 - 308 - 309 - 322 - 325 - 326 - 327 - 331 - 332 - 333 - 334 - 335 - 336 - 337 - 401 - 402 - 403 - 404 - 405 - 406 - 408 - 410 - 411 - 413 - 414 - 420 - 421 - 422 - 440 - 470 - 471 - 472 - 473 - 474 - 475 - 480.

INTESTINS (perturbations) :	E 221 - 222 - 223 - 224 - 226
DERME (peau) :	E 220 - 231 - 232 - 233
DIGESTION (perturbations) :	E **330** - 339 - 340 - 341 - 400 E 461 - 463 - 466 - 447
PRODUITS DANGEREUX :	E 102 - 110 - 120 - 124 - 127
DESTRUCTION Vitamine B 12 :	E 220
ACCIDENTS VASCULAIRES :	E 230 - 251 - 252 (charcuterie)
CHOLESTÉROL :	E 320 - 321
SENSIBILITÉ CUTANÉE :	E 311 - 312
APHTES :	E 330
CRÈMES GLACÉES (digestion) :	E 407
PRODUITS CANCÉRIGÈNES :	E 131 - 142 - 210 - 212 - 213 - E 214.

Exemples :
E 102 : Bonbons
E 330 : Certaines limonades
E 120 : Certains alcools

Exemple publié par un magazine, sans les marques.

rien n'y fit : malgré les démentis répétés, le tract circulait encore en 1986. Persuadé de son authenticité, chacun le distribue dans les écoles primaires, les organismes sociaux, les hôpitaux, les facultés de médecine et de pharmacie particulièrement sensibles à la référence à l'illustre hôpital. Des journaux l'ont diffusé tel quel, sans vérifier. Bien plus grave, en 1984, un médecin écrivit un ouvrage de vulgarisation sur le cancer, reproduisant la liste des produits cancérigènes sans se renseigner, contribuant ainsi à cautionner une fausse information et à faire douter d'innocents produits comme par exemple la Vache-qui-Rit, ou la moutarde Amora. Mais quelle était donc l'intention de ceux qui écrivirent le premier tract ?

Toujours dans le cadre des manipulations, on doit mentionner le rôle d'une certaine presse pour lancer une rumeur à même d'épicer les conversations de salon et les dîners mondains. Le cas de Sheila est exemplaire. Une rumeur insistante met en cause sa féminité : Sheila serait un homme. Peu de gens savent combien cette rumeur est ancienne. Cela commença dès le début de la carrière de la pop star, alors qu'elle avait à peine dix-sept ans : un article de *France-Dimanche* émettait des doutes sur sa féminité. Sheila décida de ne jamais répondre, mais le secret qu'elle a toujours maintenu sur sa vie privée la desservit et ne fit que cautionner la calomnie.

Un montage de rumeur sans autre motif apparent que le plaisir nous est donné dans le cas de la rumeur sur la maladie de Leonid Brejnev, il y a quelques années. A cette époque, les rumeurs proliféraient dans les chancelleries, reprises par la presse. Un événement considérable et ambigu se produisait : on n'avait pas vu le chef suprême de l'Union soviétique en public depuis cinq semaines. Selon les sources toujours « bien informées », sa maladie allait de la rage de dents à la leucémie.

C'est à Boston que naquit la rumeur suivant laquelle Leonid Brejnev était en route vers le Massachusetts pour être soigné dans une clinique bien connue, réputée dans le monde pour les traitements du cancer [123]. Le grand quotidien local le *Boston Globe* annonça même officiellement l'information.

En réalité, quelqu'un avait donné à l'ordinateur de la clinique un nom à inclure dans la liste des patients attendus : « L. Brejnev ». Puis il avait prévenu différentes sources, dont le *Globe* et la police de Boston. Le journal demanda plus d'informations à Washington : ne recevant pas de démenti, et entendant la rumeur qui émanait de la police, il publia l'information.

Cet exemple nous renvoie aux avertissements émis dès le début de ce chapitre. Ce qui fit le succès du montage, c'est l'extraordinaire sensibilité des relais d'opinion à ce moment précis sur tout ce qui concernait la santé de Leonid Brejnev. Ce qui fait en effet la rumeur, ce n'est pas la source, c'est le groupe.

La publication innocente de faits non vérifiés

Le samedi 5 octobre 1985, au centre commercial de Créteil, dans l'après-midi, des bénévoles distribuaient un tract aux passants venus faire leurs courses. Celui-ci était signé du très sérieux et connu MRAP, Mouvement contre le racisme et pour l'amitié entre les peuples. Pour faire pression sur le régime de Pretoria et lutter contre l'apartheid, conformément aux recommandations de l'ONU, le mouvement humanitaire appelaît au boycott des « fruits et boissons tachés de sang », et indiquait plusieurs noms de marques. Une boisson était particulièrement visée : sous le titre « L'apartheid... juteux », le tract mentionnait que « les jus de fruits Pampryl sont réalisés avec des fruits en provenance d'Afrique du Sud ».

Or, depuis plusieurs années, la société J.F.A. Pampryl s'approvisionnait en Israël et au Maroc. Les contacts du président de Pampryl avec le secrétaire général du MRAP ont montré que cet organisme n'avait pas vérifié son information. Un membre du MRAP ayant dit que Pampryl s'approvisionnait en Afrique du Sud, on publia l'information sans plus de précautions.

Cet exemple illustre, s'il était nécessaire, combien la démarche de vérification de l'information est peu spontanée. S'il faut enseigner aux journalistes et aux historiens la nécessité du contrôle des sources, ce n'est pas un hasard. Non seulement vérifions-nous rarement ce que nous apprenons par personne interposée, par le bouche-à-oreille, mais des personnes responsables de l'information de milliers d'autres semblent elles aussi faire de même. Maintes rumeurs trouvent leur point de départ dans des articles de journaux locaux ou amateurs, fabriqués avec les meilleures intentions et beaucoup de bonne volonté, mais où la vérification d'authenticité est parfois omise.

Pas de fumée sans feu ?

Ces exemples montrent bien combien le proverbe : « Il n'y a pas de fumée sans feu » est une aberration. Il n'a de sens que si l'on appelle « feu » la passion et l'imagination parfois fertile des témoins, des récepteurs de messages et des personnes qui lancent volontairement des rumeurs. En réalité, l'attachement populaire à ce proverbe constitue la voie royale de sa manipulation par la rumeur. Le logiciel mental du public est explicite : pour lui, derrière toute fumée il existe un brin de vérité. Sachant cela, les stratèges ont tiré une règle d'action bien connue : Calomniez, calomniez, il en restera toujours quelque chose.

3. Elles courent, elles courent

Même s'il existe une source initiale, rappelons-le, ce qui crée la rumeur, ce sont les autres personnes, celles qui, ayant entendu, reparlent. La rumeur est d'abord un comportement. A un moment donné, un groupe se mobilise et se met à « rumorer » : il y a contagion d'actes de parler autour d'un témoignage, d'une information, d'un événement. Toutes les histoires racontées ne déclenchent pas des rumeurs. La question première est donc : Pourquoi en colportons-nous certaines et non d'autres ?

Pourquoi on colporte

Quelles informations méritent d'être rediffusées autour de nous ? Pourquoi désirons-nous les répéter aux autres ? Ces questions se posent aussi chaque soir à tous les rédacteurs en chef de la presse quotidienne. Sur leurs bureaux s'amoncellent les télex, les communiqués, les reportages, les notes. Demain, lesquels doivent être imprimés, communiqués au public ? De quoi doivent-ils reparler ?

La rumeur est une nouvelle

Un patron de presse dit un jour : « Une nouvelle, c'est quelque chose qui fait parler les gens. » Cette définition n'est pas satisfaisante, mais elle est instructrice : une information qui ne serait pas une nouvelle ne peut donner lieu à rumeur.

Le rédacteur en chef ne peut attendre les discussions du lendemain pour apprendre ce qui était ou non une nouvelle dans le journal du matin. Son problème, c'est de les identifier a priori au sein de toutes les candidates accumulées sur son bureau. Selon un proverbe, ce qui arrive est toujours inattendu [114]. Puisque les nouvelles annoncent précisément ce qui vient d'arriver, on doit en déduire que les nouvelles, c'est ce qui est inattendu, inhabituel. De fait, les événements les plus anodins, à partir du moment où ils s'écartent un tant soit peu de la routine et de l'habitude, ont toutes les chances d'être retenus pour le journal. Le titre de l'article a pour tâche de résumer de façon synthétique et surprenante l'inattendu du relaté. Par exemple, aujourd'hui, « Un chien mord un homme » n'est pas une grande nouvelle. Ce qui est une grande nouvelle, c'est le titre : « Un homme mord un chien ».

Comme on le voit, ce qui fait la nouvelle ce n'est pas son importance intrinsèque. Qu'un homme soit mordu par un chien est plus important que l'inverse. De la même façon, annoncer vingt mille morts sur la route en 1985 est une information importante, mais ce n'est pas une nouvelle : elle est intégrée dans l'ordre des choses. Elle est fondue dans la normalité : les inconvénients des avantages de notre civilisation. Ce qui rend « nouvelle » l'information de l'homme mordant un chien, c'est qu'elle est si insolite, peu ordinaire et inhabituelle qu'elle va à coup sûr amuser, surprendre ou exciter le lecteur qui s'empressera alors de la mémoriser et de la répéter : il veut faire partager son émotion.

Si, pour reprendre le proverbe, c'est toujours l'inattendu qui arrive, l'examen attentif de la presse montre que c'est le « pas complètement inattendu » qui passe en fait dans les nouvelles. On y trouve des naissances et des décès, des mariages et des divorces, le temps, etc. Ce sont là des événements qui ont déjà eu lieu, ont déjà fait l'objet de nouvelles : ils ne sont donc plus inattendus. En somme, donc, ce qui fait l'essence de la « nouvelle », c'est qu'elle relate des choses attendues, mais qui en même temps étaient totalement imprévisibles. Ce sont les numéros gagnants ou perdants qui sortent au loto de la vie. Les nouvelles concernent les accidents ou incidents auxquels le public est préparé : ce sont donc ces choses que l'on craint ou que l'on espère qui forment le tuf d'une nouvelle, et par là même de la rumeur.

La nouvelle n'est pas un récit ou une anecdote, c'est avant tout une information qui a un *intérêt pragmatique.* Presque toujours, elle concerne un événement qui peut apporter des changements subits et importants. C'est une information pleine d'implications pour soi-même et ses proches : on en attend des conséquences immédiates, négatives ou positives. La nouvelle est une information pragmatique : elle joue le même rôle pour le public que celui de la perception pour un individu. Elle n'informe pas, elle oriente. En apprenant ce qu'il y a de neuf, autour de soi par exemple, dans son immeuble, dans la ville, on peut mieux s'orienter, agir.

Aussi la première réaction d'un lecteur face à une nouvelle est de la répéter à quelqu'un d'autre : cela devient le sujet de la conversation, engendre des commentaires et donne lieu éventuellement à débat. Mais, ce faisant, on constate toujours que la discussion passe rapidement du fait relaté (la nouvelle) aux implications qu'il engendre, aux questions qu'il pose, aux leçons à en tirer. En somme à partir d'une nouvelle (un fait) trouvée dans le journal, naît une discussion qui porte non sur le fait mais sur ce qu'il faut en penser : de ce débat de sentiments, d'hypothèses et de certitudes émerge une sorte de consensus – ce que l'on appelle l'opinion publique, l'opinion du groupe – quant à l'interprétation à donner à l'événement en question.

Les nouvelles que l'on répéte concernent des personnes dont on se sent proche, affectivement ou géographiquement : ce qui est arrivé à Sheila, à Caroline de Monaco, ou dans les boutiques à la mode de la grande rue commerçante ; ce qui concerne Valéry ou François (les présidents) comme ce qui arrive au notaire du village, etc. Cela est normal, l'information a d'autant plus d'intérêt pragmatique, d'implications personnelles qu'elle concerne un être ou un fait proche de soi. Mais la discussion s'empare aussi des nouvelles lointaines dont la portée est générale. Il s'agit typiquement de ces « histoires exemplaires » qui constituent un des types de rumeur : par exemple, la nouvelle d'un homme rentrant chez lui tard le soir et qui, apercevant un individu dans la maison, l'abat d'un coup de fusil. L'« individu » était son fils revenu par surprise au pays après plusieurs années passées outre-mer. Cette histoire est exemplaire en ce sens que, même sans la prononcer, elle énonce une morale. Elle est enceinte d'implications non seulement pour soi-même, mais surtout pour la collectivité. A la limite, comme les fables de La Fontaine ou les contes de Perrault, peu importe la date, le lieu et les personnages de cette aventure relatée par la presse. Ses implications morales pour la collectivité constituent le ressort de sa répétition par les lecteurs, et de sa résurgence régulière et éternelle sous forme de rumeur : elle souligne les dangers de l'autodéfense.

Ainsi, le public répète spontanément les seules informations véhiculées par les médias qui jouissent du statut de « nouvelles ». Très vite, il ne s'agit plus de répéter mais d'interpréter, de tirer les implications du fait brut de départ, donc de définir l'opinion publique, ce que le groupe pense subjectivement. Le même processus se passe lorsque l'information est véhiculée non par les médias mais par une personne, par le bouche-à-oreille. Il faut cependant que cette information soit attendue : qu'elle réponde aux espoirs et aux craintes, aux pressentiments plus ou moins conscients. Il faut aussi qu'elle soit imprévue et ait des conséquences immédiates et importantes pour le groupe. Si ces trois conditions sont réunies, il y a une « nouvelle » susceptible de donner naissance à ce même processus de répétition-discussion décrit plus haut, que l'on appelle rumeur.

Parmi ces informations capables de rumeur, on trouve au premier chef tout ce qui dérange l'ordre des choses et conduit à réagir, c'est-à-dire les nouvelles à intérêt pragmatique direct : les alertes de danger, les ruptures de la morale, les changements d'ordre social, les modifications de l'environnement physique, etc. Par exemple, la rumeur des catastrophes naturelles se diffuse instantanément : à Nice, on prévoit régulièrement un raz de marée. A Aix-en-Provence, la rumeur annonça un tremblement de terre pour juin 1976. Chamonix devait être rayée de la carte par un tremblement de terre entre le 7 et le 14 janvier 1986. Circulent vite aussi les informations qui affectent indirectement, par identification aux personnages plus ou moins lointains : les heurs et malheurs des stars, et d'une façon générale de tous les symboles publics, qu'ils soient politiques, artistiques ou sportifs.

Dans tous les cas, la rumeur court car il y aurait danger, physique ou symbolique, à ne pas connaître la nouvelle, que celle-ci soit vraie ou fausse. Précisément, outre sa fonction d'alerte, la rumeur doit aussi décider du sort qu'il convient de donner à la nouvelle, ce qu'il faut en penser. C'est là une deuxième fonction de la répétition : parler pour savoir.

Parler pour savoir

La comparaison entre le lecteur du journal et l'auditeur d'un discours rapporté a une limite de taille : pour le lecteur, compte tenu de la confiance dont jouissent les médias, le fait est authentique, vérifié. L'auditeur, quant à lui, même s'il le croit possible, n'a pas cette certitude. Il lui faut s'en assurer. Il a besoin aussi de savoir qu'en penser.

L'homme est un animal social. Cette phrase a été tellement entendue qu'elle passe désormais pour une totale banalité. Pourtant, elle attire notre attention sur plusieurs phénomènes au centre de la rumeur. Le psychosociologue américain Léon Festinger [50] a beaucoup insisté sur le concept de comparaison sociale. Nous aurions en permanence tendance à nous comparer aux autres : il s'agit d'un besoin de se situer, de s'évaluer par rapport aux autres. Cela concerne les capacités de chacun : par exemple, savoir que l'on saute un mètre quarante en hauteur ne suffit pas ; encore faut-il savoir si cela est une bonne ou une mauvaise performance. Naturellement, on ne se compare pas à n'importe qui : on choisit son groupe de référence, ceux qui constituent notre proximité. Aussi, en matière de saut en hauteur, la comparaison se fait ni avec quelque sauteur olympique ni avec un arthritique.

Il en va de même de nos opinions. Nous voulons savoir si celles-ci sont bonnes ou mauvaises. En ce qui concerne les capacités, celles-ci peuvent être évaluées par rapport à un standard, une réalité objective : sauter plus d'un mètre cinquante par exemple. Les opinions, quant à elles, n'ont pas toujours de « réalité » à laquelle se comparer. Quelle est alors la façon de savoir si celles-ci sont ou non correctes ? En les comparant à celles du groupe auquel on s'identifie, pris comme groupe de référence [67].

En d'autres termes, le fait de parler d'une information révèle quel consensus se dessine à son sujet, au sein du groupe auquel nous appartenons. Les autres moyens sont délicats. Comment savoir si les notables de la ville se livrent bien à quelque ballet rose ou ballet bleu (rumeur typique des villes moyennes) ? On ne peut manifestement pas aller le leur demander. De plus, dans beaucoup de rumeurs la source n'est pas à portée de la main : il subsiste un éternel maillon entre elle et la personne qui nous rapporte la rumeur. On l'a dit, le critère de la vérité est alors un critère purement social : *est vrai ce que le consensus considère comme vrai.* Parler, c'est engager un processus de discussion, d'élaboration à partir de la nouvelle, dans le but de parvenir à une définition collective de la réalité.

C'est par la rumeur que le groupe nous communique

ce qu'il faut penser, si nous tenons à continuer à y adhérer. La rumeur est un véhicule efficace de cohésion sociale : toutes les discussions qui s'instaurent expriment l'opinion du groupe auquel nous nous identifions. *Participer à la rumeur est aussi un acte de participation au groupe.* Maints lecteurs trouveront surprenante cette conception suivant laquelle l'homme attendrait de savoir ce que pensent les autres (le groupe de référence) avant de se faire sa propre opinion. Il est vrai que l'apparence est inverse. De plus, nous avons plaisir à imaginer que nos opinions sont intimement et exclusivement personnelles. Les expériences montrent pourtant que la conformité au groupe exerce une influence considérable sur nos opinions : elle nous conduit parfois à dire l'inverse de ce que nous pensons et à douter de nos propres convictions.

A chaque conversation sur la rumeur, nous façonnons du consensus en apportant des détails, élaborations et hypothèses personnels dans le cours de la discussion. Le consensus qui se forme ne nous est pas étranger : nous en sommes tous collectivement les artisans. Comme le communiqué commun d'une conférence internationale, ce consensus engage chacun des participants au groupe. Ne pas s'aligner, c'est se mettre en retrait, s'isoler du groupe, c'est-à-dire choisir un autre groupe de référence.

Parler pour convaincre

Pour certains, transmettre la rumeur, c'est partir en croisade, répandre le verbe, la bonne parole. Il y a implication totale dans le contenu de celle-ci, apparue comme une espèce de vérité révélée. Ceci arrive lorsque la rumeur répond exactement à une anxiété personnelle, ou résout un conflit. Les premiers à répandre les accusations de débauche sont ceux qui, réprimant fortement leurs pulsions sexuelles, tirent plaisir des anecdotes croustillantes, tout en pouvant alors jouer les dénonciateurs et les moralistes scandalisés. Or, on n'a pas raison tout seul, on ne prêche pas dans le désert. La rumeur devient une entreprise de conversion à ses propres thèses : plus on élargit le cercle des adeptes, plus grand est le sentiment intime d'être dans le vrai. Il faut non seulement transporter la rumeur, mais convaincre : l'identification entre le prosélyte et son message est telle que rejeter la rumeur ou en douter, c'est le rejeter lui-même. Il y a ainsi dans toute rumeur des relais actifs qui font totalement corps avec ses thèses : ils y trouvent une satisfaction, la résolution des tensions internes dont la disparition passe par l'approbation sociale. Si on me croit, c'est que j'ai raison.

Parler pour se libérer

La rumeur est la première étape du défoulement. Beaucoup de rumeurs sont des fardeaux anxiogènes : « Les Allemands commettent des atrocités en pénétrant dans les pays vaincus », « Il va y avoir une injection massive d'immigrés à Lorient, venus de Marseille[1] ». En parler, c'est faire un pas vers la réduction de l'anxiété : les interlocuteurs peuvent montrer que la rumeur est impossible, n'a pas de sens. Si elle est cautionnée, la prise en compte collective du danger supprime notre isolement : le danger ne plane plus uniquement sur soi-même, mais sur tous. Il est subjectivement amenuisé. D'autre part, commencer à parler de l'événement identifié, perçu comme menace, c'est faire un pas vers son contrôle et son extinction : à Amiens, Laval, Rouen, dans toutes les villes à rumeur de traite des blanches, la parole accusatrice prélude à d'autres formes de libération.

La rumeur est alors un écoulement socialement acceptable de l'agressivité refoulée. De plus, toujours censée provenir de quelqu'un d'autre, du « on-dit » déculpabilisant, elle permet l'expression la plus libre de ses pulsions réprimées et jusqu'à présent inavouables. On comprend

1. *Liberté du Morbihan*, 17 novembre 1984.

qu'elle fleurisse dans les situations et les milieux à forte censure morale : la rumeur est une lettre anonyme que chacun peut écrire en toute impunité.

Parler pour plaire

Maintes rumeurs circulent, non parce que ceux qui les transmettent les croient *mordicus*, mais parce qu'elles sont amusantes, objet de curiosité et de surprise. Celui qui les transmet est assuré de créer son effet sur le groupe d'amis à qui il annonce la nouvelle. Nous sommes là très près du moteur de la circulation des blagues. On les colporte pour les consommer, pour le plaisir qu'elles procurent – plaisir d'ailleurs pas toujours innocent : l'humour est une autre façon commode d'écouler le refoulé. Mais la rumeur n'est pas une histoire drôle : elle prétend à la réalité. Cela s'est passé dans tel endroit précis, à tel moment. L'homme qui dévoile la rumeur jouit d'un plus grand prestige que le simple amuseur public. Il délivre une information rare, excitante, créatrice d'émotions : il dispose d'une valeur à échanger. En retour de cet échange, il gagne le plaisir de plaire, d'être écouté avec attention. En levant le voile sur la rumeur, il témoigne alentour qu'il fréquente les sources bien informées, qu'il fait lui-même partie du sérail. Il est celui qui est en avance sur les autres, au fait des dernières informations, celles que l'on n'a pas, donc les plus importantes.

Compte tenu des bénéfices qu'elle procure à celui qui la transmet aux profanes, on comprend que la rumeur ne manque pas de bouches pour la transmettre. La certitude et le plaisir de jeter le trouble dans l'esprit des auditeurs ébahis expliquent la fantastique persistance de certaines rumeurs à travers le temps. N'ayant pas de valeur d'actualité, elles ne créent pas de mouvements repérables ici ou là, mais jouissent d'une circulation tranquille et imperturbable. Le lecteur reconnaîtra certainement dans l'échantillon ci-dessous des « informations » qu'il a déjà entendues et probablement crues.

– Un ouvrier est tombé dans une cuve de Martini (ou de vin de Bercy). On ne s'en rendit compte que lorsque la cuve fut un jour vidée.

– Quand on met une pièce de monnaie rouillée dans un verre de Coca-Cola, cela enlève la rouille (ce serait aussi efficace pour les cuivres). Le Coca-Cola est un excellent contraceptif spermicide.

– Les barmen branchés font briller leurs comptoirs avec du Martini.

– Le contrat de vente d'une Rolls Royce interdit de l'inscrire dans une course automobile (pas question que le symbole de l'excellence arrive second).

– Une chanteuse, pour cacher qu'elle est hermaphrodite, a simulé une grossesse avec un coussin.

– Tel chanteur est en réalité le fils naturel de X ou Y, personnages bien connus.

– Pour se faire de l'argent de poche, on peut aller nettoyer les morts à la morgue : la rémunération est de deux cent cinquante francs par cadavre.

C'est ainsi que durent les « légendes urbaines » : dégustées à la fin d'un repas ou dans un bar, comme on sirote un digestif ou un pastis. Elles offrent la certitude du plaisir consommatoire de l'instant. Elles sont un grand chewing-gum collectif. La vie privée des grands, le nom de leurs dernières conquêtes trouvent aussi dans l'excitation et le plaisir procurés le moteur de leur diffusion. Chacun de nous se comporte comme un mini-rédacteur en chef : les journaux aussi colportent certaines nouvelles pour leur incongruité surprenante, qui attire à coup sûr l'attention. Peu importe alors que l'information soit véridique ou non, l'effet qu'elle déclenche suffit à légitimer sa parution.

Il existe un cas exemplaire de rumeur de ce type : la grande blague du chou (et plus tard des sirènes à brouillard) [63]. Cette rumeur américaine a pu faire l'objet d'étude : elle dure depuis 1950 et est régulièrement relayée par quelque journal qui la ressuscite sous la forme d'un petit entrefilet : « Le *Notre Père* comporte 66 mots, les Dix Commandements 297 mots, le célèbre discours d'Abraham Lincoln 266 mots. Une récente directive de l'administration pour fixer le prix du chou contient 26 611 mots. » Tout lecteur attribuera spontanément la « récente directive » à l'administration Carter ou Reagan. Seuls certains, une minorité, se souviendront qu'il n'y a plus de contrôle des prix aux États-Unis depuis la guerre de Corée. En fait, une enquête montra que chaque journal publiant la rumeur la tirait d'un autre journal et cela depuis 1950. La rumeur fit même l'objet de plusieurs jeux radiophoniques du type « quitte ou double ». Les auditeurs devaient deviner combien de mots contenait la « récente directive de l'administration établissant le prix du chou ».

Ce qu'il y a de remarquable, c'est que l'Office de stabilisation des prix (OPS) n'a jamais publié quoi que ce soit sur le chou. Depuis son apparition, près de cent journaux et magazines à grand tirage ont ici et là attiré l'attention de leurs lecteurs sur cette fantastique incongruité de l'administration. L'administration, se sentant à juste titre visée par l'anecdote, a toujours demandé la publication de correctifs dans les revues et journaux ayant relayé la rumeur. Les jeux de type « quitte ou double » refusèrent d'annoncer la correction : il n'était pas bon de faire savoir que, de temps en temps, des erreurs pouvaient se glisser dans les questions.

La rumeur du chou a une variante, datant à peu près du même moment. Un journal, désireux de publier l'anecdote du prix du chou, vérifia l'information et constata qu'aucune directive sur le chou n'avait existé. Comme l'histoire était trop bonne pour être abandonnée, on chercha une autre directive pouvant faire l'affaire. On la trouva : elle concernait 376 produits manufacturés. Le journal publia l'information en sélectionnant un produit particulièrement insolite : l'article se gaussait de « cette directive de 12 962 mots concernant le prix plafond des sirènes de brouillard manuelles et d'autres produits ».

Naturellement, pour produire un effet plus percutant, les reprises ultérieures firent disparaître ces « autres produits ». C'est ainsi que se développa la blague du décret des sirènes manuelles.

La survivance extraordinaire de cette rumeur a plusieurs causes : elle amuse et produit un effet certain par le contraste entre les longueurs des différents textes. Mais cet humour n'est pas gratuit, il se fait sur le dos du bouc émissaire traditionnel du business américain : l'administration. Au pays de la libre entreprise, est bienvenu tout ce qui peut conforter l'image de l'administration comme une institution inutile, gaspilleuse et corrompue. Les histoires du chou ou des sirènes manuelles paraissaient bien futiles à tous les rédacteurs en chefs, mais suffisamment savoureuses pour ne pas les laisser passer.

De plus, sauf exception, jamais personne ne cherchait à vérifier l'information avant publication (pour être plus précis, les vérifications étaient systématiques mais portaient seulement sur la longueur des Dix Commandements, du *Notre Père* et du discours de Lincoln à Gettysburg !). Lorsqu'une histoire plaît, ne semble pas tirer à conséquence et satisfait nos opinions, elle est rarement vérifiée.

Une fois lancée, une rumeur comme celle-ci n'est plus contrôlable. Elle acquiert le statut de fait patenté et apporte une illustration de plus en faveur du stéréotype de l'administration. Le nombre de journaux, revues, radios, stations télévisées est tel que tout démenti est vain. Elle devient une rumeur plongeante, disparaissant une année ou deux puis réapparaissant subitement, tirée de l'oubli par quelque journal. *Se non e vero, e bene trovato !*

Parler pour parler

Le côté savoureux de la rumeur et le prestige que l'on en tire ne sont pas les seules raisons faisant courir la rumeur, sans que l'on ait besoin d'y croire. Il en existe une autre : il faut bien se dire quelque chose lorsque l'on parle avec des amis, voisins ou parents. Il y a là un vide répétitif à combler. Par définition, nous voyons souvent nos proches : ils savent tout de nous et réciproquement. Parler de soi exclusivement est vite lassant pour l'auditeur. La discussion est alors menacée par le pire des dangers : le silence, le rien-à-se-dire, l'aveu de la vacuité. La rumeur s'insère à merveille dans ce vide : elle permet de poursuivre le parler.

Pourquoi le lavoir, le marché, le coiffeur, les couloirs, la cantine sont-ils des plaques tournantes de la rumeur ? Précisément parce que s'y créent ou s'y transmettent une série d'informations, vraies ou fausses, nées de la nécessité de susciter l'intérêt, de converser, de dire quelque chose de distrayant. Comme on hésite à parler de soi, on parle des autres : à partir d'un rien, on élabore et la rumeur prend forme.

Mais la rumeur est aussi une invite. Parler, c'est parler ensemble. G. Bateson, entre autres, a très bien montré que toute communication est aussi la proposition d'un certain type de relation entre les deux conversants. Parler d'une rumeur à une personne, c'est l'inviter à « rumorer » avec soi, c'est lui dire implicitement : « Vous et moi, nous n'allons pas en rester au stade des mondanités ou de la pluie et du beau temps, mais nous allons converser sur les rumeurs. » Or, la rumeur est une communication émotionnelle : elle incite aux commentaires moraux, aux opinions personnelles et aux réactions émotionnelles. Apporter une rumeur signifie donc que l'on souhaite débuter ou poursuivre avec l'interlocuteur une relation plus étroite, où chacun se découvre un peu plus, mettant à nu ses sentiments, ses valeurs, tout en ne parlant pas de soi. En somme, la rumeur donne l'occasion d'échanger non de l'information, mais de l'expression [131].

Comme elle porte souvent sur une tierce personne, la rumeur favorise l'établissement de cette relation : évaluer cette personne ensemble, c'est implicitement reconnaître la similitude d'opinions entre les deux conversants, donc resserrer leurs liens sur le dos de cette tierce personne. En somme, la rumeur fournit le tremplin d'une consommation de relations sociales et du renforcement des liens d'amitié, de voisinage et de parenté.

La vitesse de la rumeur

Le 22 novembre 1963, le président des États-Unis était abattu à Dallas, Texas, à 12 heures 30. Il mourut à 1 heure. A cette heure-là, 68 % des Américains avaient déjà appris l'information, à 2 heures de l'après-midi ils étaient 92 %, et à 6 heures 99,8 %. Ainsi, en moins de deux heures, presque tout le pays savait. La moitié de la population reçut l'information à la radio ou à la télévision, l'autre moitié l'apprit par le bouche-à-oreille. 54 % de l'ensemble des personnes ressentit un fort besoin d'en parler immédiatement autour d'elles, dès réception de la nouvelle [135]. Pourquoi certaines informations circulent-elles vite et d'autres plus lentement, sans explosion visible ? Quels facteurs expliquent la rapidité de diffusion de la rumeur ? Ces questions reviennent toujours. Le fait même qu'elles soient posées n'est pas une surprise : il reflète l'emprise de l'image mythique de la rumeur. En effet, tout le discours sur la rumeur tend à en faire un sujet autonome, incontrôlable, doué de propriétés fantastiques : elle « court », elle part comme une « traînée de poudre », « elle fonce comme l'éclair », « elle vole ».

Face à cet être présenté comme hors du commun et mystérieux, le public attend d'un gourou les clés d'un début de compréhension. Or, ces clés, le public les a en lui-même. On l'a dit, la rumeur devient ce que nous en faisons. Elle ne jouit pas de quelques vertus circulatoires magiques, elle dépend de nous. Ayant pris l'habitude de recevoir sans les demander une pléthore d'informations de la part des médias, le public a oublié qu'il est lui-même un émetteur. La vitesse de la rumeur revient à se poser une question : quand reparle-t-on toutes affaires cessantes de quelque chose à quelqu'un ?

Les sources de l'empressement

La vitesse de la rumeur n'est que le résultat de l'empressement des personnes à en parler autour d'elles. Il y a rumeur d'abord parce qu'il s'agit d'une nouvelle concernant le groupe : ses conséquences ne se limitent pas à une personne particulière, mais sont partagées par tout le groupe. De plus, c'est une nouvelle : elle est donc périssable sous l'effet du temps. C'est pourquoi les rumeurs sur un fait passé ou permanent circulent moins vite que les rumeurs sur l'actualité. On l'a dit, pour ces dernières, comme pour tout produit frais, la consommation ne doit pas attendre, sinon le produit devient moins consommable. Le transport rapide de l'objet-rumeur vise à lui conserver sa valeur.

Comme le tocsin, la rumeur est une alerte : une information urgente doit être communiquée. Elle a trop d'implications pour que l'on prenne le temps de la vérifier avant de la transmettre. Même si l'on ne sait pas si l'information est vraie, le fait qu'elle appelle une réponse immédiate justifie son transport : « Attention à ce que vos enfants mangent ! Il paraîtrait que le nouveau bonbon dont ils se sont entichés, Space Dust, peut exploser dans leur estomac ! » « Vous allez bientôt voter : il paraîtrait que le candidat X n'est pas du tout comme on se l'imagine... »

Des relations étroites

Plus un groupe est soudé, structuré et lié par un efficace réseau d'échanges, plus il est facile d'en faire le tour. Au contraire, s'il n'est qu'un rassemblement de personnes, sans communication entre elles, la rumeur mettra nécessairement du temps à faire le plein de son public. On a l'habitude d'entendre par exemple que les médecins, les journalistes, les antiquaires sont des milieux à rumeurs : celles-ci s'y propagent très vite. En peu de temps, la communauté est au courant : c'est précisément parce qu'il y a communauté. Il en va de même des villages ou des villes de province. Au contraire, dans les cités urbaines récemment implantées, ou aux débuts des villes nouvelles, les rumeurs ne pouvaient que difficilement circuler. La proximité géographique des habitants ne suffisait pas : il y avait juxtaposition d'individus, mais pas de véritable groupe. Chaque habitant avait bien plus de relations en dehors de la ville que dans la ville : la communication interne n'existait pas.

Les termes de téléphone arabe ou de téléphone de bambou (pour l'Asie) ne sont pas dus au hasard. Les communautés du pourtour de la Méditerranée comme celles d'Asie témoignent d'une grande cohésion. La vitesse de circulation des nouvelles est le reflet de l'efficacité d'un système de communication dont la fonction est précisément de perpétuer cette cohésion.

Dans notre pays, il y a quelques années encore, le marché n'était pas uniquement un lieu d'achat, mais un lieu d'échanges : on prenait le temps de parler, de commenter, de discuter. Il en était de même des foires, des processions, des fêtes patronales et des sorties de messe : une occasion d'entretenir les liens de sociabilité. Ils sont devenus des lieux communs de consommation solitaire.

Nous n'avons gardé des lavoirs que l'image de la mère Denis, symbole de l'efficacité et des vertus perdues. Ce souvenir est trompeur : le lavoir était un lieu social et un moment de communication. Les commentaires allaient bon train pendant l'effort. Nos laveries automatiques modernes ne sont que des salles d'attentes où chacun s'épie en silence.

Les médias et la rumeur

Aujourd'hui, il est impossible de dissocier la vitesse de propagation de la rumeur de l'attitude que prennent les médias à son égard. Tout sera différent selon qu'ils maintiendront le silence sur celle-ci ou au contraire lui ouvriront leurs colonnes et leur temps d'antenne.

Ainsi, le 23 janvier 1980, on apprenait l'arrestation du shah d'Iran à Panama. La nouvelle sensationnelle, partie de Téhéran, fut répercutée dans toutes les capitales, dont Panama, où l'on était tout étonné d'apprendre ce qui ne s'y était pas passé [1]. De même, après le décès, annoncé le 6 janvier 1980, de Celia Sanchez, secrétaire et admiratrice de Fidel Castro, les observateurs furent frappés par la disparition du frère de Fidel Castro, Raoul Castro. Un journal vénézuélien publia la rumeur selon laquelle les deux frères s'étaient querellés à propos de l'invasion soviétique de l'Afghanistan, et avaient même échangé des coups de feu, dont l'un aurait fait une malencontreuse victime. La rumeur fit crépiter tous les téléscripteurs des agences de presse de la planète.

Dans ces deux exemples, on constate que les mass médias multiplient considérablement les publics de la rumeur : ceux-ci ne sont plus strictement locaux mais internationaux. Mais cette célérité accélère aussi le processus d'extinction de la rumeur : en faisant le tour du monde, la rumeur va à la rencontre des preuves qui l'infirment. Ainsi, une fois prévenu, Panama démentit aussitôt. Si la rumeur est fondée, l'ampleur de la campagne de presse débouche forcément sur une évolution de la situation : elle contraint les sources officielles à parler et à agir. On l'a bien vu lors de l'affaire Greenpeace, pendant l'été

1. *Le Quotidien de Paris*, 24 janvier 1980.

1985. Compte tenu du poids des médias dans la diffusion possible des rumeurs, il convient d'examiner à présent leur attitude face à la rumeur.

Face à l'événement, tous les médias sont à peu près à la même enseigne : il faut le couvrir. On n'imagine pas qu'un quotidien taise la dernière allocution du président de la République. Face à la rumeur, leur liberté de manœuvre est totale. Qui plus est, l'éventail des décisions possibles est large : il va de la création pure et simple d'une rumeur dans le public jusqu'à la croisade antirumeur. Existant jusque-là à l'état de bruit, limité à quelque quartier ou quelque groupe, la rumeur peut exploser grâce aux médias : ils en signent littéralement l'acte de naissance publique. La rumeur naît de la publicité faite autour d'un bruit localisé.

On peut aussi créer de toutes pièces de fausses informations. Dans le show business, c'est monnaie courante : il faut alimenter le désir insatiable des fans, leur soif de connaître en priorité les derniers heurs et malheurs des élus de leur cœur. Une presse spécialisée vit de cela [60].

Sur le terrain politique, la création d'informations détonantes fait partie des campagnes de déstabilisation. Leur publication sans précautions fait prendre au journaliste un risque juridique considérable (à moins que le procès ne soit précisément le but recherché). La tactique consiste ainsi à parler de façon oblique, indirecte, comme si l'on ne faisait que relater objectivement ce que d'autres disaient. Par le recours aux sous-entendus, insinuations, jeux de questions et à l'*innuendo*, on peut ainsi « rumorer l'information » [87] et esquiver les risques : rien ne fut jamais affirmé. Comme le disait Cocteau : il y a des lettres anonymes signées.

Pour dire les choses sans les dire tout en les disant, il est pratique de pouvoir se référer à quelques autres médias : « Les incroyables calomnies lancées contre le président par la presse des États-Unis » titrait *Ici Paris* [1].

1. N° 1567, 18-24 juillet 1975.

Puis, naturellement toujours au conditionnel et en se déchargeant de toute responsabilité sur les « sources » américaines, l'article se livrait au jeu classique des devinettes pour citer les noms de femmes célèbres ayant soi-disant cédé au charme de Valéry Giscard d'Estaing, président.

La création des rumeurs peut prendre deux voies : l'une consiste à la diffuser d'emblée à tout le public. Les grands médias le permettent. Si la rumeur a de fortes chances d'être fausse, c'est prendre un risque. L'autre tactique suivie consiste à laisser jouer naturellement les mécanismes sociaux : la rumeur se diffusera par étapes, des leaders d'opinion aux premiers adopteurs, puis de ceux-ci aux deuxièmes adopteurs, etc. Chaque strate se chargeant de convaincre la suivante. C'est le rôle alloué aux lettres confidentielles, diffusées à un cercle très restreint de personnages influents : la *Lettre de l'Expansion*, *Lettre de Stratégies*, le *Bulletin* de M. Bassi sont des exemples connus. Un responsable des relations publiques dans une importante municipalité expliquait récemment[1] comment il lançait de faux bruits, des ballons d'essai : « Il suffit de glisser dans la lettre confidentielle que ne reçoivent que les notables de la ville une phrase un peu sibylline, une allusion ambiguë. »

Sans l'avoir créée, les médias servent parfois de puissants relais à la rumeur. Lors de la dernière enquête sur le tract de Villejuif, on demanda où et comment les interviewés avaient obtenu ce tract. Les journaux et magazines furent cités en premier, très loin devant la distribution en boîtes à lettres, à l'école, sur les lieux de travail, dans les hôpitaux. De fait, un grand nombre de journaux et revues l'ont purement et simplement reproduit dans des articles alarmistes. Il s'agit le plus souvent d'une presse « de proximité » : journaux de département, de ville, bulletins professionnels ou syndicaux. Ces innombrables revues sont à l'affût de ce qui pourrait intéresser leurs lecteurs,

1. *Biba*, avril 1985.

mais n'ayant pas d'équipe de journalistes elles vérifient rarement l'information avant de la publier.

Ainsi, en cours de route, la rumeur est parfois relayée par des médias. Le verbe relayer est timide : la rumeur est accélérée et accréditée. L'effet d'accélération est physique : d'un seul coup, elle entre dans plusieurs milliers de foyers. L'effet d'accréditation est psychologique. Le médium, c'est le message : chaque passage dans un média donne une fantastique crédibilité à la rumeur. Cela « informationne » la rumeur. Celle-ci acquiert alors le statut de vérité et peut prendre place définitivement dans le savoir populaire.

Une troisième posture des médias consiste à encourager la rumeur en rendant ambigus des faits qui jusqu'alors passaient inaperçus. C'est ce que fit une partie de la presse brésilienne lors de l'agonie du président Tancredo Neves, tombé malade la veille même de son entrée en fonction qui mettait fin à vingt et une années de régime militaire. Cette coïncidence frappante avait lancé les rumeurs. La presse orchestra ce que l'on pourrait appeler le « feuilleton présidentiel », amenant chaque jour des « informations » pour alimenter les rumeurs selon lesquelles il y aurait une vérité cachée derrière la soudaine maladie du futur président.

Après sa première opération dans la nuit du 14 au 15 mars, à l'hôpital de Brasilia, le président avait dû être amené par avion à São Paulo, dans un autre hôpital. Une photo avait été reproduite à la une par tous les journaux : on voyait le brancard porté à bout de bras, sortant de l'avion, en haut de la passerelle. Le magazine *Fatos*, équivalent local de *Newsweek*, examina la photo et conclut qu'elle était fausse : ce n'était pas le président ! On jugera de l'argumentation :

– Rien ne prouve que l'avion photographié soit venu de Brasilia et ait été photographié à São Paulo.

– L'homme qui tient le sérum n'est pas en uniforme hospitalier, ce qui est suspect.

– La personne qui tient le brancard en bas ne semble faire aucun effort : le brancard est-il vide ?

– Une personne (vue de dos) regarde un des réacteurs. Elle ressemble à une figure politique bien connue, et en ce cas ne devrait pas regarder autre chose que le brancard si c'était vraiment le président, etc.

L'encouragement des rumeurs se produit aussi lorsque les médias émettent précisément les hypothèses que le public affolé pourrait légitimement imaginer tout seul. Dans la petite ville de Mattoon, dans l'Illinois, trompée par son imagination, une femme avait déclaré à la police avoir été anesthésiée par un individu entré subrepticement dans sa maison [70]. Celui-ci lui aurait vaporisé un gaz qui l'avait paralysée et rendue malade. Or, un des journaux de la ville avait titré dès le lendemain : « Un anesthésiste fou en cavale : Mme X *première victime.* » S'il y a une « première » victime, d'autres suivront immanquablement.

Une dernière position des médias est celle de la critique ou du combat. Cette attitude est fréquente dans les éditoriaux politiques : la dernière rumeur politique à la mode fournit un thème de réflexion et de scepticisme. L'attitude peut aussi être franchement militante : les médias participent activement à la contre-offensive. Dans chacun de ces cas, une question est souvent posée : que devient une rumeur que l'on dément ? Nous reviendrons sur cette épineuse question.

4. Pourquoi croyons-nous les rumeurs ?

Qui ne fut jamais surpris d'apprendre qu'une certaine rumeur, en laquelle il croyait totalement, était pourtant sans fondement ? Chaque fois, confondus par notre erreur, nous nous demandons comment notre esprit critique a pu être pris en défaut. La question est donc posée : pourquoi la rumeur est-elle si convaincante ? Pourquoi croyons-nous si aisément les histoires rapportées ? La crédibilité d'une rumeur tient à la nature très particulière de celui par qui nous l'apprenons et du message qu'il nous communique.

De source crédible

Les centaines d'expériences faites sur l'efficacité persuasive d'une communication soulignent toutes le rôle primordial de la source [74), c'est-à-dire celui qui nous parle, qui nous relate les faits. Non seulement nous ne portons attention qu'à ceux que nous voulons bien écouter, mais nous examinons prioritairement la source pour savoir que penser du message qui va suivre [28]. Plusieurs facteurs nous conduisent à attribuer notre confiance à une source, à la percevoir comme crédible [57] : notre sentiment quant à son expertise, sa fiabilité, son désintérêt, son dynamisme, son caractère attirant.

Je le tiens de source bien informée

Les communications orales ne circulent pas au hasard dans le public, dans les groupes. Ainsi, même si nous apprenons tous par les médias que le dernier film de S. Kubrick vient de sortir à l'écran, nous réservons souvent notre opinion tant que nous n'avons pas entendu celle de leaders d'opinion : certains critiques de cinéma dans la presse ou à la radio, un ami que nous jugeons compétent en matière cinématographique, en tout cas plus compétent que nous.

La rumeur provient à son début de médias non officiels : elle circule par les réseaux d'affinités personnelles et de proximité. Elle nous arrive souvent par l'expert du sujet, ou une personne plus experte que nous sur le sujet. Par exemple, les mères apprennent de leurs filles, à Laval, Dinan ou à Orléans, que certaines boutiques très à la mode sont suspectes. Les adolescentes qui fréquentent de près ou de loin ces boutiques très « mode » jouissent d'emblée d'un avantage de compétence. Les rumeurs et potins politiques nous arrivent par ceux qui s'intéressent plus que nous à la vie de la cité, aux affaires municipales. D'une façon générale, nous profitons de l'expertise spécialisée des autres sur des micro-sujets pour être tenus au courant et savoir quoi penser.

De plus, si le rapporteur sent que son récit ne convainc pas, il fera appel immédiatement à une autre personne, plus en amont, plus experte, la source originelle présumée : « Je le tiens d'une amie dont le frère travaille à l'hôpital X : il a vu, lui, le président de la République y entrer pour une consultation cancérologique. » C'est là un point essentiel : la personne qui relate une information importante (sinon pourquoi la relaterait-elle ?) *cherche souvent à convaincre, à persuader. Le colporteur n'est donc pas neutre* : il ne se contente pas d'annoncer une nouvelle comme on glisserait une lettre à la poste. Il s'implique complètement, il fait sienne l'information : la rejeter, c'est le rejeter. C'est pourquoi la circulation de la rumeur est une succession d'actes de persuasion.

Aussi, lorsqu'il perçoit que son auditoire a un doute, ou même pour prévenir ce doute, le transmetteur de la rumeur invoque l'argument d'autorité suprême. Il tient l'information d'un super expert, celui dont la compétence ne saurait être mise en cause : un témoin direct de l'événement ou l'émetteur lui-même, la source initiale. Il y a en effet deux langages de la rumeur. Celle-ci se présente soit comme un « on-dit » soit comme un « d'après telle source bien informée ». Dans le premier cas, le « on-dit » renvoie en réalité au groupe, à la collectivité : ce sont les autres qui parlent, c'est-à-dire la communauté à laquelle nous appartenons, de même que le relais de la rumeur. Le « on-dit » est un discret appel du pied, une demande de ralliement au consensus en train de se faire. Comme en témoigne l'absence de référence à un expert, à une source originelle, le « on-dit » ne mise pas sur une adhésion rationnelle : il joue sur le désir d'appartenance, de se joindre au groupe, de participer, de se fondre soi-même dans ce « on », dans cette unanimité naissante. Le « on-dit » est un appel à la communion sociale [127].

L'autre langage de la rumeur fait appel à quelque personne considérée comme digne de confiance par le groupe : sa compétence et son honnêteté ne sauraient être mises en doute. Ainsi, les rumeurs de maladies présidentielles sont censées émaner de patrons d'hôpitaux qui ont opéré, d'infirmiers qui ont vu, d'internes qui ont palpé, de chauffeurs de SAMU qui ont conduit et de manutentionnaires qui ont eux-mêmes déposé le scanner à l'Élysée. Les rumeurs de méfaits viennent forcément d'un policier en faction ce jour-là, d'un secrétaire qui a tapé le procès-verbal, d'un commissaire ou du parent d'un juge d'instruction. Quant aux frasques libertines du candidat à la mairie, c'est forcément un intime de son chauffeur, de sa bonne, de son jardinier ou de ses nombreuses, trop nombreuses partenaires.

Pendant la guerre aussi [36], les études montrèrent que les populations des régions où l'on avait lâché des tracts par avion attribuaient ultérieurement leur contenu à l'écoute de la radio ou à la lecture d'un journal. La tendance à attribuer ce que l'on croit à quelque source crédible se produisit plus récemment lors du coup d'État conduisant à la chute du président Salvador Allende, à Santiago du Chili, le 11 septembre 1973.

Dans les quartiers populaires et les usines occupées, une rumeur circulait : le général Carlos Prats, resté loyal au président Allende, remonterait du Sud avec ses troupes. Cette nouvelle avait été soi-disant captée sur les ondes courtes de la radio argentine. L'effet immédiat de cette rumeur fut que tout le monde attendit Prats. Ce fut comme à Waterloo : on attendait Grouchy... En réalité, Carlos Prats était à Santiago, assigné à résidence surveillée. Mais, attribuée à une radio étrangère, donc crédible, la rumeur persista trois jours. Dans ces circonstances, c'est plus qu'il n'en faut pour faire basculer une révolution.

Ainsi, par quête d'une paternité vraisemblable et cautionnante, par raccourci de langage, désir de convaincre, ou tout simplement répétition de ce que le relais précédent a lui-même dit, celui qui rapporte une rumeur se présente toujours comme très proche de l'origine. Certes, il n'a pas lui-même rencontré celui qui est à l'origine, cet expert fondamental qui a vu, et qui sait. En revanche, il connaît celui ou celle qui, lui, a eu accès à cet expert fondamental.

Chaque fois, la chaîne est courte, le témoin initial est à quelques encablures, à portée de la main : seul un intermédiaire nous sépare de lui. Cet intermédiaire, ce saut, ce point de rupture est toujours présent dans les rumeurs. Il correspond à une réalité : celui qui nous parle ne le tient pas directement de la source fondamentale. Il correspond aussi à une fonction : cela décourage d'aller vérifier. Le témoin initial est à la fois dramatiquement proche, mais reste néanmoins hors de portée immédiate. Il s'agit toujours de croire, pas de vérifier.

L'éternelle proximité de l'expert fondamental rend

donc le relais considérablement plus persuasif. De plus, elle augmente la valeur de l'information : elle transforme celle-ci en « nouvelle » chaude, à peine éclose, donc quasi secrète.

Des relais sélectifs

Le deuxième facteur déterminant la confiance que nous accordons à une source est sa fiabilité : la personne qui nous prévient nous a-t-elle habituellement apporté des nouvelles exactes ou inexactes ? Les mots exact et inexact sont trompeurs. Ils perpétuent l'idée qu'il existerait quelque part une information objective, « étalon » de la vérité, une réalité physique constatable par tous. En fait, les informations apportées précédemment par cette personne ont-elles été ou non infirmées ? Apprendre par exemple que l'épicier du coin a la main lourde quand il pèse les fruits et légumes acquiert le statut de vérité, non après une enquête approfondie, mais tout simplement parce que rien ne vient infirmer cette hypothèse et que, un jour, alertés, nous remarquerons effectivement qu'il « a l'air » d'avoir rajouté quelques grammes.

Ceux qui nous apportent une nouvelle ne s'adressent pas à nous par hasard. Ils savent auprès de qui ils jouissent d'un certain crédit et auprès de qui ils sont non crédibles : c'est parce que nous le percevons comme fiable que le relais d'une rumeur s'adresse à nous. D'une certaine façon, nous apprenons la rumeur par nos doubles.

De plus, il en est de la fiabilité comme du tiercé. Ayant gagné quelques fois pour avoir suivi les conseils de tel ou tel pronostiqueur, nous sous-estimons le nombre des échecs imputables à ce même pronostiqueur et continuons à le considérer comme source de bons « tuyaux ». La recherche en psychologie [71] démontre que, une fois notre opinion faite sur une personne, notre perception des faits qui pourraient infirmer ou confirmer cette opinion se fait de façon biaisée. Nous sous-évaluons les faits qui infirment notre opinion initiale.

De la même façon, nous croyons certaines personnes parce que de temps en temps ce qu'elles nous apprirent se révéla vérifié. Un oubli sélectif, une attribution biaisée viennent occulter les autres cas.

Une information désintéressée

Le relais a-t-il quelque intérêt à voir son auditeur le croire ? Semble-t-il poursuivre quelque objectif personnel ? La suspicion d'un intérêt tue l'un des facteurs de la crédibilité : c'est le cas des vendeurs. C'est ce qui empêche aussi maints potins de circuler dans l'entreprise, dans le village, dans le groupe : on pressent trop l'intention derrière le potin. En parler, ce n'est plus être relais, mais complice.

Dans la rumeur, le relais semble n'être mû que par des considérations altruistes. D'ailleurs, si quelque suspicion venait à naître, il peut alors se retrancher derrière sa fonction de pur relais, et jouir ainsi d'une totale transparence : le « on-dit », c'est la voix des autres, celle de la communauté, du groupe, dont il n'est qu'un émissaire. Ainsi, tout en s'impliquant pour convaincre, notre interlocuteur jouit de deux jokers considérables : il peut invoquer quelque super-expert ou le consensus du groupe auquel nous appartenons, nous comme lui, et qui s'adresse à nous par son intermédiaire.

Le vocabulaire employé est d'ailleurs en lui-même un message [127]. Selon les mots, il peut se cantonner dans la neutralité descriptive (on raconte que...), se réservant ainsi le droit de désapprouver la rumeur dans le cours de la discussion. Il peut aussi prendre ses distances en soumettant la rumeur comme une hypothèse à laquelle il ne croirait pas (on prétend que...). Enfin, il peut renforcer la crédibilité de la rumeur par un vocabulaire de certitude témoignant d'une prise de parti (on assure que...).

Ainsi, sous quelque facette que ce soit, expertise, fiabilité, désintérêt, ressemblance, la source qui nous communique une rumeur jouit d'un potentiel de confiance considérable. Comment s'étonner alors que nous soyons sensibles à la rumeur ? Mais la nature de la source n'explique pas tout. Le contenu même de la rumeur doit satisfaire deux conditions de la croyance : pouvoir croire et vouloir croire.

Une information vraisemblable

Pour croire une information rapportée, quel que soit notre désir d'y croire, il faut au moins qu'elle paraisse plausible à ceux qui l'entendent. Les commentaires habituels sur les rumeurs non fondées ne manquent pas de pointer un doigt moralisateur vers ceux qui ont cru l'incroyable. En réalité, c'est parce qu'elles sont perçues comme vraisemblables que les rumeurs peuvent se développer. Toute rumeur est nécessairement réaliste dans le groupe dans lequel elle circule.

L'extension du possible

Lors d'une émission radiophonique consacrée aux rumeurs, un journaliste avoue sa surprise au micro : certaines rumeurs sont par trop invraisemblables ! L'étude des rumeurs prouve l'inverse : le vraisemblable n'arrête pas de s'étendre. Aujourd'hui, qu'est-ce qui est encore invraisemblable ?

L'étonnement du journaliste portait sur la rumeur courant allègrement dans le Périgord, le Lot et le Vaucluse : des groupes écologistes procéderaient à des lâchers de vipères, par avion, pour repeupler les régions en reptiles et aussi (suivant les versions) soit alimenter les rapaces soit détruire les rats et les mulots. Cette rumeur n'a rien d'invraisemblable pour le commun des mortels :

– Les motifs invoqués sont sympathiques et plausibles pour la majorité. Qui pense en effet qu'il serait plus rationnel pour nourrir les rapaces de leur fournir des couleuvres (plus longues que les vipères) ou de mobiliser des chouettes pour éliminer les rongeurs ? Enfin, personne ne compare le coût de la location d'un simple camion à celui d'une heure d'avion.

– Ce ne serait pas le premier cas de réinjection d'animaux naturels dans la France profonde. Les médias se sont largement fait écho de la patiente réintégration de lynx dans les Vosges.

– La plupart des gens, n'ayant qu'une connaissance conceptuelle de la physiologie des vipères, n'imaginent pas que, comme tout animal jeté de haut, elles meurent en heurtant le sol. Ils imaginent probablement qu'elles rebondissent. Après tout, leur corps n'est-il pas souple et plein de ressort ? A moins que, êtres légers (qui a pesé une vipère ?), elles ne tombent en réalité lentement !

Face à une information de ce type, rien ne vient a priori susciter la suspicion. Il faut qu'un détail heurte grossièrement notre esprit critique le plus élémentaire pour que nous examinions avec soin le contenu du discours. On ne voit pas quel serait ce détail dans le cas ci-dessus.

L'extension du vraisemblable est aussi illustrée de façon exemplaire en France par la progression régulière de la rumeur des lentilles de contact qui aveuglent.

En août 1984, la très sérieuse Fédération régionale des travaux publics de l'Ile-de-France communiquait une note de service à plus de six cents entreprises. Celle-ci relatait la mésaventure survenue à deux employés d'une entreprise non citée. Un ouvrier et un soudeur manipulaient un disjoncteur « lorsqu'un phénomène lourd de conséquences et inconnu jusqu'alors se produisit. Afin de mieux guider leurs travaux, ils avaient relevé leur écran de protection : par mégarde, ils allumèrent un arc électrique à cet instant. Les deux hommes étaient porteurs de verres de contact.

Lorsque, de retour chez eux, ils voulurent retirer leurs lentilles, la cornée se détacha des yeux et ils perdirent la vue ». Selon la rumeur, les arcs électriques produisent des micro-ondes susceptibles d'évaporer quasi instantanément le film liquide sur lequel flotte la lentille, de telle sorte que cette dernière colle alors à la cornée. Ce genre d'accident, qui n'avait encore jamais été observé, peut être indolore. La victime ne se rend compte de rien sur le coup.

Sur la base de ce récit, la note de service déconseillait donc le port des lentilles de contact sur les lieux de travail. Chacune des six cents entreprises recevant la note prit immédiatement des dispositions pour interdire le port des lentilles de contact. De plus, mues par le souci de bien faire, elles transmirent la note à tous leurs sous-traitants. La Fédération régionale des travaux publics n'est pas un cas isolé. Dans des centaines d'entreprises, les services médico-sociaux, les services de médecine du travail ont publié une note de service identique. On la trouve aux PTT, à la RATP, à la Régie Renault, à l'EDF, dans les services de l'armée de l'air, à la SOLLAC, dans des dizaines de mairies. C'est ainsi qu'est née la conviction que dans certains cas les lentilles de contact aveuglent. Il s'agit néanmoins d'une rumeur sans aucun fondement.

Elle fut apportée en France par les filiales de sociétés étrangères, par l'écho déformé d'un fait survenu aux États-Unis, le 26 juillet 1967, à un ouvrier métallurgique de l'arsenal de Baltimore. On lui découvrit ce jour-là d'importantes lésions cornéennes aux deux yeux : or, il disait qu'il avait été exposé à l'effet d'une « explosion » lors de la mise sous tension de son installation de soudure. En réalité, un examen approfondi révéla qu'il avait porté les lentilles durant 17 à 18 heures après l'accident : ses lésions, qui disparurent au bout de quelques jours, étaient dues au port prolongé des lentilles [1]. Entre-temps, avant que le diagnostic final ne soit établi, le phénomène ambigu avait donné lieu à d'autres interprétations. La rumeur était

1. *Contactologia*, 1984, vol. 6, 1, p. 44-45.

née : quelques mois après les faits, la mésaventure du soudeur est mentionnée dans des journaux australiens et néo-zélandais. Depuis, l'histoire ressort périodiquement outre-Atlantique et s'est étendue depuis 1975 en Europe [1]. La rumeur aveugle désormais les entreprises françaises.

En effet, le processus décrit est non seulement historiquement faux mais surtout physiquement impossible. Pourtant, malgré les nombreux articles publiés dans les revues scientifiques – lues donc par les spécialistes –, la rumeur continue de tromper.

Mais, ici encore, la rumeur est plausible : tout non-professionnel admet que les lentilles « focalisent » les rayons lumineux. Pourquoi ne pas imaginer un fantastique effet de loupe, mais malgré tout indolore, voire même imperceptible ? Ce scénario imaginaire a paru plausible à tous les médecins des services médico-sociaux ou de médecine du travail des milliers d'entreprises ou d'administrations qui dans le monde ont affiché la note de service, lui conférant définitivement pour tous les employés et les cadres une authenticité à toute épreuve : la rumeur devenait certifiée par les instances légitimes du savoir. Son aspect plausible et l'expertise de sa source (le service médical d'une autre entreprise) lui ouvre les portes de n'importe quelle administration, ou entreprise.

Qu'il s'agisse du grand public ou des médecins et ophtalmologistes, pourquoi cette extension du vraisemblable ? Deux phénomènes y concourent : la spécialisation du savoir et l'abstraction croissante de notre rapport au monde physique [79]. L'ère des humanistes, de Pic de La Mirandole, de Montaigne n'est plus. Désormais, même à l'intérieur d'une même discipline les spécialités rendent difficile le partage du savoir : les médecins trouvent normal qu'en certaines circonstances, une lentille puisse aveugler. D'une façon générale nous entretenons désormais des relations abstraites avec notre environnement : combien de Français aujourd'hui ont vu de près

1. *Libération*, 18 octobre 1984.

une vipère ou n'importe quel autre serpent ? Qui sait où, à quelle distance de la côte et comment un Canadair fait le plein d'eau ? Nous avons appris (?) dans les cours de physique les lois expliquant la vitesse de la chute d'un corps, mais cette connaissance reste irréelle, sans ancrage dans le vécu physique des événements de tous les jours : nous ne sommes pas choqués par l'idée d'un lâcher de caisses de serpents à partir d'un avion.

En somme, les mots ont perdu leur référent physique : ils ne renvoient plus qu'à des images, des représentations mentales. Ils sont devenus autonomes. Nous réagissons désormais aux phrases comme à des combinaisons de signes abstraits (les mots) : seule compte la vertu magique du mot, et sa place dans une proposition grammaticalement correcte. « On dit que, à côté de chez nous, des boutiquiers juifs droguent les jeunes filles pour un réseau de traite des blanches. » A Orléans, les premiers à ne pas le croire sont ceux qui connaissent personnellement les commerçants : pour eux, ce n'est pas possible. Leur rapport aux incriminés n'est pas abstrait. Pour tout autre, la phrase est un agencement de symboles : boutique, juif, drogue, jeune fille, traite des blanches. N'ayant pas d'expérience empirique avec leurs référents, la porte d'un doute est aisée à ouvrir. L'issue dépendra largement des cadres de référence mentaux du moment.

Quels cadres de référence ?

L'acceptation d'une information comme vraie dépend du cadre de référence que chacun utilise pour l'évaluer. Si l'information est cohérente avec le cadre de référence utilisé, elle acquiert une forte probabilité d'être tenue pour vraie. Le cas de l'invasion des Martiens illustre le rôle des cadres de référence.

Dans la soirée du 30 octobre 1938, aux États-Unis, sur une radio nationale, Orson Welles retransmettait une pièce : il s'agissait de la simulation de ce qui se passerait si une soucoupe volante se posait à New York, prélude à une invasion des Martiens [25]. La pièce était construite tel un reportage en direct, avec des équipes de journalistes essayant d'approcher le lieu de l'atterrissage, des spécialistes d'astronomie, d'astrophysique accourant tout essoufflés ou commentant en direct au téléphone, des généraux des corps d'armée mobilisés, les responsables de la Croix-Rouge, etc. Cette pièce était dûment inscrite comme « pièce de théâtre » dans tous les programmes de radio inclus dans les quotidiens et les magazines.

Ce soir-là, des milliers d'Américains tombant sur l'émission furent littéralement pris de panique : dans tous les États-Unis, des gens se mirent à prier, pleurer, à fuir en voiture avec juste quelques bagages. D'autres foncèrent chez un être aimé, chez un parent pour aller le chercher et ainsi lui permettre de se sauver. Beaucoup prévinrent leurs voisins, téléphonèrent pour prévenir ou dire adieu à leurs proches, appelèrent la police et les médias pour en savoir plus. Sur les six millions de personnes qui entendirent l'émission radiophonique, un million fut profondément touché par celle-ci. Pour elles, c'était plus qu'une pièce réaliste, c'était une information pure et simple, la réalité en cours.

Les conséquences inattendues et involontaires de l'émission encouragèrent les chercheurs à interroger ceux qui avaient le plus cru, au point de ne même pas chercher à vérifier s'il s'agissait d'une information ou d'une simulation réussie. La majorité de ceux-ci avait des cadres de pensée permettant à l'information d'apparaître normale, de s'insérer très naturellement dans l'ordre des choses prévisibles et normales. Il s'agissait :

– de personnes très croyantes et en particulier de membres des communautés religieuses intégristes, s'attendant à tout instant à la fin du monde ;

– de personnes très sensibilisées par la montée des risques d'une nouvelle guerre et qui croyaient à l'imminence d'une attaque par une puissance étrangère. Une invasion – qu'elle soit japonaise, nazie ou martienne – n'était pas improbable ;

– de personnes croyant aux pouvoirs extraordinaires de la science et qui s'attendaient confusément à quelque catastrophe en retour, selon le scénario de « l'apprenti sorcier ».

Une importante partie des Américains ayant réellement cru à l'invasion des Martiens le devait à l'absence de cadres de référence pour évaluer l'information, soit du fait d'une scolarité très brève, soit du fait des conditions prévalant à l'époque. Ainsi, beaucoup de familles avaient été éprouvées par le bouleversement des conditions économiques et de la grande dépression des années 30. Le chômage était élevé, les conditions de vie difficiles. Personne ne semblait pouvoir trouver des remèdes, ni les politiciens ni les économistes. L'invasion des Martiens s'insérait dans le contexte d'événements inexplicables et non maîtrisés qui bousculaient désormais l'Amérique.

Cette absence de cadres de référence n'a en rien disparu de nos jours : la vulgarisation scientifique a diffusé l'idée que toute théorie est provisoire. Qui eût cru en 1910 que l'on marcherait sur la lune en juillet 1969 ? L'hypothèse était totalement farfelue. La rapidité des changements scientifiques et techniques rend tout savoir douteux, toute certitude impossible lorsqu'il s'agit de l'ordre du monde qui nous entoure. Ne croyant plus à rien, le public croit désormais à tout [79].

La sensibilité du moment

L'émergence d'une rumeur est donc liée aux circonstances du moment : ce qui est plausible aujourd'hui ne l'était pas hier et ne le sera plus demain.

Entre le 14 et le 15 avril 1954, à Seattle, aux États-Unis [103], la police reçut plus de deux cents appels téléphoniques rapportant que des véhicules automobiles venaient d'être endommagés. En tout, près de 3 000 véhicules étaient touchés. Le dommage concernait les pare-brise :

ils étaient grêlés de petites cicatrices dentelées. Face à ce phénomène aussi soudain qu'inexplicable, le maire de la ville déclara que ces dommages dépassaient le cadre des compétences de la police. Aussi il lança un appel au gouverneur de l'État de Washington qui lui-même fit appel au président D. Eisenhower. A Seattle, bon nombre d'automobilistes protégèrent alors leur pare-brise avec du papier journal ou des paillassons, d'autres laissèrent leur automobile au garage. La presse locale se fit largement l'écho de cette soudaine agression des pare-brise. Prenant l'affaire au sérieux, on chargea un centre de recherche réputé, l'Environmental Research Laboratory de l'université de Washington, de mener une enquête approfondie. Le rapport des experts chimistes fut remis le 10 juin : les marques en question provenaient tout simplement de la lente projection répétée et naturelle des particules de bitume de la route sur les pare-brise. D'ailleurs le nombre de marques était directement proportionnel à l'âge du véhicule : les voitures anciennes avaient plus de marques que les voitures récentes.

Que s'était-il passé à Seattle à la mi-avril ? Un indice est fourni par le contenu des rumeurs qui sillonnèrent la ville : celles-ci attribuaient les petites cicatrices dentelées aux retombées des expérimentations nucléaires de la bombe A qui avaient sensibilisé l'opinion publique. Déjà, en novembre 1952, une des îles de l'atoll d'Eniwetok avait disparu de la carte au cours de la première explosion. Seize mois plus tard, le 1er mars 1954, eut lieu l'explosion de Bikini : celle-ci avait creusé un cratère de cinq cents mètres de large dans l'île, envoyant des tonnes de corail et de débris radioactifs dans la stratosphère [58]. Étant située sur la côte Pacifique, la ville de Seattle s'attendait avec anxiété à une forme ou une autre de retombées.

L'anxiété fut satisfaite lorsque, cessant de regarder comme d'habitude *à travers* son pare-brise, quelqu'un regarda *dans* son pare-brise. Il communiqua alors sa « découverte » à ses voisins qui eux-mêmes, faisant le même constat, diffusèrent aussitôt la nouvelle. Ainsi toute la ville se mit à examiner avec attention ses pare-brise. Les habitants de Seattle venaient de porter attention à un détail auquel ils n'avaient jamais porté attention. Naturellement, ils trouvèrent ce détail étonnant, voire inquiétant. A Seattle, l'attente de quelque effet des explosions nucléaires avait créé une épidémie non de pare-brise mouchetés, mais de pare-brise examinés.

La France n'a pas connu d'assassinat de président de la République depuis longtemps (1931). Certes, il y eut les attentats contre le général de Gaulle, mais celui-ci en sortit miraculeusement indemne. La probabilité subjective actuelle d'un assassinat est très faible dans le public et chez ceux qui les informent, les journalistes (en revanche la mort prématurée à la suite d'une longue maladie cachée est au hit-parade des scénarios mentaux prêts à l'emploi). Aussi la rumeur de l'agression qu'aurait subie F. Mitterrand le 23 juillet 1982[1] fut-elle brève : personne ne pouvait y croire.

Selon la rumeur circulant cet après-midi-là dans les rédactions et les salles de presse, le président de la République François Mitterrand venait d'être agressé devant son domicile parisien du 22 de la rue de Bièvre par un homme qui lui avait donné un coup de couteau dans le bas-ventre. Renseignement pris, il s'était bien passé quelque chose dans la rue de Bièvre : un homme était entré au 23, rue de Bièvre et non au 22 et avait porté un coup de couteau au locataire du troisième étage. Quelques minutes plus tard, la victime descend et s'effondre au pied des policiers, qui appellent immédiatement le SAMU. Ces faits importants et ambigus avaient suscité les interrogations, donc un début de rumeur.

Des preuves à toute épreuve

La rumeur nous parvient rarement nue : elle s'accompagne d'un cortège de preuves qui lui confèrent une indé-

1. *Le Matin*, 24 juillet 1982.

niable crédibilité. D'une certaine façon, sa force tient à son effet structurant sur notre perception : elle donne un sens à un grand nombre de faits soit que nous n'aurions jamais remarqués soit dont le sens ne nous était pas paru évident. Elle fournit ainsi un système explicatif cohérent à un grand nombre de faits épars : en cela, elle satisfait notre besoin d'ordre dans la compréhension des phénomènes qui nous entourent. Examinons chacune de ces propositions.

A Seattle, la rumeur avait fait remarquer des détails jusque-là ignorés dans les pare-brise des automobiles. La rumeur attire aussi notre attention sur des faits que nous avions déjà remarqués, sans en tirer quelque conclusion. Car la plupart des faits sont muets : en eux-mêmes, ils n'ont aucun sens, c'est nous qui leur conférons un sens, variable suivant les individus et les époques. La rumeur fait parler des événements jusque-là perçus sans implications particulières. La rumeur de la mort de Paul McCartney fournissait une interprétation séduisante à tous les détails curieux figurant sur les couvertures des deux derniers disques des Beatles. L'interview des Américains qui avaient été affectés par l'émission radiophonique simulant l'invasion des Martiens à New York est aussi très significative. A l'écoute de l'émission de Welles, une partie d'entre eux ne savait trop que penser : aussi ils décidèrent de s'informer. Certains appelèrent la police locale et, trouvant la ligne encombrée, en déduisirent que la police était débordée. Quand ils avaient la police au bout du fil, celle-ci déclarait ne rien savoir, ce qui n'était pas plus rassurant. Un interviewé déclara avoir regardé à travers sa fenêtre : la rue était bondée de voitures. Il en déduisit que l'exode avait commencé. Un autre, surpris par le calme des rues avoisinantes, en conclut que les voitures devaient être bloquées sur les routes détruites. N'ayant personne pour leur suggérer que ces faits pouvaient tout autant avoir la signification inverse, petit à petit la conviction monta : tous les signes concouraient à valider l'hypothèse. Il en va ainsi des rumeurs : celles-ci structurent notre environnement. Elles organisent notre perception pour s'autovalider.

Cette construction des « preuves » n'est d'ailleurs pas propre aux rumeurs : elle témoigne de l'effet général des communications sur l'interprétation des faits qui surviennent ultérieurement. Si l'on nous dit d'un enfant qu'il est « nerveux », chacun de ses actes physiques brutaux sera étiqueté « acte de nervosité ». Si le même enfant nous avait été présenté comme plein d'énergie et de vitalité, les mêmes actes physiques eussent reçu l'étiquette « d'actes de vitalité ». C'est cette ambiguïté structurelle de la plupart des événements qui en fait une surface pour la projection des images, hypothèses, opinions que nous avons déjà en tête : *la perception des événements est autovalidante.*

Un apologue chinois du IIIe siècle avant J.-C. exprime parfaitement ce processus. « Un homme ne retrouvait pas sa hache. Il soupçonna le fils de son voisin de la lui avoir prise et se mit à l'observer. Son allure était typiquement celle d'un voleur de hache. Les paroles qu'il prononçait ne pouvaient être que des paroles de voleur de hache. Toutes ses attitudes et comportements trahissaient l'homme qui a volé une hache. Mais, très inopinément en remuant la terre, l'homme retrouva soudain sa hache. Lorsque le lendemain, il regarda de nouveau le fils de son voisin, celui-ci ne présentait rien, ni dans l'allure ni dans le comportement, qui évoquât un voleur de hache » [39].

Le plaisir des grandes explications

La rumeur séduit car elle fournit l'occasion de mieux comprendre le monde en le simplifiant considérablement et en y trouvant un ordre cadré. Sa capacité à réunir dans un même scénario explicatif un très grand nombre de faits est un des facteurs essentiels de sa séduction. L'esprit humain semble à la recherche permanente de schémas explicatifs équilibrés, permettant de relier entre eux des événements perçus comme épars et désordonnés. Nous n'aimons pas le désordre, l'aléatoire, le hasard. Les comportements superstitieux, les martingales, la magie témoignent aussi de notre besoin d'imaginer qu'il existe *un ordre caché* derrière le hasard et le désordre.

Tout au long du XVIIIe siècle, le peuple français a dû subir six longues périodes de disette où le blé venait à manquer et où les prix s'envolaient. Systématiquement, la rumeur a invoqué un gigantesque complot de famine impliquant les ministres du roi, les banquiers, les fonctionnaires locaux, les superintendants et les boulangers [81]. Certains historiens ont vu dans cette hantise du complot le produit d'une sorte de paranoïa collective, de psychose hallucinatoire chronique, témoignage de quelque sous-développement mental. On retrouve dans ces explications la tendance à la psychiatrisation des rumeurs.

En réalité, comme le souligne aussi Kaplan, la thèse du complot convainc facilement, car « elle semble seule rendre compte de la nature des crises. Lorsqu'ils regardent autour d'eux, les hommes du XVIIIe siècle découvrent des faits [...], ils paraissent s'agencer comme les pièces d'un puzzle » (p. 55). Beaucoup de choses ancrent les soupçons dans la réalité : les compagnies et la spéculation existent bien, comme les accaparements, les monopoles, les interventions de gens hauts placés ; il est aussi arrivé que, sous divers prétextes, on jette des grains à la rivière ; la vie sous l'Ancien Régime est effectivement remplie d'intrigues de cour et de féodalités. Les éléments de vraisemblance étaient multiples. La thèse du complot permettait seule de les relier.

La séduction de la rumeur tient aussi à ce trait humain caractéristique : entre une explication simple et une explication compliquée, nous préférons la seconde. Entre deux théories concurrentes prétendant expliquer les mêmes faits, les philosophes de la science ont édicté la règle du rasoir d'Ockham : il faut choisir la plus simple. Examinons une expérience révélatrice :

Elle utilise le principe bien connu du faux *feed-back.*

Deux sujets, A et B, vont devoir effectuer la même tâche : détecter sur des diapositives présentant des cellules lesquelles sont saines et lesquelles sont malades. Chaque fois qu'ils répondent, un flash lumineux (le *feed-back*) leur indique si leur réponse est correcte ou erronée. Les sujets A et B ne se voient pas pendant l'expérience : ils sont séparés par un écran.

Le flash lumineux de A est honnête : il indique « vrai » quand A donne une réponse correcte et « faux » dans le cas inverse. Grâce au *feed-back*, A apprend à progressivement reconnaître les signes d'une cellule saine et ceux d'une cellule malade. Le flash lumineux de B a été manipulé. Il n'y a aucun rapport entre les réponses de B et ce que le flash indique. Mais cela, B ne le sait pas. Il croit que les flashes répondent en fonction de l'exactitude de son diagnostic. Ainsi, il va chercher un système distinguant les cellules saines des malades à partir de signaux aléatoires.

A la moitié de l'expérience, on demande à A et B de discuter entre eux des signes qui permettent de distinguer une cellule saine d'une cellule malade. A fournit une explication simple, fondée sur quelques critères. Celles de B sont très complexes, fondées sur de nombreux critères, nuances, conditions : en effet, il a cherché un ordre là où il n'y en avait pas. Il l'a purement et simplement inventé.

Or, A, loin de rejeter les explications de B comme trop compliquées ou tarabiscotées, est au contraire tout à fait admiratif devant leur éclat sophistiqué [145]. Lorsque l'expérience reprend, on constate que B n'améliore pas sa performance. En revanche, A réussit cette fois moins bien car il partage certaines des idées complexes et inventées que lui a communiquées B et qui, par la construction même de l'expérience, ne marchent pas.

Il en va de même des rumeurs. La rumeur est aussi un système explicatif : une hypothèse qui confère un ordre aux observations. En général, quand la rumeur est fantastique, sophistiquée, elle plaît. Si quelqu'un propose une explication plus simple et plus rationnelle, on le considère souvent avec condescendance. Une pression s'exerce : ne pas croire l'explication sophistiquée et imaginative, c'est faire preuve de naïveté, et être vraiment totalement dépassé. Au contraire, adhérer à la version complexe et riche en imagination, c'est montrer que l'on est évolué et lucide. D'autre part, plus la complexité grandit, plus le Sherlock Holmes qui sommeille en chacun se trouve lui-même grandi. Il y a du prestige à dévoiler une affaire extraordinaire, à étaler un scénario brillant et imaginatif dans lequel tous les faits concrets viennent se ranger en ordre parfait.

Le pouvoir de la répétition

Au fur et à mesure qu'elle grandit, la rumeur devient de plus en plus convaincante. Colportée au début peut-être par amusement, elle devient certitude. En effet, la conviction se forme en recevant la même information de plusieurs personnes : si plusieurs personnes indépendantes disent la même chose, c'est donc que cela est vrai. L'expérience de S. Asch [10] démontre de façon remarquable comment l'unanimité ébranle les plus intimes convictions.

Dans une salle, huit personnes participent à l'exercice suivant : on leur projette, à gauche d'un écran, une ligne de longueur variable et à droite de l'écran, trois autres lignes. L'une de ces trois lignes a la même longueur que la ligne projetée à gauche, les deux autres étant de longueurs nettement différentes, et cela sans l'ombre d'un doute. La tâche à accomplir par le groupe est d'indiquer laquelle des trois lignes projetées est identique à la ligne de gauche. L'exercice est répété en projetant des diapositives avec des lignes différentes. Chacune des huit personnes doit dire à voix haute et sans en discuter avec les autres quelle est sa perception.

Ce qu'une des personnes ne sait pas, appelons-la S, c'est que les sept autres ont reçu comme instruction de montrer une totale unanimité sur une réponse manifestement fausse. La ligne qu'ils désignent est sans ambiguïté bien plus grande ou bien plus petite que la ligne de comparaison. Quel sera l'effet de cette unanimité dans l'erreur ? Une partie substantielle des S se rallie à la perception de la majorité unanime. Alors qu'objectivement aucun doute n'est permis, ils préfèrent se conformer au sentiment collectif. Les commentaires recueillis après l'expérience sont révélateurs. Un sujet S qui s'était tenu à sa propre vision déclara : « J'ai préféré dire ce que je voyais, mais ma raison me disait que je pouvais bien être moi complètement dans l'erreur. » Un autre dit : « Je ne nie pas qu'à plusieurs moments, je me suis dit à moi-même : Allez, ça suffit ! Je fais comme eux. » Quant aux déclarations des sujets ayant suivi l'opinion du groupe, elles sont claires : « Si j'avais dû parler le premier, j'aurais sûrement répondu différemment. Ils avaient l'air si sûrs de ce qu'ils disaient. »

Certes (et heureusement), dans l'expérience ci-dessus, une partie des sujets S s'en tient à sa propre vision. L'influence du groupe n'est pas totale. Mais il ne s'agit pas du reflet de la vie quotidienne :

– Dans l'expérience, la bonne réponse était évidente objectivement, elle donnait de l'assurance aux « résistants ». Dans la rumeur, la situation est complètement ambiguë : « il paraîtrait que les nageuses de l'Allemagne de l'Est sont plus hommes que femmes ». Quelle est la bonne réponse ?

– Toujours dans l'expérience, le groupe était une agglomération de huit personnes qui ne se connaissaient pas du tout. Dans la vie quotidienne, ce que l'on appelle le groupe de référence, ce sont ces personnes à qui nous parlons précisément parce que leur avis compte pour nous. On imagine alors que le consensus aura encore plus d'effet.

Une information souhaitable

Jusqu'à présent, nous avons examiné pourquoi nous *pouvions* aisément croire une information rapportée par un proche, ami, voisin, parent. Parmi les raisons présentées, il en manque une, la plus importante : la rumeur est une information que nous souhaitons croire. Parfois même, le désir de croire est tel qu'il bouscule les critères habituels du réalisme et de la plausibilité : celle-ci est le résultat de l'envie de croire et non l'inverse.

Le désir de croire

Quels que soient les efforts et le prestige des sources de la communication, si l'information ne satisfait aucun désir, ne répond à aucune préoccupation latente, ne fournit d'exutoire à aucun conflit psychologique, il n'y aura pas rumeur. Au contraire, des phrases anodines, des confidences innocentes sont happées et deviennent rumeur car leur consommation présente un intérêt.

A la limite, la rumeur ne convainc pas, ne persuade pas : elle séduit. Tout se passe comme si nous nous emparions d'elle saisis par une sorte de révélation, que nous nous empressons alors de faire partager à nos proches. Ce phénomène ne tient pas à quelque pouvoir maléfique et hypnotique de la rumeur, devant lequel nous serions médusés : tout simplement, la rumeur exprime et justifie à voix haute ce que nous pensions tout bas ou n'osions pas espérer. Ainsi, de tous les messages, la rumeur jouit seule d'une singulière caractéristique : elle justifie l'opinion publique en même temps qu'elle la révèle, elle rationalise en même temps qu'elle satisfait. Avant la rumeur nous *pensions* que tel homme politique était véreux, avec la rumeur nous le *savons* désormais. Chaque fois, un fait vient justifier les sentiments profonds du public : ce fait dédouane alors ces sentiments et autorise leur expression libre et communicative. Car en parlant, en vilipendant le traître, on fait s'écrouler l'agressivité née de la frustration. *Parler, c'est se soulager.* De plus, entendant des faits justifiant ce qu'il pensait déjà, de façon plus ou moins avouée, chacun sort renforcé dans ses opinions, d'où le désir de les partager en en parlant.

On pourrait multiplier à l'infini les exemples. C'est le cas déjà cité de la rumeur des lâchers de caisses de vipères au-dessus de la campagne française. Son analyse montre qu'elle justifie, exprime et renforce quatre opinions largement répandues dans les campagnes. L'écologiste qui veut se mêler de défendre la nature est dangereux : en voulant faire le bien, il fait le mal. C'est le thème de l'apprenti sorcier. L'écologiste n'a pas de contact réel avec le terrain : il plane (aussi se contente-t-il de survoler la campagne...). L'écologiste est incompétent : il devrait savoir que pour nourrir les rapaces, il vaudrait mieux leur fournir des serpents plus longs : les couleuvres (de plus inoffensives). D'une façon générale, les décisions administratives venues de Paris sont « parachutées », coûteuses (l'avion, l'hélicoptère) et nuisibles. Le contenu de la rumeur n'est pas dû au hasard.

Le terrain politique fournit d'autres illustrations du caractère satisfaisant et libératoire de la rumeur. Dire que la victoire socialiste de mai 1981 a dérangé une partie de la France est un euphémisme. Dès le 10 mai au soir, la reconquête était dans les esprits. Il ne pouvait être question d'attendre sept longues années : quelque chose devait forcément annuler cette élection. A l'origine, il était prédit que le pouvoir serait balayé par la catastrophe économique que son avènement ne manquerait pas de provoquer : hélas, au bout de quelques mois, rien ne vint. Il restait un espoir, rendu plausible par le décès de Georges Pompidou avant le terme de son septennat : que la maladie vienne mettre un terme à l'homme qui symbolisait le régime.

C'est parce qu'elle exprimait et en même temps satisfaisait ce vœu que la rumeur du cancer du président prit une grande ampleur à partir de l'automne 1981 (elle commença en réalité dès le 10 mai). De plus, on avait déjà soulevé des interrogations sur la santé de François Mitterrand dès le 24 août 1973, à l'occasion de son absence à la séance plénière de l'Internationale socialiste, à Stockholm. La rumeur avait repris en 1975, puis en 1977, après sa contre-performance lors du face-à-face télévisé du 12 mai avec Raymond Barre. En 1981, la rumeur est donc à la fois plausible et hautement souhaitable pour une partie de l'opinion. Compte tenu de la frustration qu'elle est supposée résorber, le contenu de la rumeur ne peut être que le cancer. Les rumeurs de visite à l'hôpital du Val-de-Grâce marquent la fin de l'état de grâce.

En France toujours, mais dans un tout autre domaine, la margarine est restée pendant longtemps au purgatoire de la consommation. Elle s'opposait de front au symbole même du patrimoine culturel et de la « naturalité » sans tâche : le beurre. Pourtant, il ne manquait pas d'arguments en sa faveur : elle était censée posséder les mêmes vertus culinaires que le beurre, et de surcroît coûter moitié moins cher [40]. Cette situation était source de conflit pour la ménagère. Comment concilier les deux pensées dissonantes : je suis une bonne ménagère et je n'achète pas un produit équivalent deux fois moins cher ? La marque Astra avait d'ailleurs axé une de ses campagnes publicitaires sur l'exacerbation de cette dissonance cognitive : « Vous voilà débarrassée d'un préjugé qui vous coûte cher. »

Pour supprimer cette inconfortable situation [51], les ménagères s'emparaient des moindres rumeurs négatives circulant sur la margarine : on y trouverait les pires ingrédients, elle serait fabriquée à partir de déchets de suif et d'os collectés dans les boucheries, les usines seraient des plus insalubres, etc. En croyant ces rumeurs et en les faisant activement circuler, les ménagères rétablissaient une situation plus confortable : elles fournissaient des faits qui justifiaient l'obligation culturelle liée au beurre.

Cette capacité de la rumeur à exprimer nos sentiments explique pour partie l'effet « boule de neige », l'ajout de détails, souvent constaté dans l'évolution de celle-ci. En effet, loin de rester passifs devant la communication, nous cherchons en nous-mêmes, dans notre souvenir, des éléments, des détails qui pourraient conforter cette rumeur qui elle-même nous conforte. Puisque la rumeur exprime nos opinions, nous cherchons à l'améliorer pour la rendre plus persuasive vis-à-vis des autres.

L'écho de nous-mêmes

Nous l'avons dit, ce n'est pas un hasard si les rumeurs que nous apprenons trouvent souvent un écho en nous. C'est le résultat de l'appartenance à un groupe social dont nous partageons les opinions, les valeurs, les attitudes.

La caution qu'apporte la rumeur à nos intuitions, sentiments et opinions explique que des rumeurs peu plausibles se développent avec un certain succès. Les bénéfices psychologiques retirés de l'adhésion et de la participation à la rumeur justifient largement que l'on ne soit pas trop pointilleux sur sa plausibilité : le fait d'entendre une rumeur conforter un sentiment très enraciné rend moins critique. Néanmoins, la rumeur n'est pas le rêve. Le rêve est débarrassé du souci de coller à la réalité. La rumeur, rappelons-le, doit incorporer une certaine dose de réalisme. Aussi, le succès d'une rumeur « incroyable » pour certains ne peut être mis sur le dos d'un aveuglement conféré par un désir forcené de croire la rumeur : il témoigne aussi que dans l'état actuel des connaissances du public, la rumeur n'est pas invraisemblable.

Entre 1978 et 1982, aux États-Unis, la célèbre chaîne de restaurants McDonald's fit l'objet d'une rumeur l'accusant de mélanger des vers de terre à la viande de ses hamburgers. Cette rumeur est souvent prise comme l'exemple type de la rumeur incroyable mais crue. Selon nous, c'est une erreur : cette rumeur est tout à fait explicable. Elle exprime de façon métaphorique l'anxiété croissante d'une partie des Américains face à leurs habitudes alimentaires : l'Amérique mange n'importe quoi. Pour avertir la population des risques liés à ces habitudes, on a créé le concept imagé de *junk-food*, c'est-à-dire nourriture-ordure. Or, le hamburger est un des symboles de la nourriture américaine désormais décriée. Il existe donc aux États-Unis un large segment de la population très concerné par le caractère foncièrement malsain du rituel alimentaire américain. L'hypothèse du ver de terre donne une forme concrète et palpable à la phobie de pourrissement par l'intérieur apporté par l'ingurgitation systématique de *soft drinks* et de hamburgers. Le ver symbolise d'une part le rebut, l'ordure et d'autre part la destruction intérieure qui suit son absorption.

Peut-on raisonnablement imaginer McDonald's ajoutant des vers de terre ? Certes pas littéralement, mais symboliquement oui. La rumeur exprime le ressentiment d'une partie de l'opinion vis-à-vis d'une entreprise dont l'identité paraît fondée sur un produit reconnu désormais comme non équilibré, donc déséquilibrant. Chercher à vendre le plus possible de hamburgers aux Américains, c'est assumer son statut de fabricant de poison. La rumeur ne fait guère qu'exprimer de façon symbolique que tout hamburger est un poison et que McDonald's le sait, mais poursuit malgré tout son œuvre d'intoxication alimentaire. Ainsi, loin d'être une aberration d'illuminés, cette rumeur est un cri d'alerte.

5. La rumeur : son public, ses fonctions

On parle à quelqu'un. Ce quelqu'un n'est pas choisi au hasard. Chaque rumeur a son public. Cependant parler de « public » ne doit pas faire oublier que chacun joue un rôle précis dans la circulation de la rumeur. Nous examinerons ultérieurement le jeu des acteurs de la rumeur.

Le marché de la rumeur

Chaque rumeur a son marché. Par commodité, on a coutume de dire que la rumeur est partout, qu'elle court dans toute la ville. En réalité, seule une partie de la cité en entend parler, et une plus petite partie encore y croit. Circulant allègrement en France depuis 1976, le tract « de Villejuif » se prête à l'enquête de pénétration : qui, dans la population française, a lu ou eu le tract en main ? Dix années après son apparition, ce tract a touché un ménage français sur trois. L'examen de sa pénétration dans les différentes couches de la population révèle de profondes disparités [76] : chez les professions libérales et les cadres supérieurs, deux maîtresses de maison sur trois l'ont lu, chez les employés et cadres moyens une sur deux, chez les ouvriers une sur trois seulement. Naturellement, il est d'autant plus lu qu'il y a des enfants dans le foyer : 50 % des foyers avec enfants l'ont lu, 30 % des foyers sans enfant et 17 % des personnes seules. Enfin, il est d'autant plus connu que la maîtresse de maison est jeune.

Le fait que chaque rumeur ait son public surprend parfois. Par abus de langage on parle systématiquement du « grand public », comme s'il s'agissait d'un tout homogène, prêt à réagir comme un seul homme à la moindre rumeur. En réalité, toute rumeur parle d'un événement particulier. Le public d'une rumeur regroupe ceux qui se sentent impliqués par les conséquences de cet événement. D'une rumeur à l'autre, les conséquences ne sont pas les mêmes : par conséquent les publics non plus. Quels facteurs font que l'on appartient ou non à tel ou tel public ?

L'effet d'expérience

Dans la vingtaine de villes françaises où a couru depuis 1965 la rumeur de traite des blanches dans les magasins de confection, en général les hommes ne la croient pas. Certes, on pourrait arguer que, n'étant pas la cible de la traite des blanches, ils ne se sentent pas concernés : ce serait oublier un peu vite que ces hommes sont des pères, frères, maris ou amants. L'explication est ailleurs : l'homme aurait une plus grande expérience de la cité et se rendrait mieux compte de ce qui est réaliste ou non. A contrario, ce type de rumeurs naît souvent dans les pensions de jeunes filles, c'est-à-dire des milieux clos coupant de la réalité sociale une population adolescente ayant elle-même une très faible expérience de la cité. De la même façon, ce type de rumeur trouve un terrain perméable chez les personnes âgées : elles ignorent ou méconnaissent les conditions de la vie moderne et vivent avec des schémas types. Il est significatif que les jeunes filles les plus affectées par cette rumeur déclaraient souvent avoir été sensibilisées par le souvenir des mises en garde reçues dès l'enfance par les grands-tantes et les grands-mères.

L'effet d'expérience ne joue pas uniquement contre la rumeur. Si l'on a eu un jour maille à partir avec une personne, la rumeur trouvera alors un terrain favorable : sa plausibilité est immédiatement supérieure. L'effet d'expérience explique aussi que, dans les pays où règne une forme de censure, l'intelligentsia attribue une forte crédibilité aux rumeurs. Ainsi, dans une enquête menée en URSS [14], on demanda aux interviewés si, selon eux, la rumeur était *plus* fiable que les médias officiels : 95 % des cadres supérieurs interrogés acquiescèrent, 85 % des employés, 72 % des ouvriers et 56 % des paysans. Ces résultats sont compréhensibles : plus près du pouvoir, les cadres supérieurs peuvent plus facilement constater l'écart entre la version officielle diffusée par les médias et la réalité. Ils ont l'expérience des médias officiels.

Ainsi, l'effet d'expérience, à tort ou à raison, exclut une partie du public. Celle-ci ne peut croire que la rumeur soit plausible : elle s'oppose à ses cadres de référence et ne résiste pas à son examen. Nous insistons sur la nuance : à tort ou à raison. En effet, pendant la Seconde Guerre mondiale, on peut se demander pourquoi les rumeurs concernant l'existence des camps de concentration n'ont pas plus circulé [29]. Outre qu'un silence a été volontairement appliqué par le gouvernement des États-Unis (pour ne pas donner l'impression qu'il menait une guerre « juive » et ainsi risquer de réveiller l'opposition à la guerre du fait de l'antisémitisme d'une partie de l'opinion), l'effet d'expérience a joué de façon négative sur certains. Des résistants français refusèrent de publier des informations sur les camps dans la presse clandestine : leur expérience de la propagande et de la contre-propagande leur fit prendre ces bruits pour une intoxication savamment planifiée. Dans leurs cadres de référence, compte tenu de leur expérience des sévices – déjà terribles – que les nazis faisaient subir, l'hypothèse des chambres à gaz demeurait totalement invraisemblable.

A chaque contenu sa clientèle

En plus des grands clivages sociologiques, politiques ou socioculturels dessinant le terrain potentiel d'une rumeur donnée, la psychologie individuelle peut accentuer la sensibilité à une rumeur. Par exemple, ayant étudié une rumeur de traite des blanches, B. Paillard constate que les femmes les plus angoissées par la rumeur étaient « assez âgées (comparativement à la clientèle juvénile) et celles qui étaient les plus laides » [106]. La croyance à la rumeur aurait chez elles un fondement narcissique : en redoutant d'être enlevées, elles montraient qu'elles pouvaient l'être. Les plus jeunes et les plus jolies avaient plutôt tendance à s'amuser de la rumeur, la colportant pour l'excitation qu'elle procurait, sur fond de fruit défendu, et de narcissisme.

Une intéressante expérience illustre le paradoxe ci-dessus dans un tout autre contexte. Il s'agissait de savoir si l'on pouvait lancer n'importe quelle rumeur, par exemple une rumeur déclarant le café très nocif. Dans une entreprise, deux employés furent choisis pour raconter, autour de la machine à café, qu'ils avaient appris que le café était « nocif pour le système nerveux et comportait des risques cancérigènes » [40]. Théoriquement, la rumeur aurait dû concerner les personnes les plus exposées au soi-disant risque : les gros consommateurs. L'inverse se produisit : moins les gens consommaient de café, plus ils croyaient que la rumeur était possible. Les gros consommateurs ne pouvaient l'accepter : outre qu'il n'y avait guère de lien logique entre l'absorption du café et le cancer, cette rumeur fut refusée car elle aurait créé une situation de dissonance cognitive inconfortable et inacceptable.

Lors de la Seconde Guerre mondiale, la fréquence des rumeurs et leurs éventuels effets négatifs sur le moral ont conduit à mener de nombreuses études sur celles-ci. Elles illustrent comment se forme le public d'une rumeur : les personnes qui ont certaines raisons psychologiques d'y croire s'en emparent littéralement. Comme dit le proverbe : Nul n'est moins sourd qui veut entendre.

Pendant la guerre, de lourdes privations sont imposées aux populations. On manque de tout : beurre, viande, sucre, essence, bois, etc. Il se développe alors systématiquement des rumeurs selon lesquelles pendant que les uns

« se serrent la ceinture, d'autres se la coulent douce ». On prétend aussi que les biens manquants sont tous stockés quelque part, afin de faire monter les prix ou bien sont purement et simplement gâchés. Deux chercheurs décidèrent d'analyser avec précision la nature des personnes qui croyaient ces rumeurs [4]. Ils sélectionnèrent douze rumeurs parmi toutes celles qui circulaient. Le principe de sélection était simple : il fallait qu'elles ne correspondent à aucun fait, fût-il très éloigné et déformé. On ne pouvait donc croire ces rumeurs sur la base d'une expérience personnelle ou du souvenir d'un fait s'en rapprochant.

A titre d'exemple, citons quelques-unes de ces rumeurs.

– Il y a plein de café. Mais les sociétés le gardent en attendant que les prix montent.

– La base militaire a tellement de beurre dans ses stocks qu'il devient rance avant qu'ils aient pu l'utiliser.

– Il y a tellement d'essence stockée dans les citernes des compagnies pétrolières que les navires pétroliers se débarrassent d'une partie de leur cargaison en la vidant dans l'océan.

– Au dernier dîner de la base militaire à côté, il y avait des dizaines de dindes cuites. Tout ça pour huit gradés seulement.

– La société chargée de construire la base militaire à côté gâche tout le bois. Des hectares de bois sont coupés et brûlent inutilement. Il faut dire que la société est payée à la surface : plus ils ratissent, plus ils gagnent de l'argent.

En moyenne, ces rumeurs avaient été entendues par 23 % des Américains interviewés, confirmant que la rumeur n'est pas « partout », comme on se plaît parfois à l'imaginer. Quant à leur croyance, sur cent personnes interrogées, 27 % tendaient à les croire, et en tout cas déclaraient qu'elles n'avaient rien d'impossible.

L'examen des personnes qui déclaraient croire ces rumeurs révéla quels segments de la population y étaient particulièrement sensibles. Il illustre aussi la fonction jouée par la rumeur auprès de ces personnes, ainsi que les raisons de leur croyance.

Ces rumeurs étaient plus crues par ceux qui estimaient le rationnement injuste ou inutile que par ceux qui l'estimaient équitable et nécessaire. Étant hostiles au programme de rationnement, ils saisissent tout argument qui objective les raisons de leur hostilité. En même temps, la rumeur leur permet d'exprimer à voix haute leur ressentiment : ils peuvent donc attaquer l'objet qu'ils critiquent, en toute légitimité.

A chacun son bouc émissaire

Chaque collectivité, chaque groupe social a ses boucs émissaires préférés, presque institutionnels. Aussi est-il possible de deviner le marché d'une rumeur en examinant qui elle propose comme bouc émissaire et en se demandant : pour qui est-il traditionnellement le bouc émissaire ? Par exemple, toujours pendant la Seconde Guerre mondiale, les rumeurs antisémites couraient plutôt sur la côte Est des États-Unis (un milieu blanc et chrétien) ; les rumeurs accusant les Noirs des pires méfaits circulaient dans le Sud ; les rumeurs prenant l'administration et le président Roosevelt comme boucs émissaires fleurissaient dans le Middle West (le grenier à céréales des États-Unis).

Dans les provinces de l'Est du Canada naquit en 1984 une rumeur accusant la société La Batt's, productrice de la bière La Batt's (très populaire au Canada), d'être en réalité possédée par des Pakistanais. Ce sont eux les boucs émissaires actuels : leur présence en grand nombre sur la côte Est du Canada, très touchée par le chômage, en fait la cible des milieux populaires de Vancouver, et donc le sujet de rumeurs.

La forme ultime du bouc émissaire, coupable de tous nos maux, chargé de tous les péchés, c'est le diable, l'Antéchrist. Or, dans cette période angoissante de crise économique, de remise en cause des valeurs, d'enlèvement d'otages américains dans un Boeing de la TWA détourné vers Beyrouth, une partie des Américains voient là les signes du retour prévisible de l'Ange déchu. En effet, selon une lecture pessimiste des textes de l'Apocalypse, des événements dramatiques doivent précéder le Jugement dernier : ce sera le signe que Satan mène avec rage son dernier combat. Dans les communautés religieuses fondamentalistes du Centre et du Sud des États-Unis, l'heure n'est plus au doute : tous ces signes anormaux témoignent de la présence active du diable. Le problème concret est de le localiser, ainsi que les complices qu'il utilise forcément pour étendre sa domination. C'est ainsi que sont nées les rumeurs concernant les plus grandes sociétés américaines (Procter et Gamble, McDonald's...). Les célèbres groupes de pop music Led Zeppelin, Black Sabbath, et même les Rolling Stones ont eux aussi été suspectés d'être les agents actifs du diable.

Toutes ces rumeurs partent de la *Bible Belt*, les États américains les plus religieux. C'est là que les rumeurs sataniques trouvent leur public naturel. Mais elles s'étendent bien au-delà de ces États. Dans un récent sondage réalisé aux États-Unis, sur un échantillon national représentatif, 34 % des interviewés déclarèrent que le diable était *un être réel et vivant*, 36 % dirent que c'était plus un concept qu'un être, et les 30 % restants qu'il n'y avait pas de diable [100]. Il est donc normal que la rumeur puisse déborder de la *Bible Belt* : ceux qui croient à la réalité physique du diable sont partout.

En France, visées par les rumeurs de traite des blanches, il est normal que les boutiques de mode soient choisies comme bouc émissaire. Tout d'abord, ces lieux sont très érotisés : on s'y déshabille pour plaire et séduire. On ne saurait cependant ne retenir que cette cause générique et psychologique. Ces magasins ont aussi une fonction sociale : ils créent le changement. Ils sont un des supports institutionnels de la modification des mœurs : ce sont eux qui amènent la mode, essentiellement destinée aux jeunes, leur permettant de se forger une nouvelle identité, en rupture avec celle que leurs parents leur conféraient jusqu'alors. Les boutiques de mode activent l'identification des jeunes filles à des figures de référence étrangères à la ville, nées à Paris, à Londres, ou à New York. Le vêtement signe donc de façon visible la perte de contrôle des parents et de la ville sur la jeunesse, séduite par l'appartenance à des courants venus d'ailleurs.

Cette situation est source de frustrations : elle débouche tout naturellement sur un ressentiment vis-à-vis des porteurs du germe qui séduit la jeunesse, surtout quand il s'agit de commerçants juifs, encore considérés en province comme le prototype de l'étranger. Jusqu'alors refoulée, cette irritation trouve en la rumeur le véhicule idéal de sa justification et de sa libération. Boucs émissaires, ces boutiques vont payer pour la perte de la jeunesse ressentie par la cité. Il en va souvent de même des autres vecteurs de l'émancipation : les discothèques et les maisons de la culture.

6. Les acteurs

La rumeur est une œuvre collective, produit de la participation de chacun. Néanmoins, dans ce processus dynamique les rôles sont soigneusement répartis.

A chacun son rôle

Un exemple illustre la division du travail qui préside à la création et à la propagation d'une rumeur. Des chercheurs ont pu en effet assister à l'émergence spontanée d'une rumeur dans un groupe restreint, et suivre son évolution [52]. Les cas d'observation continue d'une rumeur depuis sa genèse sont suffisamment rares pour que nous lui portions attention.

L'action se situe dans une cité de type HLM, aux États-Unis, sans grande vie sociale. Bien qu'un comité des locataires ait été créé depuis plusieurs années, il n'y avait ni crèche pour les enfants en bas âge ni activités pour les élèves. Tout au plus le comité avait-il réussi de temps en temps à organiser une fête pour les enfants ou un bal du samedi soir. Cette absence de réussite dans le montage d'activités collectives tenait à la froideur des rapports sociaux dans la cité : chacun avait un peu honte d'y habiter et estimait que les autres étaient d'une catégorie sociale inférieure à la sienne. Un représentant de l'Office local des HLM eut un jour l'idée d'envoyer un animateur social. Celui-ci rencontra le comité des locataires et proposa une série de projets concrets et gérables par les membres de la cité. On essaya donc de mobiliser des troupes pour un nouveau départ. Sous l'impulsion de l'animateur et de ses assistants, on parvint à faire venir quarante femmes et trois hommes à une première réunion où les tâches devaient être réparties. Des comités spécialisés furent créés, ce qui permit à de nouvelles personnes d'acquérir un certain statut dans la cité. Au contraire, les membres de l'ancien comité des locataires perdaient leur leadership, en particulier son secrétaire général.

Quelques semaines plus tard, tous les projets en cours s'arrêtèrent net : selon la rumeur, une des personnes les plus actives, un des nouveaux leaders, était en réalité une communiste (rappelons que le cas se passe aux États-Unis), et l'ensemble du projet avait des buts non avoués mais que chacun pouvait deviner.

La genèse de la rumeur peut être reconstruite : un jour, le secrétaire de l'ancien comité des locataires fit part à un voisin de ses interrogations. Quelles étaient les raisons de la venue subite dans la cité de l'animateur social et de ses assistants ? Même à temps partiel, on avait du mal à croire à un travail motivé uniquement par quelques préoccupations académiques. Le voisin, spécialisé dans la chasse aux communistes, déclara qu'une des personnes de la cité parmi les plus actives était à son avis une communiste. Cette hypothèse expliquait tout et on en parla à quelques femmes de la cité. Celles-ci demandèrent conseil au responsable de l'Office local des HLM. Il refusa de se prononcer mais leur enjoignit de rester sur leurs gardes. Ceci servit de feu vert à la diffusion de la rumeur. Très vite, une partie de la cité sut que le projet était communiste. Il n'en fallait pas moins pour que tout cessât.

Cette mini-rumeur illustre quelques-uns des rôles possibles :

– « l'instigateur », en l'occurrence ici une personne dont le leadership était menacé par le changement survenu dans la cité ;

– « l'interprète », celui qui répond aux interrogations de

l'instigateur et propose une explication cohérente et convaincante ;

– « le leader d'opinion », celui dont l'avis va déterminer l'opinion du groupe. K. Lewin l'appelle aussi le « portier » *(gate keeper)* car de son jugement va dépendre l'ouverture du groupe à la rumeur ;

– « les apôtres » qui, s'identifiant totalement avec la rumeur, tentent de convaincre la cité.

Dans la diffusion de la rumeur au sein d'un groupe social, il existe d'autres rôles :

– « le récupérateur ». Il s'agit de personnes trouvant un intérêt à ce que la rumeur se poursuive, sans nécessairement croire celle-ci. Pendant toute la Révolution française, on constate la nette séparation entre d'une part le petit peuple, réagissant spontanément aux rumeurs qui souvent n'exprimaient que ses propres angoisses ou rêves magiques de l'arrivée tant espérée de l'Age d'or (demain on rase gratis !) et, d'autre part, les bourgeois qui, eux, poursuivaient un dessein politique et une stratégie précise, tirant parti des mouvements irrationnels de la foule, et des rumeurs qui la traversaient. En matière de rumeurs politiques les récupérateurs sont légions ;

– « l'opportuniste » représente une forme légère de récupération. Par exemple, dans les cas de rumeur de traite des blanches, les mères ou les enseignants s'en servent pour aborder « certains sujets » avec les adolescentes, ou pour affermir leur autorité morale ;

– « le flirteur » ne croit pas la rumeur, mais la savoure avec délice. Il joue avec en parlant d'elle autour de lui, prenant plaisir à créer un léger trouble dans son auditoire ;

– les « relais passifs » : ces personnes déclarent ne pas être convaincues par la rumeur. Néanmoins, un léger doute a été installé dans leur esprit. Ils ne militent pas contre la rumeur, ni ne se cantonnent dans un mutisme neutre : soupçonneux, ils interrogent autour d'eux ;

– les « résistants » mènent la riposte et constituent les protagonistes de l'antirumeur.

Les tentatives pour définir le portrait type de personnes

jouant systématiquement le même rôle n'ont guère fourni de résultats probants. Par exemple, on a attribué aux colporteurs de rumeurs une tendance à l'exhibitionnisme, à la sollicitude, à la suggestibilité chronique, à l'anxiété. Sous une allure scientifique, la tentative moralisante est évidente : celui qui colporte la rumeur a forcément quelque problème personnel. On reconnaît de plus la volonté de ramener la rumeur à une psychiatrie de l'individu alors qu'on sait maintenant que la rumeur est le produit d'une situation précise dans un groupe particulier à un moment donné. Dans la rumeur de la cité HLM, les rôles pris dépendaient de la place et du statut de chacun dans la structure de cette cité.

Il nous faut cependant aborder deux idées courantes sur ce sujet : d'une part, les femmes seraient particulièrement enclines à colporter les rumeurs, d'autre part, l'intelligentsia assumerait toujours le rôle de résistant.

Le rôle des femmes

Parler des femmes et de la rumeur, c'est prendre le risque d'être accusé de réveiller de vieux stéréotypes de l'antiféminisme primaire. Néanmoins, le fait est là : l'association femme-rumeur existe dans la culture populaire. Nous nous attacherons ici à en percevoir les origines, si ce n'est les motivations.

L'histoire est peut-être à l'origine de cette association souvent faite. Ainsi, dans sa rétrospective des grandes peurs ayant secoué l'Occident entre le XIVe et le XVIIIe siècle, l'historien J. Delumeau note que dans toutes les séditions auxquelles les rumeurs donnaient naissance on trouvait les femmes aux premières loges. Qu'il s'agisse des émeutes liées à la cherté et à la rareté des grains, aux rapts d'enfants à Paris en 1750, aux impôts, ou à la Révolution française, les femmes jouent un rôle déterminant : « C'était d'abord elles qui percevaient la menace, accueillaient et diffusaient les rumeurs, elles communiquaient l'angoisse à leur entourage, et poussaient par là même aux décisions extrêmes » [39].

L'explication tient à ce qu'elles prenaient peur avant les hommes, non par quelque prédisposition psychologique, mais pour des raisons objectives : elles sont directement concernées par l'absence de ravitaillement, l'insécurité planant sur les enfants ; que les maris soient absents de la ville, épouses et enfants se retrouvent alors sans défense, leur vie est en danger. Elles sont donc les premières impliquées par les conséquences potentielles des rumeurs de l'époque. C'est aussi le cas des rumeurs du XXe siècle : en France, outre la rumeur classique de traite des blanches, on ne peut qu'être frappé par le nombre de rumeurs où les enfants sont menacés. Quelle que soit leur signification, ces rumeurs impliquent naturellement les femmes. Mais la question doit aussi être inversée : bon nombre des rumeurs de disparitions d'enfants et de jeunes filles ne sont-elles pas produites par les femmes elles-mêmes, par des fantasmes féminins, reflétant un niveau aigu d'angoisse ? Responsables de la vie et de sa pérennité, peut-être ressentent-elles plus que les hommes les risques de notre temps ?

L'étymologie fournit une seconde piste pour comprendre l'association entre la femme et les rumeurs. « Commérage » vient de *commater*, c'est-à-dire marraine. Mais, éliminé par ce dernier mot, il a gardé le sens de potin, discussion sur la vie privée des gens de la cité. Le terme anglais *gossip* a exactement les mêmes racines : *god-sib*, c'est-à-dire marraine [130]. La dérive de sens tient peut-être à ce que le lien affectif étroit avec la marraine de ses enfants autorisait une certaine ouverture quant à ses propres sentiments sur la vie du village ou du groupe. Les étymologistes anglais expliquent cette dérive par les discussions entre femmes réunies chez un parent où la naissance d'un bébé était imminente. Même si cette filiation est correcte, cela n'explique pas le caractère péjoratif qu'a acquis le mot. Faut-il voir là une réaction agacée des hommes ? En effet, le commérage entre femmes était le signe visible de la solidarité existant entre elles : parler, c'est parler ensemble. Peut-être les sociétés patriarcales étaient-elles irritées par cette solidarité ? Il est vrai que ces sociétés avaient soigneusement évacué les femmes de toutes les activités publiques : on leur avait retiré tout droit formel de discussion sur les affaires de la cité. Par le commérage, elles reprenaient ce droit que les hommes leur refusaient, en discutant non seulement de la cité, mais de sa face cachée. *Privées de vie publique, elles rendaient publique la vie privée.* Il en est peut-être resté une habitude durable, mais due en fait historiquement à leur exclusion de la vie publique par les hommes [105]. Celle-ci eut aussi pour conséquence une moindre expérience des affaires de la cité. Par exemple, constatant que, à Orléans en 1969, les hommes étaient incrédules face à la rumeur, E. Morin l'attribue à l'effet d'expérience dont nous avons déjà parlé : « La tendance à la vérification chez l'homme viendrait moins d'un esprit critique plus grand que d'une aisance à se mouvoir dans la cité (par exemple aller chez le commissaire de police pour vérifier) » [106].

Le rôle de l'intelligentsia

Les études menées sur l'extraordinaire diffusion du tract « de Villejuif » ont révélé que, sur 100 médecins généralistes ayant eu le tract en main, 80 ne cherchent nullement à se renseigner. Quant aux autres, ils se renseignent essentiellement auprès de leurs confrères ou en consultant des articles. Toujours sur ces 100 médecins, la moitié croit que le tract est une information authentique, l'autre est « réservée ». On ne sera donc pas surpris de le trouver affiché dans certaines salles d'attente de médecins, d'hôpitaux, de centres médico-sociaux et activement distribué par les infirmières et les internes en médecine ou les étudiants de pharmacie. Dans son livre de vulgarisation concernant « tout ce qu'il faut savoir sur le cancer », un médecin a même reproduit la liste sans aucune précaution !

A Orléans, les enquêteurs furent frappés par l'inertie du corps enseignant, quand ce n'était son soutien à la rumeur : la FEN émit un simple communiqué, le gros des instituteurs ne bougea pas, les professeurs de l'université proche restèrent en dehors, les éducateurs dans les pensionnats contribuèrent à la rumeur par leurs mises en garde répétées.

Deux cas de « fausses » rumeurs et deux cas de défaillance des intellectuels. Il en va en général de même pour les notables. Lorsque Chalon-sur-Saône connut en novembre 1974 une rumeur de type « Orléans », les notables se turent. Tant que la rumeur ne visait qu'un magasin ou plus tard des magasins de confection tenus exclusivement par des juifs, les notables gardèrent le silence [1] : le maire, le député ne prirent pas position. Le commissaire de police se retrancha derrière la hiérarchie, refusant de faire des déclarations officielles. Cette étrange neutralité des responsables de la cité contribua à alimenter la rumeur. La justice, elle, se contenta de déclarer dans un communiqué qu'une information était ouverte, à la suite d'une plainte déposée par Mme X...

Après coup, une question revient toujours : comment des personnes cultivées et raisonnables ont-elles pu croire à de telles rumeurs ? P. Viansson-Ponté décrit un jour son étonnement [2] : « On serait tenté de croire que le faux bruit grossier, l'explication mystérieuse [...] ne trouvent aucun crédit auprès des gens prétendument avertis des mécanismes et du déroulement de la vie nationale, et qui suivent peu ou prou le débat public. Or, il n'en est rien. » Dans le problème soulevé, en réalité, le paradoxe n'est pas dans le comportement défaillant de l'intelligentsia, il est dans la question elle-même et ses présupposés. Celle-ci repose sur deux mythes tenaces : il existe des êtres d'intel-

1. *L'Express Rhône-Alpes*, janvier 1975.
2. *Le Monde*, 28 septembre 1977.

ligence pure et la « fausse » rumeur est un délire repérable à vue d'œil : « L'aspect délirant (de la rumeur) aurait pu alerter », écrit ainsi Morin.

Tous les cas de rumeur nous prouvent que la cohérence individuelle est une vue de l'esprit : on s'attend à ce que les hommes aient toujours la même attitude, quelles que soient les circonstances. En fait, chaque rumeur crée une situation spécifique définie par son contenu, ses implications, le moment où elle survient, les relais qui la colportent. Chaque situation interpelle une facette différente d'une même personne.

Le membre de l'intelligentsia n'appartient pas à ce seul groupe, il peut aussi être membre d'un club sportif, écologiste, politique ; il est père ou mère, son expérience varie suivant les sujets, etc. A Orléans, l'aspect antisémite aurait pu mettre la puce à l'oreille de l'intelligentsia, mais la rumeur interpellait aussi ses penchants politiques. L'intelligentsia ne pouvait que trouver normale une rumeur apportant des faits à ce qu'elle avait toujours pensé : les notables de la ville – complices du trafic par leur silence – étaient bien pourris, comme l'était le régime politique de l'époque. Dans le cas du tract « de Villejuif », les instituteurs n'ont aucune raison d'être choqués par une des idées sous-jacentes de cette rumeur : les grandes entreprises, les grands trusts monopolistiques mettent leur profit au-dessus de la santé des Français. De même, le médecin généraliste, avant d'être une personne douée de raison et mue par un scepticisme à toute épreuve, est d'abord un conformiste. Il appartient à un groupe de référence extrêmement cohérent et uni. Il n'est pas un être isolé, mais membre d'un ordre. Pourquoi remettrait-il en cause une feuille de papier sur laquelle est inscrit le nom d'un hôpital réputé ?

Par ailleurs, le caractère délirant d'une rumeur n'est souvent pas plus évident pour l'intelligentsia que pour le grand public. L'intelligentsia a de plus en plus une connaissance abstraite du monde qui l'entoure, et une vision partielle de celui-ci. Le Siècle des lumières, de la lucidité, du scepticisme est révolu : l'enseignement consiste à diffuser un savoir, des certitudes. Or, comme l'écrit E. Morin (*op. cit.*, p. 86), « l'enseignant devient lui-même un élément sous-cultivé dans et sur le monde moderne [...]. La traite des blanches est un phénomène aussi mystérieux, aussi mythologique pour l'enseignante que pour son élève ». La même chose pourrait être dite en ce qui concerne la réalité du dossier des additifs alimentaires. Il en va exactement de même des médecins généralistes. Chargés de tout savoir, ils ne peuvent tout connaître. Les sondages le démontrent : leurs opinions sur la plupart des sujets sont identiques à celles du grand public.

Enfin, et paradoxalement, on peut soutenir qu'il est dans l'essence de l'intelligentsia de croire à certaines rumeurs. Dans tous les pays, plus on est près du pouvoir, plus on sait que la réalité annoncée au public peut être différente de la vérité. *Pour ne pas mourir idiot, il faut donc écouter la rumeur*, celle qui dit quelle vérité se cache derrière l'apparence, le discours ou le silence officiel. Dans l'enquête menée sur la crédibilité des rumeurs en URSS [14], 95 % des membres de l'intelligentsia contre 56 % des paysans interrogés déclarèrent que la rumeur était plus fiable que l'information véhiculée par les médias officiels.

Il est remarquable de constater que les opinions sur la fiabilité de la rumeur ne dépendent pas des attitudes vis-à-vis du régime soviétique. On analysa les réponses des interviewés selon qu'ils étaient pour ou contre le régime en vigueur en URSS. Comme le montre le tableau ci-après, elles sont identiques dans les deux cas.

L'enquête révéla aussi que l'usage de la rumeur variait suivant les catégories socio-professionnelles. Les paysans sont les moins enclins à considérer que la rumeur est fiable, mais ils sont ceux qui l'utilisent le plus. Pour eux, la rumeur est un substitut aux médias officiels, car ces derniers leur sont peu accessibles. Au contraire, l'intelligentsia fait très largement usage des médias officiels mais elle a besoin de la rumeur pour faire contrepoids. Pour eux la rumeur est un correctif : elle permet de lire et d'écouter intelligemment les informations officielles, véhiculées par la *Pravda* et la télévision. De plus, pour prouver que l'on appartient à la classe près du pouvoir, il faut bien montrer que l'on a l'information avant les autres. Faire circuler la rumeur témoigne à l'auditeur que l'on a su des choses avant lui. Les conclusions de cette enquête menée en URSS s'appliquent tout aussi bien en Inde, en France, à Paris ou dans n'importe quelle petite ville. *L'intelligentsia a aussi besoin de rumeurs pour prendre ses distances vis-à-vis des mass médias*, et *témoigner ainsi qu'elle n'est pas le grand public.*

Tableau 1

LA CRÉDIBILITÉ DES RUMEURS EN URSS

« Pour moi ce que dit la rumeur est plus fiable que ce que disent les médias officiels. » *(Pourcentage d'interviewés déclarant oui, selon leur groupe social et leur opinion vis-à-vis du régime politique)*

	Plutôt contre le régime	*Plutôt pour le régime*
Intelligentsia	94 %	96 %
Employés	87 %	83 %
Ouvriers	69 %	74 %
Paysans	58 %	54 %

Pourquoi personne ne vérifie

Le problème soulevé par l'attitude de l'intelligentsia lors de certaines rumeurs s'inscrit dans une question plus large. D'une façon générale, très peu de gens vérifient les histoires qu'ils apprennent par d'autres personnes. De tous les rôles à prendre pendant la rumeur, le moins demandé est celui du vérificateur. Nous croyons ou rejetons la rumeur sur parole.

Les journalistes sont toujours éberlués et choqués par cette absence de volonté de vérifier manifeste dans les rumeurs, à tous les niveaux de la population. Dans le métier de journaliste, la moindre des exigences est de vérifier l'authenticité de ce qui sera diffusé à des milliers de personnes. Comme le rappelle à juste titre Jean Lacouture [87], la fonction du journaliste consiste moins à se faire l'écho de la naissance ou de la mort des rois qu'à médiatiser, rejeter ou authentifier les rumeurs qui auront précipité, enveloppé, déformé et suivi l'une ou l'autre.

S'il est nécessaire d'inculquer aux futurs journalistes le réflexe de vérifier à la source, c'est que cet acte n'a rien de spontané. Pourquoi est-il donc si normal que personne – ou presque – ne vérifie la rumeur ?

Une piste d'explication nous est suggérée par les cas où la rumeur est toujours vérifiée : *lorsque l'on doit agir* sur la base du « on-dit » et *qu'il y a un risque à se tromper*. Qu'il s'agisse de prises de décisions militaires, boursières ou même du tiercé, la rumeur doit être vérifiée : les enjeux sont trop importants. Un industriel apprenant par la rumeur qu'un de ses fournisseurs bat de l'aile se renseignera soigneusement avant de passer un nouveau contrat d'approvisionnement chez ce fournisseur. Lorsqu'il y a action sans risques le besoin de vérifier disparaît : par exemple, les émeutes raciales se déclenchent à partir de bruits d'atrocités soi-disant commises par l'autre communauté. Le fait d'être dans une foule donne un sentiment d'invincibilité, de disparition des risques. De plus, la foule se réunit pour agir et attend uniquement un signal quelconque pour déclencher les hostilités [97 ; 109].

Beaucoup de rumeurs n'appellent pas de notre part une action immédiate. Faute de décision à prendre, le moteur d'une quête vérificatoire est absent. Seuls les sceptiques professionnels (par exemple les journalistes) ou ceux qui sont potentiellement lésés par la rumeur vont faire l'effort personnel de vérifier.

Dire que le grand public ne vérifie pas est erroné. Certes, il ne vérifie pas personnellement, mais procède simplement par personne interposée. En effet, la rumeur lui est relatée sous forme de la meilleure preuve dont il puisse rêver : celle du témoignage direct irréfutable (« selon le patron de l'hôpital de... qui l'a opéré ; selon l'employé de la mairie qui a procédé à l'enquête... »).

Si la rumeur n'a pas de source précise, mais renvoie à un « on-dit », c'est au groupe qu'est déléguée la tâche vérificatoire. En effet, on constate que plus une rumeur est diffusée plus elle convainc facilement. Tant de monde ne pourrait pas se tromper : la rumeur tire sa crédibilité de notre confiance dans quelque mécanisme de *sélection naturelle* de l'information. Si la rumeur était fausse, elle n'aurait pas dépassé les innombrables autres personnes qui, comme nous mais avant nous, l'ont rencontrée. L'individu se fonde sur le comportement des autres pour définir l'attitude qu'il doit adopter vis-à-vis de la rumeur, et de sa véracité.

Ainsi, le groupe est présumé avoir filtré la rumeur *en amont* de soi. De plus, colporter la rumeur autour de soi c'est aussi la vérifier : on repose sur le groupe *en aval* pour corroborer sa véracité ou au contraire la mettre en doute. En somme, il est normal que nous ne vérifions pas les récits rapportés : un ensemble de processus naturels est censé effectuer le tri pour nous. De plus, vérifier soi-même suppose deux conditions souvent absentes dans les rumeurs : la *capacité* et le *désir de le faire*.

Le « on-dit » est une information officieuse, parfois gênante à étaler publiquement, d'où sa circulation cachée. Dans le cas des calomnies, par exemple, il est délicat de s'adresser à la personne mise en cause, surtout si elle jouit d'un certain prestige. Faire mention de la rumeur renvoie de soi une image négative. Au lieu de traiter la rumeur par le dédain, si on ose en parler c'est que l'on doute. Dans son dernier livre [99], l'ancien ministre de l'Intérieur R. Marcellin montre comment, du fait de ces préventions et du caractère délicat de la démarche, Georges Pompidou ignora pendant huit jours les déclarations « calomniatrices d'un détenu de Fresnes, alors qu'elles étaient connues par le Premier ministre, le ministre de l'Intérieur et le préfet ».

Toutes les questions relatives à la non-vérification reposent sur un présupposé : le désir de vérification existe naturellement chez celui qui entend la rumeur. Or, rien n'est moins sûr. La force de la rumeur est que souvent elle fournit une information justifiant ce que l'on pressentait ou souhaitait confusément. Elle est une information consonante. Chercher à vérifier tiendrait du masochisme : le résultat de la démarche peut être en effet une information dissonante. L'empressement à croire exclut toute vérification.

D'autre part, à ses débuts, la rumeur est colportée moins parce que l'on y croit que pour ses aspects ludiques, excitants et surprenants. Elle fournit une distraction, l'occasion de savourer à plusieurs une information épicée. Pourquoi faire cesser ce plaisir ? Remarquons en passant que, racontée au départ sans trop y croire, la rumeur acquiert subrepticement une crédibilité par le simple effet du nombre. Arrivée à ce stade, on ne cherche pas plus à la vérifier qu'au départ, mais pour des raisons différentes.

L'absence fréquente de désir de vérifier ne tient pas uniquement aux raisons psychologiques exposées ci-dessus : elle contribue à la cohésion sociale. En effet, la rumeur est un phénomène collectif, impliquant non des milliers de personnes isolées, mais le groupe. *Adhérer à une rumeur, c'est manifester son allégeance à la voix du groupe*, à l'opinion collective. La rumeur fournit une occasion au groupe de se compter, de s'exprimer : cela se fait en général sur le dos d'un autre groupe, de quelque bouc émissaire. L'identité se bâtit facilement par la désignation unanime de l'ennemi commun. Dans l'exemple de la cité HLM, examiné plus haut, la cohésion des locataires s'accomplissait sur le dos de l'un d'entre eux, suspecté d'être un dangereux agent subversif. Dans ce contexte, il était hors de question de suggérer une vérification des accusations : elle aurait pu troubler l'ordre social qui venait de s'installer. C'est pourquoi, dans la vie de l'entreprise, la vie politique et syndicale, dans les villages, les collectivités, rares sont ceux qui cherchent à vérifier la rumeur. Dans les groupes restreints, une telle démarche équivaut à remettre en cause ses partenaires, et ainsi rompre l'unité : le sceptique est un dissident.

7. La fin de la rumeur et la signification du silence

Toute rumeur est vouée à s'éteindre. Le vocabulaire communément employé pour parler de la fin des rumeurs est très révélateur : on parle de la « mort » de la rumeur, de la « tuer », de l'« éteindre », de la « faire taire ». Ces mots traduisent la volonté, que nous avons déjà rencontrée, de faire de la rumeur une chose vivante, ayant son existence propre, sorte de bête vivante, sauvage et le plus souvent dangereuse. Ce faisant, le public se dissocie de la rumeur, il en fait une chose extérieure à lui, ce qui permet après coup de se présenter comme la victime de cette force venue d'ailleurs. Ceci explique que les questions généralement posées sur la fin des rumeurs soient de type magique : comment disparaît cet être mystérieux et insaisissable ?

Nécessairement éphémère

En réalité, il n'y a rien de magique dans la fin d'une rumeur. Cela est structurel et inscrit dès son départ : la rumeur s'épuise en vivant. Elle crée elle-même les ressorts de sa disparition.

Un intérêt fugace

La plupart des rumeurs ont avant tout une fonction d'amusement, d'entretien de la conversation, d'oblitération de l'ennui et du vide. Lorsque le sujet de la rumeur ne nous touche pas de près, n'a pas d'implications directes sur notre vie, ce sujet ne résiste pas plus au temps que les faits divers de la presse. En cela, la rumeur jouit du même cycle d'intérêt que n'importe quelle nouvelle du quotidien local. A la une pendant quelques jours, elle se glisse vite dans les pages intérieures pour disparaître dans l'anonymat des entrefilets.

Gros chewing-gum collectif, la rumeur perd inéluctablement de sa saveur et appelle donc son remplacement par une autre rumeur, toute aussi plaisante, chargée d'occuper les bouches, et donc elle aussi éphémère. Elle est balayée par les nouvelles déversées chaque jour par les médias ou par une rumeur concurrente plus fraîche, plus vive.

L'abandon de l'intérêt du public ne signifie pas que ce dernier ne croit plus la rumeur. Il a simplement cessé de s'en préoccuper, passant à une autre nouvelle. Cela explique que souvent les démentis passent inaperçus. Interrogé bien plus tard, ayant le sentiment que la rumeur ne fut jamais démentie, ce lecteur en déduira qu'elle devait être fondée !

L'exagération autodissipante

L'exagération est fréquente dans les rumeurs. Il ne s'agit nullement d'un phénomène pathologique ou aberrant, mais d'une conséquence logique de la communication. Elle se retrouve aussi dans les pages des faits divers et dans l'escalade des films catastrophes. Pour maintenir l'intérêt des lecteurs sur une affaire, tout rédacteur en chef sait qu'il faut insuffler du nouveau, toujours plus gratifiant. Une fois l'effet de surprise passé, l'intérêt déclinant requiert donc un supplément d'excitation.

Lorsqu'elle défend une thèse, la rumeur réorganise le monde : le moindre fait est un indice, le moindre indice est une preuve. A force de vouloir absorber tous les faits, même les démentis, la construction échafaudée par le groupe devient exagérée et aussi fragile qu'un château de cartes. Ainsi, dans l'exemple de la rumeur au sujet du décès de Paul McCartney, l'inflation explicative débouchait nécessairement sur une impasse et sur l'incrédibilité. De même, à Orléans, la rumeur essaya d'absorber la contre-rumeur : la presse, les autorités, la police, l'évêque, les partis politiques, tous étaient achetés ! Cette thèse du complot généralisé devenait incrédible.

La notion d'exagération est néanmoins fort subjective. Aucune rumeur n'est exagérée pour quelqu'un qui craint le pire. Après l'explosion de la bombe atomique à Hiroshima, le 6 août 1945, dans ce pays soumis à la censure, circulaient les plus extrêmes rumeurs sur ce qu'il fallait attendre désormais des bombardiers américains : le Japon serait probablement englouti. Dans les situations de tension émotionnelle forte, l'exagération n'est pas un événement fortuit : elle est le produit même de cette tension, de ce climat.

Beaucoup de rumeurs – dites incroyables – sont crues précisément parce que les récepteurs sont sous tension. L'heure n'est pas alors à la réflexion platonicienne sur la réalité de la réalité. Lorsque cette tension s'estompe, nous retrouvons certains de nos mécanismes critiques et percevons le caractère fragile de la rumeur. Le cas de la foule fournit une illustration. Les situations de foule sont propices aux rumeurs : la proximité des personnes facilite leur circulation et l'autoexcitation nous fait accepter sans objections les rumeurs les plus étonnantes, qui n'auront aucune chance de paraître plausibles le lendemain, une fois la tension retombée.

Le contexte évolue

Témoignage d'un certain contexte, si ce dernier évolue, la rumeur perd toute raison d'être et cesse aussitôt. Elle n'a plus de pertinence. Par exemple, en 1982, l'affaire des fûts cachés de Seveso déclencha un cortège de rumeurs. Lorsque l'on apprit que les fûts contenant le fameux gaz toxique de l'usine Hoffman-Laroche à Seveso étaient cachés quelque part en France, cela fit naître une vague de mini-rumeurs locales : le moindre hangar suspect laissait croire le pire aux paisibles villages avoisinants. Puis, lorsque ces fûts furent retrouvés, le contenu des rumeurs changea : l'opinion libérée cherchait un bouc émissaire. La rumeur suspecta donc le ministre de l'Environnement d'avoir été prévenu depuis longtemps par son collègue allemand. Une chose est sûre, lorsque les fûts quittèrent le territoire national, exportant ailleurs la menace imaginée, les rumeurs cessèrent tout net.

La France des années 70 était très sensible à son alimentation : le pays réagissait aux moindres bruits sur le caractère cancérigène de tel ou tel produit de grande consommation. Désormais, le public a évolué : par fatalisme ou par réalisme, il sait que l'ère des vraies chèvres dans les vrais prés est révolue, incompatible avec la production en masse au moindre coût. Aussi on assiste à moins de naissances de nouvelles rumeurs cancérigènes.

Aux États-Unis, les rumeurs raciales circulant dans les grandes villes cessèrent après l'assassinat du Dr Martin Luther King Jr., pacifiste noir renommé. Dans le nouveau climat de tristesse et de sympathie, l'heure n'était plus aux animosités. A l'inverse, dans tous les pays, plus l'heure des élections se rapproche, plus le climat devient tendu et les rumeurs hostiles. Lorsque les urnes ont parlé, leur hostilité n'a plus de raison d'être. Désormais déplacées, les rumeurs disparaissent.

Quand la rumeur persiste

Certaines rumeurs semblent pourtant résister au temps. Ce phénomène est explicable : la rumeur rencontre chaque fois un nouveau public qui la découvre pour la première fois, convaincu de mettre la main sur une information ultra-récente et certifiée.

La persistance de la rumeur concernant Sheila tient à la même dynamique : chaque année, de nouveaux étudiants entrent dans les facultés de médecine. Ils apprennent donc des anciens les histoires exemplaires qui fondent l'identité du groupe. Croire la rumeur, c'est s'intégrer dans le groupe. De plus, outre qu'elle est présentée par « ceux qui savent » (les internes), cette rumeur est aussi censée provenir en droite ligne de quelque grand patron, spécialiste des opérations sexuelles, qui en aurait parlé en catimini. A la différence du tract « de Villejuif » où les premiers touchés ne se sentent plus concernés par la grande peur du poison généralisé, dans le cas de la rumeur concernant Sheila, celle-ci est considérée comme véridique par les anciens. Aussi les nouvelles couches d'étudiants reçoivent-elles un renforcement positif lorsqu'elles se renseignent auprès de leurs aînés. Cette rumeur devrait néanmoins aller en décroissant, car la pop star des années 60 n'est plus une star ou une figure exemplaire pour les nouveaux étudiants en médecine : il est un fait que cette histoire exemplaire, pour rester « exemplaire », a trouvé d'autres stars, plus contemporaines, et un grief plus actuel (le Sida).

Des réactions maladroites face à une rumeur peuvent aussi la rendre durable. Ainsi, en octobre 1979, *le Canard enchaîné* lançait une affaire qui allait susciter moult rumeurs : les diamants de Bokassa. L'attaque était sérieuse, incisive, précise, de nature à jeter le trouble dans une opinion publique pourtant très légitimiste. Le président, en ne réagissant pas tout de suite, a rendu ambiguë la situation, alors que les doutes non encore formés, encore tout hésitants, eussent volé en éclats après quelques mots précis et précoces. Or, l'ambiguïté d'une situation est le trempolino des rumeurs, et la vitamine de leur persistance.

Le maire de Lorient, lui aussi, transforma ce qui n'était que bruits ou ballon d'essai en vraie rumeur. Lorsque, en septembre 1984, les bruits coururent d'une arrivée massive d'immigrés (mille selon certains) pour être logés dans les quartiers de « Kerbataille » et d'« Eau courante », le maire réagit par le silence ou l'ironie. Ainsi, au conseil municipal du 4 octobre, face aux allégations suivant lesquelles les immigrés viendraient de Marseille, il répondit en ces termes : « Il en viendra de toutes les grandes villes, et pourquoi pas du Sénégal[1] ? » Face à un sujet aussi sensible, il n'en fallait pas plus pour donner de l'énergie à la rumeur, dont la persistance conduisit le maire à organiser une conférence de presse extraordinaire le 16 novembre, pour porter un coup définitif à la rumeur.

Un jour ou l'autre, le public se lasse et la rumeur laisse place au silence. Mais que l'on ne s'y trompe pas, la fin de l'émoi explicite manifesté dans les parlers collectifs ne signifie pas que le sujet soit oublié, ni que la tension sous-jacente ait disparu.

L'après-rumeur

L'après-rumeur intéresse peu. Tout semble rentrer dans l'ordre, et la vie reprendre comme avant. Un orage est passé, avec le retour du beau temps tout est oublié, rien n'a eu lieu. La rumeur ? Quelle rumeur ? Cela est vrai pour la majorité des rumeurs, éphémères sursauts du groupe ou distractions de la vie quotidienne. En revanche, lorsque la tension fut intense et les passions exacerbées,

1. *Liberté du Morbihan*, 17 novembre 1984.

il serait illusoire de croire qu'il ne reste aucune trace, aucun résidu.

Le silence qui retombe après une telle rumeur est trompeur. En surface, après un séisme, chacun reprend sa place ; en profondeur des masses ont été déplacées, un nouvel équilibre s'est créé, provisoire. Tant que les tensions souterraines seront présentes, un jour, imprévisible, un nouveau séisme surviendra. De la même façon, quand la riposte fait taire la rumeur, elle gagne une victoire sur le parler : mais est-elle maître du terrain pour autant ?

D'une façon générale, l'après-rumeur pose la question de la signification du silence. Ne parle-t-on plus parce que l'on ne croit plus la rumeur, ou parce que l'on y croit mais qu'il est désormais mal vu d'en parler ou enfin, parce que, y croyant, il n'y a plus lieu d'en parler ? Chacune de ces hypothèses dessine un terrain d'après-rumeur complètement différent. Comme le remarquait le responsable d'une des marques attaquées par le tract « de Villejuif » : « Lorsque le volume des lettres inquiètes diminue, est-ce bon signe ? Cela signifie-t-il que la rumeur recule ou que les questions ont cessé, remplacées par la certitude que la rumeur est fondée ? »

Le dialogue ci-dessous est exemplaire à cet égard :

– Si l'histoire de la traite des blanches était une supercherie, alors pourquoi tout ce bruit ?

– C'est encore un coup des juifs qui ont voulu faire parler d'eux.

– Il faut bien que la presse se vende et que le commerce marche.

Ainsi, le stéréotype sort toujours renforcé de la rumeur. Quelle que soit l'issue de la rumeur, le vieux stéréotype du « commerçant prêt à tout pour gagner de l'argent » sort vainqueur de la fumée.

Ce phénomène n'est pas propre aux rumeurs. Celles-ci le mettent à nu peut-être avec plus d'acuité. L'être humain a en effet en lui un fantastique mécanisme psychologique de stabilisation de son environnement dont nous avons déjà parlé. Une fois formées les premières impressions sur une personne ou un groupe, un pays, etc., celles-ci exercent un effet structurant et sélectif sur notre évaluation des faits ultérieurs. En bref, les faits cohérents avec ces impressions sont retenus alors que les faits en apparence contradictoires sont attribués aux aléas du hasard. Quand Talleyrand disait : « Méfiez-vous de votre première impression, c'est la bonne », il parlait sans le savoir des effets structurants de celle-ci.

Grâce à cette perception sélective, nous parvenons à rendre stable un environnement qui ne l'est pas du tout. Ayant une fois étiqueté quelqu'un ou quelque groupe, nous sommes frappés de la justesse de notre première appréciation : en réalité, nous sommes victimes de nos propres mécanismes psychologiques. C'est ainsi que, malgré toutes ses courses gagnées, Raymond Poulidor resta pour tous l'éternel n° 2. Les stéréotypes trouvent toujours de l'eau pour alimenter leur moulin.

8. L'éternel retour ?

Au mois de mars 1985, le chef-lieu de la Vendée, La Roche-sur-Yon, est sens dessus dessous. Tout le monde en parle, le préfet s'en inquiète, le Parquet s'interroge, la police est submergée d'appels téléphoniques : une rumeur court à propos d'un magasin, la Boutique mauve, située un peu à l'écart du centre-ville. La version de base est simple. Le lecteur s'en souvient : il s'agit de la réplique exacte du scénario publié dans le magazine *Noir et Blanc* du 6-14 mai 1969, seize années plus tôt, et qui avait déjà servi de modèle à la rumeur d'Orléans.

Le maire socialiste de La Roche-sur-Yon, Jacques Auxiette, accusa l'opposition d'avoir créé de toutes pièces cette rumeur pour le mettre en difficulté, en exploitant le terrain de sensibilité à vif que sont l'insécurité et l'immigration [1]. Peut-être. Il nous faut cependant reconnaître que cette histoire exemplaire a circulé à Toulouse, Arras, Lille, Valenciennes, Strasbourg, Chalon-sur-Saône, Dinan, Laval, etc. A Paris, les bruits courent concernant les grandes rues de la confection (rue de la Chaussée-d'Antin, rue Tronchet, boulevard Saint-Michel) et le symbole même du magasin populaire : Tati. De plus, Orléans ne fut en aucune manière le point de départ. Le scénario se produisit en 1966 à Rouen, selon les termes mêmes du récit publié par *Noir et Blanc* trois années plus tard, et aussi au Mans en 1968.

Une remontée dans le temps nous fait découvrir que le

1. *Le Matin*, 29 mars 1985.

symbolisme sexuel de la piqûre qui transforme les boutiques de prêt-à-porter en prêt-à-déporter n'est pas récent. En décembre 1922 sévit brusquement à Paris une épidémie de piqûres : « C'est dans les grands magasins du Printemps que des femmes – clientes, commises, etc. – se sentirent piquées par de mystérieux maniaques. Le nombre de piqués, presque exclusivement des femmes, jeunes filles ou fillettes, se développe aussitôt dans de grandes proportions, dans les tramways et les autobus, dans le métropolitain... » [59]. L'auteur de ce récit rappelle d'ailleurs qu'une semblable épidémie de piqûres fit grand bruit à Paris en 1820.

De tels faits suggèrent que les grandes rumeurs ne meurent pas. Elles s'éteignent provisoirement et, tel le volcan, se réveilleront un jour. Mais, en plus, elles ont la capacité de se mouvoir : nul ne sait où elles vont se reproduire à l'identique ou sous une forme proche. Comment expliquer un tel phénomène ?

Le souvenir de la rumeur

En avril 1984, à Loyettes dans l'Ain, une rumeur accuse un citoyen de la commune d'être l'assassin d'une jeune lycéenne, disparue depuis plusieurs jours. Interviewée à ce sujet, la patronne d'un café-tabac-journaux dit : « Tiens, c'est comme la rumeur d'Orléans. Mais là-bas, *c'était vrai.* Les jeunes femmes étaient chloroformées. Les journaux en avaient parlé. » En août 1986, nous interviewions un jeune couple de Laval. Une de leurs phrases mérite notre attention. « Oui, à Orléans, la rumeur. A propos, on n'a jamais su si c'était vrai ou si c'était faux, l'histoire des jeunes filles enlevées. Vous le savez, vous ? »

Ces deux témoignages sont exemplaires. Ils mettent en lumière le rôle de la mémoire [64]. Les jugements qui sont portés sur une rumeur seize années après dépendent des informations qui se trouvent disponibles en mémoire, lorsque l'on pense à elle. En soi, le témoignage de la patronne du café peut résulter de l'un des deux processus suivants :

– A l'époque (1969), celle-ci avait interprété l'action des médias comme attestant la véracité de la rumeur. En 1984, elle se souvient encore de son interprétation (c'était vrai), stockée fidèlement dans sa mémoire à long terme.

– A l'époque, celle-ci avait remarqué le battage des médias et avait appris que la rumeur était douteuse. Mais avec le temps cette dernière information a été oubliée : seuls restent en mémoire le récit (les jeunes filles chloroformées) et les effets (les journaux en avaient parlé). Tout naturellement, l'interviewée impute ces effets réels à la seule explication logique qui lui vient aujourd'hui à l'esprit : c'était vrai, elles étaient chloroformées !

Le deuxième témoignage illustre les effets à long terme de la non-rencontre du démenti. Pour les interviewés, n'ayant pas plus d'informations à l'esprit, le doute est permis. Ceci démontre bien que l'étiquette « rumeur » ne déstabilise pas une proposition. Comme le concept de « rumeur » a un sens variable, plus ou moins large, plus ou moins défini, il laisse la porte ouverte à toutes les interprétations. Or, les grandes « fausses » rumeurs passent à la postérité sous forme de télex *neutre* : le tract de Villejuif, la rumeur d'Orléans, l'affaire Marie Besnard, etc. Ces étiquettes, conservées en mémoire, ne disent rien explicitement de l'absence de fondement de ces rumeurs. Il ne faut donc pas s'étonner si, relatées plusieurs années après en un autre endroit, ces histoires servent alors de scénario plausible pour une nouvelle explosion locale.

La reproduction des symptômes

La rumeur, rappelons-le, n'est pas un événement magique. Le fait que ce soit un nom nous amène inconsciemment souvent à la considérer comme un sujet, un être exogène survenant ici ou là de façon mystérieuse tel un lutin ou on ne sait quelle comète. En réalité, la rumeur est un objet, un résultat, une production mentale : les membres d'un groupe « rumeurent » à un moment donné, dans un lieu donné et engendrent un contenu, un récit, une hypothèse.

Notre classification des rumeurs nous conduit à distinguer plusieurs situations types propices à la production de rumeurs : par exemple (i) lorsque des faits dont le sens est bien connu sont décelés par des éclaireurs ou des initiés qui s'empressent de le faire savoir en catimini ; (ii) lorsque des faits ambigus créent une demande de réponses insatisfaite ; (iii) lorsque la sensibilité à vif du corps social prend spontanément la parole pour s'exprimer, en dehors même de tout événement.

Le premier cas est celui par exemple des rumeurs sur les marchés des changes. Certains clignotants ont, avec l'expérience, été repérés comme indicateurs fiables d'une probable modification de la parité des monnaies. Aussi assiste-t-on à la réapparition cyclique des rumeurs de dévaluation du franc, plus ou moins encouragées d'ailleurs par ceux qui voient en elles le témoignage irréfutable de la faillite de la gestion du gouvernement en place. Le retour des rumeurs de ce premier type est essentiellement dû à des facteurs exogènes : les clignotants clignotent et chacun sait ce que cela veut dire, même si officiellement rien n'est annoncé. Mêmes symptômes, même diagnostic.

Le deuxième cas est celui des situations ambiguës amenant le groupe à se poser des questions. Faute de connaître les faits exacts, la réalité, la vérité sera définie par l'unanimité. Par exemple, tout au long du XVIIIe siècle, le peuple français dut faire face à de graves disettes : en 1725-1726, puis de 1738 à 1741, en 1747, de 1751 à 1752, pendant cinq années de 1765 à 1770 et de 1771 à 1775 [81]. Peu de sujets étaient aussi impliquants que celui du pain : l'approvisionnement en céréales fondait pratiquement le contrat tacite liant le peuple au roi. A ses yeux, le roi était le boulanger du dernier recours, engagé à assurer les subsistances du peuple. En octobre 1789, quand les femmes de Paris marchèrent sur Versailles, c'était pour y chercher le boulanger, la boulangère et le petit mitron.

Dès la crise de 1725-1726, le peuple s'est interrogé sur la réalité de la disette : la conviction s'est faite qu'une sombre machination était à l'origine de la pénurie. Il y avait complot pour affamer la population, impliquant non le roi lui-même – dont on croit à l'inépuisable bonté – mais, à son insu, ses ministres, leurs agents locaux, et les boulangers, alliés secrets de la conspiration. Ce scénario explicatif s'est reproduit à l'identique lors des six grandes disettes qui se sont abattues sur la France. A chaque crise de subsistance, les rumeurs ont accusé quelque effroyable conspiration [90].

La réapparition des mêmes rumeurs face aux mêmes circonstances ambiguës et implicantes pour l'opinion publique pourrait s'expliquer de deux façons :

– D'une part, le souvenir des explications retenues lors de la crise précédente est l'humus des rumeurs cherchant à rendre compte de la nouvelle disette. La mémoire est un pont temporel qui fournit des hypothèses et des scénarios à une opinion en quête d'explications.

– L'explication précédente ne rend pas compte de la première rumeur, celle qui aurait ensuite servi de modèle aux suivantes grâce à la mémoire. Si l'on veut inclure cette première rumeur dans l'explication de l'éternel retour du « complot de famine », force est de constater que le peuple semblait « contraint à comprendre en ces termes l'ordre des choses. La répétition du même modèle de perception et d'appréciation à propos de crises concrètes, à chaque fois différentes, laisse supposer que la croyance au complot de famine préexiste dans les structures mentales collectives » [81]. Rien ne serait dû au hasard. Pour l'opinion publique, rien n'arrive qui ne soit le résultat d'une volonté dûment méditée et contrôlée [56].

L'éternel retour de la rumeur témoignerait donc de l'actualisation, à partir d'événements propices, d'un système explicatif profondément enraciné dans la conscience collective. Le thème du complot de famine n'a d'ailleurs pas disparu de notre mentalité, il s'est déplacé du blé – dont l'Occident est excédentaire – vers les matières premières. Ainsi plus récemment, lorsque le carburant vint à manquer en Europe et aux États-Unis, beaucoup croyaient savoir que la pénurie était factice et considéraient l'OPEP comme l'argument alibi des compagnies pétrolières.

La permanence du trouble

Un type de rumeur ne part pas de faits ambigus : il les crée, les façonne. Par un habile looping, la rumeur se présente alors comme l'explication idéale des indices qu'elle a elle-même imaginés. L'histoire de la piqûre dans les salons d'essayage des boutiques de prêt-à-porter appartient à ce type. Sa reproduction d'une ville à l'autre, d'un temps à l'autre, ne peut pas s'expliquer par la réapparition d'une situation *objective* suspecte (comme pour les deux premiers types de rumeur). Elle témoigne donc de la réapparition d'une situation *subjective* identique : le groupe social partage à un degré aigu les mêmes troubles profonds, les mêmes angoisses ou incertitudes. Celles-ci vont s'exprimer à travers la trame d'un mythe flottant : la drague hypnotique dans les lieux érotisés (salons d'essayages, mais aussi salles de culture physique, saunas, etc.). Le retour du mythe reflète donc l'existence durable, voire omniprésente, dans tout notre pays d'une crainte dont il est l'expression.

Dans ce cas, le mot même de retour de la rumeur est trompeur : la rumeur ne revient pas telle la comète de Halley, extérieure à notre planète qui l'observerait en spectatrice. En réalité, les craintes, angoisses diffuses ou frustrations n'ont jamais quitté le corps social : seule leur expression a été refoulée, canalisée, légitimée. Celles-ci s'incarnent dans des bruits rampants qui, si les conditions se révèlent favorables, peuvent devenir rumeurs. Ces bruits visent des lieux, sites ou personnages propices à l'incarnation du mythe : le prototype en est le magasin porteur des nouveaux styles de vie, géré par « l'étranger ».

L'apparition répétée des rumeurs tient à des facteurs conjoncturels fortuits qui relâchent les mécanismes habituels de contrôle, de refoulement et de canalisation. Le latent n'est plus inhibé : il s'exprime. Le retour de la rumeur est donc l'indicateur de la permanence du trouble de la cité, du groupe social, du pays. Il est une résurgence épisodique d'un cours d'eau souterrain, lorsqu'une fissure l'autorise.

La reproduction des situations

Certaines rumeurs sont des formes modernes de légende. Par exemple, en novembre 1938, avant la guerre, après Munich, l'histoire suivante fut souvent entendue [19] : « En novembre 1938, un monsieur circule en automobile. Sur la route il est arrêté par un homme à l'aspect de poète ou de vagabond, qu'il pense être un autostoppeur. Cet homme dit : "Hitler mourra le 8 décembre 1938." Il ajoute : "Je vais vous donner la preuve que ce que j'ai dit est vrai. Un événement va vous arriver : à tel endroit route de Blois, vous allez faire monter quelqu'un dans votre auto et celui-ci sera mort en arrivant à..." Effectivement, en route, l'automobiliste arrive directement sur un accident d'automobile. Un blessé se trouve là. Il faut vite l'emmener. A l'endroit prédit, l'automobiliste se retourne : le blessé est mort. »

Cette histoire est connue sous le nom de « Cadavre dans l'auto ». Elle a une variante où le poète-vagabond devine exactement le montant contenu dans le porte-monnaie d'une personne et reçoit de l'argent. Or, fait curieux, ces récits sont entendus en France, en Grande-Bretagne, au Bénélux, en Afrique du Sud, aux États-Unis, mais aussi en Allemagne (mais Hitler est remplacé par un dirigeant des alliés). On pourrait penser que cette ubiquité tient à la communication et à l'efficacité des postes. Pour

M. Bonaparte, le fait que le récit du cadavre dans l'auto soit la reproduction du thème du cadavre dans le fiacre, circulant en 1914, autorise à penser que la légende a été refabriquée spontanément.

En effet, ces deux récits présentent, sous l'aspect anodin d'un fait divers, la structure même des rituels magiques dans les sociétés archaïques. Dans les deux cas, une mort ardemment souhaitée est achetée, soit par un sacrifice humain, soit par une offrande... de substitution. Pour que ce mythe archaïque resurgisse, il faut des conditions de stress aussi exceptionnelles que la guerre. Celles-ci engendrent des processus de régression libérant ainsi des thèmes éternels que des millénaires de christianisme et de civilisation n'ont pas supprimés. Ces conditions étaient présentes en 1914 comme en 1938, en France comme à Pretoria, Londres ou Düsseldorf. Ainsi, les « mythes se fanent comme les fleurs, pour renaître d'ailleurs, comme elles, dans les mêmes circonstances de saisons et de climats » [19].

Thèmes universels

On pourrait trouver bien d'autres cas de retour des mêmes mythes, incarnés sous forme de rumeur. Par exemple, le mythe du bromure court dans toutes les casernes, les lycées, les pensions. Les adolescents expriment par là leurs angoisses et incertitudes sur leur sexualité confinée et rejettent sur l'extérieur – les autorités et leur poudre – toute responsabilité en cas d'un éventuel fiasco, lors de la prochaine permission de sortir.

Depuis 1982, en France, un grand nombre de personnes se sont mises à fébrilement découper les codes barres figurant désormais sur l'ensemble des produits alimentaires. La rumeur affirmait qu'il suffisait de récolter 5 000 codes barres avec préfixe 3 pour obtenir un fauteuil pour handicapé. Selon les versions, le nombre total de vignettes à collecter varie, ainsi que la nature du préfixe. Cette rumeur provient en réalité de la généralisation intempestive à l'ensemble de la France d'une loterie qui ne devait jamais concerner qu'une certaine paroisse de Corse. Aussi les collectionneurs sur le continent essaient-ils en vain de savoir à qui adresser leurs monceaux de codes barres.

Le succès de cette rumeur n'est pas surprenant. Déjà en 1963 une rumeur identique circulait : il s'agissait de collecter des paquets de Gitanes vides pour obtenir le même fauteuil roulant destiné à un handicapé. Les codes barres n'ont fait en réalité qu'allonger la classe paradigmatique de la monnaie d'échange : capsules, bagues de cigares, paquets de Gitanes. Le point commun semble être l'idée qu'une fraction des impôts indirects puisse être reversée au bénéfice d'une œuvre de bienfaisance [1]. Il est vrai que plusieurs impôts indirects (dont la fameuse vignette automobile) avaient été créés pour financer certains fonds spécifiques (l'aide aux personnes âgées par exemple). Très vite, on se rendit compte qu'il n'en était rien et que les recettes n'étaient pas affectées spécifiquement à ces emplois précis. Peut-être le succès de cette éternelle rumeur tient-il à la réduction de la dissonance cognitive créée par la déception de constater que des impôts indirects n'allaient pas où ils auraient dû aller.

Mais les rumeurs conduisant à élaborer de patientes collections ont sûrement quelque ressort plus fondamental. Sinon, comment expliquer que les enfants eux-mêmes s'y adonnent ? Par exemple, il y a quelques mois, la société General Foods, créatrice du célèbre Malabar, ce chewing-gum géant, eut une grande surprise. Des dizaines d'enveloppes pleines de vignettes de Malabar lui étaient envoyées. Une rumeur avait fait le tour des cours de récréation : selon celle-ci, il fallait conserver ces vignettes anodines. Au-delà d'un certain nombre, on pouvait écrire à la société et lui demander un cadeau en échange.

Certains enfants avaient échafaudé de véritables martingales. Chaque vignette de Malabar étant numérotée de

1. M.-L. Rouquette, Communication personnelle du 14/6/1985.

1 à 56, certains enfants avaient collecté une vignette n° 1, deux vignettes n° 2 et 56 vignettes n° 56. On imagine le safari nécessaire à cette collection... Aussi ces enfants n'hésitaient pas à demander un vélo à General Foods.

Certes, l'usage des collections est fréquent dans le marketing des bonbons destinés aux enfants, mais cela n'explique pas cette collection spontanée hors de toute annonce officielle par Malabar. Compte tenu de l'attachement des enfants à Malabar, s'agit-il d'un rituel de don appelant la réciprocité, le contre-don, c'est-à-dire la reproduction spontanée du rituel du potlatch ?

Une autre rumeur bien sympathique jouit d'une éternelle jeunesse. En 1968, l'auteur, alors étudiant, avait cherché désespérément neuf autres personnes pour acheter des 4CV neuves vendues 500 francs pièce. Celles-ci étaient restées invendues aux États-Unis et la Régie Renault, m'avait assuré un ami de bonne foi, était contrainte de les rapatrier. Ces voitures étaient donc au Havre mais il fallait les acheter par groupe de dix. Plus tard, la rumeur porta sur des lots de Dauphine. En 1985, un cadre de Renault à qui nous mentionnions l'anecdote déclara avoir reçu récemment un appel téléphonique d'un interlocuteur cherchant à savoir où l'on devait chercher les R16 neuves vendues 5 000 francs l'unité (la R16 n'est plus fabriquée depuis 1980). Ces rumeurs sont peut-être entretenues par les ouvriers de Renault eux-mêmes : en effet, régulièrement, de façon assez étrange le bruit court à Billancourt que la fameuse et mythique 4CV est encore en vente à la Régie, alors qu'elle ne figure plus au catalogue depuis la fin des années 50.

Il s'agit bien d'un thème universel, celui de la perle rare, miraculeusement échappée à l'usure du temps. Aux États-Unis, en 1968 [21], on prétendait que l'on pouvait acheter de vieux modèles encore neufs de la prestigieuse Harley-Davidson, pour la somme de 25 dollars, à condition d'en acheter un lot de cinquante. Dans une variante, il s'agit de vieilles Ford A.

On peut trouver bien d'autres exemples de rumeurs survenant ici ou là dans des pays fort éloignés. C'est le cas de toutes les rumeurs de poison associées aux formes nouvelles d'alimentation, ou de restauration (les restaurants à hamburger serviraient du rat). L'histoire exemplaire du chien (ou du chat) oublié dans un four à micro-ondes est aussi un classique. Cette version moderne du « hot dog » semble naître partout où se diffusent ces fours modernes. Tout se passe comme si chaque fois, face à une technologie nouvelle, quelqu'un se mettait à en imaginer les retombées les plus cocasses ou les plus dramatiques. Cette extrapolation orale peut très bien se produire de façon identique à divers moments, en des endroits distincts, et cela de façon complètement spontanée. L'élément commun est la nouvelle technologie présente en ces endroits. Par exemple, en France, en 1984, une rumeur courait concernant les fours à micro-ondes. Un jour, alors qu'elle tendait sa main pour retirer un plat de son four à micro-ondes une ménagère vit celle-ci tomber, sectionnée net. Selon la rumeur, à force de rentrer cette main dans le four pour y mettre ou en retirer les plats, la ménagère avait laissé les ondes la découper imperceptiblement. On n'est guère loin de la fameuse rumeur concernant les lentilles de contact qui aveuglent.

De la traite des blanches au serpent minute

Parfois, la forme de la rumeur évolue et l'on pourrait croire qu'il s'agit d'une nouvelle rumeur, indépendante, alors qu'il s'agit bien toujours de la même. Ainsi, la France voit surgir depuis quelques années d'étranges animaux dans les grandes surfaces. A la fin du printemps 1981, le public s'émeut dans le Languedoc : un enfant jouant sur un cheval mécanique installé devant les caisses d'un hypermarché aurait été mordu par une vipère dissimulée dans l'appareil[1]. En juillet 1982, l'hypermarché

1. *L'Alsace*, 1er août 1982.

Cora près de Mulhouse était selon la rumeur le lieu d'un atroce incident : un enfant y était mordu par un « serpent minute » réfugié dans un régime de bananes (d'Afrique, cela va sans dire). En décembre 1983, à l'hypermarché Auchan d'Aubagne, une petite fille serait morte mordue par le serpent caché dans le nounours en peluche importé d'Extrême-Orient qu'elle caressait. A Nice, il ne s'agit pas d'un serpent mais d'un scorpion, ailleurs d'une grosse araignée venimeuse. Chaque fois, le public déserte littéralement ces magasins pendant plusieurs semaines. A Paris, en janvier 1986, une jeune femme aurait échappé de justesse à la mort. Le yucca qu'on lui avait offert semblait s'animer comme s'il prenait vie à chaque arrosage. Elle téléphona à son fleuriste puis au Muséum d'histoire naturelle. Une équipe du Muséum découvrit l'horrible vérité : en ouvrant le tronc on y trouva tout un nid de mygales [1].

A l'analyse, cette rumeur de « vipèremarché » est en fait le développement métaphorique de la rumeur dite d'Orléans. En réalité, les deux récits sont l'expression d'un même mythe de base, latent, et prêt à s'actualiser, comme le montre ce tableau :

Tableau 2

L'ÉTERNEL RETOUR DE LA RUMEUR

Structure de base du mythe	*Variante de type Orléans*	*Variante type : enfant mordu par un serpent*
L'étranger dans le groupe	Le juif, le commerçant	L'immigré du tiers monde, le forain
La violence sexuelle	Piqûre, seringue	Serpent, vipère, scorpion, araignée
La déportation	Traite des blanches	La mort
La victime	Jeunes filles, jeunes femmes	La petite fille, l'enfant

1. *Le Journal du dimanche*, 16 février 1986.

Structure de base du mythe	*Variante de type Orléans*	*Variante type : enfant mordu par un serpent*
Le lieu de tentation inéluctable	Le magasin de vêtements à la mode	La grande surface, l'hypermarché, la fête foraine
Lieux de retour du mythe	Dinan, Laval Rouen (1966) Le Mans (1968) Poitiers (1969) Châtellerault (1969) Orléans (1969) Amiens (1970) Strasbourg (1971) Chalon-sur-Saône (1974) Toulouse, Tours, Limoges Douai, Lille, Valenciennes Paris ... Dijon (1985) La Roche-sur-Yon (1985)	Montpellier (1981) Dordogne (1981) Haute-Garonne (1981) Landes (1981) Saint-Étienne (1981) Chambéry (1982) Mulhouse (1982) Liège (1982) Nice (1983) Aubagne (1983) Avignon (1984) ... Paris (1986)

L'émergence de cette nouvelle variante confirme que l'apparition du juif dans la précédente version n'est pas obligatoire. De fait, dans plusieurs villes, les boutiques incriminées n'étaient pas tenues par des commerçants juifs. Il semble que son apparition dépende de l'importance des latences antisémites d'une ville à l'autre. Son émergence à Orléans n'était pas totalement due au hasard. Orléans est le chef-lieu du Loiret : or, le Loiret n'est pas un département comme les autres pour les juifs. On y avait installé deux camps de concentration, Pithiviers et Beaune-la-Rolande, et bien des détenus sont d'abord passés par la prison d'Orléans [18].

La permanence du bouc émissaire

Pour conclure, il nous faut parler d'un autre type de retour de la rumeur. Les exemples précédents concernaient la reproduction d'un même récit en des lieux et temps différents. On doit aussi considérer comme un retour de la rumeur la multiplication de rumeurs différentes portant sur le même objet, la même personne ou le même groupe.

L'éternel retour des rumeurs est le destin des boucs émissaires. Toutes les sociétés vivent leurs grandes crises comme des punitions : il faut alors chercher des boucs émissaires chargés inconsciemment des péchés de la collectivité. D'autre part, face à une crise inexplicable désigner un coupable, c'est trouver la cause du mal, donc faire un pas vers sa résorption. Les coupables potentiels sont toujours les mêmes : les étrangers, les mal intégrés dans la collectivité, ceux qui n'en partagent pas les croyances. En Occident, les juifs ont donc constitué le modèle idéal du bouc émissaire, et la cible automatique des rumeurs : depuis l'empoisonnement présumé des puits pendant les épidémies de peste de 1348 à 1720, jusqu'au soupçon du meurtre rituel sous-jacent dans le thème de la rumeur d'Orléans, en passant par le soi-disant « complot des Sages de Sion ».

Les rumeurs récurrentes se portent aussi sur les substances : celles dont la valeur symbolique en fait une surface projective automatique, et un bouc émissaire tout désigné. Ainsi, bien avant que l'on ouvre les dossiers de la carie dentaire et de l'obésité, le sucre n'était pas un aliment ordinaire. Symbole de plaisir oral et solitaire, d'une certaine régression infantile et du péché de gourmandise, depuis cent cinquante ans, le sucre a toujours fait l'objet de rumeurs dans les milieux médicaux. Il semble que dès qu'un dossier scientifique était refermé, faute de preuves, un nouveau était ouvert. Cette persistance paraît caractéristique d'une croyance que l'on veut absolument valider, comme si le sucre dérangeait ou suscitait quelque inquiétude inconsciente. Aussi dès qu'une grande peur naissait, il était normal qu'on se tournât vers lui pour trouver le coupable. La pilule constitue un autre modèle de produit voué à la réapparition systématique des rumeurs. Elles naissent des opinions reprises et amplifiées par la presse, émises par des experts plus ou moins avisés dont on ne sait ici encore si c'est l'homme de science qui parle ou l'homme qui fait la morale aux femmes.

DEUXIÈME PARTIE

L'INTERPRÉTATION DES RUMEURS

9. Le message : hasards et nécessités

Une tentation classique consiste à dresser un inventaire ou une classification des contenus de rumeurs. Ainsi, on a distingué les rumeurs noires et les rumeurs roses. Un des premiers analystes du phénomène considérait trois types de rumeurs [85] : celles qui prennent des désirs pour des réalités (rumeurs optimistes), celles qui expriment une peur ou une anxiété (il va arriver une catastrophe) et celles qui sèment la division en attaquant des personnes du groupe. On peut aussi repérer les thèmes permanents de la rumeur à travers les siècles. Que ce soit au Moyen Age ou en 1987, on retrouve neuf types de rumeurs : le retour de Satan, le poison caché, le complot souterrain visant à prendre ou à recouvrer le pouvoir, les pénuries artificielles (au Moyen Age le blé caché, aujourd'hui la fausse pénurie de pétrole ou la découverte tenue secrète du moteur à eau), la peur de l'étranger (antisémitisme par exemple), l'enlèvement des enfants, les maladies des princes, leurs amours et leurs compromissions financières ou crapuleuses. Nous ne poursuivrons pas cette approche classificatrice, car elle repose sur le contenu apparent de la rumeur, et non sur sa signification pour le groupe où elle circule. Prenons un exemple. De retour du combat, la rumeur court dans une division : tous les soldats d'une autre division auraient été tués par l'ennemi ! A première vue, il s'agit d'une rumeur dramatique et pessimiste. Néanmoins, sa fonction réelle est peut-être exactement inverse : en croyant qu'une autre division a été anéantie, la première s'estime alors heureuse de s'en être sortie avec de lourdes pertes. De même, les rumeurs semant la division dans le groupe ont parfois pour base la peur et l'anxiété qui trouvent un exutoire dans l'agression d'un bouc émissaire. Peut-on alors vraiment considérer qu'il s'agit de deux types bien distincts ?

Deux autres questions se posent : pourquoi la majorité des rumeurs sont-elles noires, et comment le message de la rumeur se déforme-t-il ?

Pourquoi les rumeurs sont-elles noires ?

La majorité des rumeurs annoncent un méfait, une catastrophe, un péril, une trahison : la couleur dominante des rumeurs est le noir. Il existe néanmoins des rumeurs roses : pendant la guerre, en 1945, des rumeurs de la capitulation tant attendue de l'Allemagne naissaient tous les jours ; dans l'entreprise il y a des rumeurs de promotion, d'augmentation des salaires ; à la Bourse, les rumeurs annoncent aussi quelque montée des cours. Quant aux stars, nombreuses sont les rumeurs de mariage, de fiançailles, de naissance. Bien que tout comptage précis soit difficile, les rumeurs roses semblent bien minoritaires. Pourquoi en est-il ainsi ?

Une façon rapide et pratique de répondre à cette question serait de postuler qu'il existe dans le public une préférence pour le noir, un penchant morbide pour le malheur, la catastrophe, la mort. L'appel à Thanatos, à l'instinct de mort, est un joker bien pratique pour se sortir des questions difficiles. Selon nous, la noirceur des rumeurs est une nécessité : pour qu'il y ait nouvelle, il faut en général un élément négatif. D'autre part, noirceur ne veut pas toujours dire mauvaises nouvelles : certains accidents sont espérés. Enfin, la négativité d'une rumeur est utile pour le groupe où elle circule. La noirceur a un rôle cathartique.

La valeur informative du noir

Toute nouvelle (toute rumeur) est une déclaration : quelqu'un (P) a fait, fait, ou va faire quelque chose (F). Structurellement, c'est une proposition de type P-F (une personne fait quelque chose). Cette personne peut être soit négative, soit positive : pour les Africains du Sud, « un noir » est négatif, pour les partisans du RPR, François Mitterrand est aussi un sujet négatif ; les midinettes ont une évaluation positive de Caroline de Monaco ou Anthony Delon. De même, l'acte (F) est soit négatif (mourir, tuer, voler, faire de la traite des blanches) soit positif (aider, secourir, épouser...). Ainsi, toute information peut prendre l'une des quatre formes suivantes [127] :

Tableau 3
LES QUATRE TYPES D'INFORMATIONS

Type	*Une personne*	*Fait un acte*	*Réactions probables*
1	aimée (+)	positif (+)	Bof
2	aimée (+)	négatif (–)	Est-ce possible ?
3	détestée (–)	positif (+)	C'est suspect
4	détestée (–)	négatif (–)	Je vous l'avais bien dit !

Le premier type d'information se retrouve peu dans les conversations. C'est normal : il n'apporte guère d'informations supplémentaires par rapport à ce que l'on attendait de la personne en question. Ce type d'information se contente de dire : quelqu'un de bien a fait quelque chose de bien. C'est presque une tautologie : ce n'est pas une nouvelle. Elle n'a guère de « valeur » et risque peu d'être colportée par la rumeur.

Le deuxième type d'information est une surprise énorme, une incongruité. Elle annonce une rupture dans l'ordre établi, elle bouscule la vision du monde : « Notre cher président bien aimé reçoit en douce des diamants d'un empereur africain sanguinaire », « notre chanteuse yéyé préférée n'est pas ce que l'on croyait ». Cette proposition est déséquilibrée : elle comporte un élément négatif et un élément positif. Or, ce sont les propositions déséquilibrées qui sont les plus mémorisées [116] : elles surprennent et marquent les lecteurs ou les auditeurs. On comprend que la rumeur concernant les circonstances réelles du décès du cardinal Daniélou ait tant marqué les esprits : elle réunit le Diable et le bon Dieu. Contrairement à ce que prétendait la version officielle, le cardinal académicien Jean Daniélou n'était pas mort d'une crise cardiaque sur le trottoir de la rue Dulong (Paris XVIIIe), mais dans la chambrette d'une jeune call-girl, dite Mlle Mimi, au quatrième étage du 56 de la rue Dulong [1]. On aurait trouvé le corps du prélat en tenue d'Adam sur le lit de la dame.

Puisque nous préférons les propositions équilibrées, ce type d'information peut avoir deux conséquences : soit le rejet (c'est impossible : pas lui !), soit la lézarde dans l'image de la personne en question, qui devient alors négative elle aussi. Néanmoins, l'incongruité est telle que l'information a, au départ, toutes les chances d'être véhiculée, ne fût-ce que pour se persuader collectivement qu'elle est impossible ou au contraire non impossible.

Le troisième type d'information est aussi une proposition déséquilibrée : une personne négative a fait un acte positif. Ce pourrait être par exemple : « Un criminel vient au secours d'un accidenté de la route et lui sauve la vie. » Ce type de déséquilibre donne lieu à une information suspecte. On ne conteste pas les faits, mais on en minimisera la portée. En effet, elle remet en cause la négativité de la catégorie « criminel », c'est-à-dire tout un stéréotype. Cette information engendre une dissonance cognitive, un déséquilibre pénible : créant un malaise, elle a peu de

1. *Le Canard enchaîné*, 29 mai 1974.

chances d'être colportée telle quelle. A terme, il faut que le déséquilibre cognitif cesse : cela se fera soit par le mécanisme de l'exception (oui mais ce n'est pas un criminel comme les autres), soit en rendant moins positif l'acte (sa motivation réelle était de le voler, mais il n'a pu le faire). Ainsi, au cas où elle ne serait pas passée sous silence, cette information a toutes les chances d'être transformée dans le sens « négatif-négatif » et non plus « négatif-positif » comme au départ. L'événement sera interprété dans un sens qui conforte les stéréotypes du moment.

Le quatrième type d'information est précisément une proposition contenant une personne négative commettant un acte négatif : « Les gitans inscrivent des signes près des portes pour renseigner les voleurs. » Ce type d'information est une nouvelle : certes, on s'attend à ce qu'une personne négative commette un acte négatif. Mais il est vital de connaître cet acte qui met en danger la collectivité. D'autre part, une rumeur de ce type alimente les stéréotypes : elle justifie les préjugés vis-à-vis de l'étranger, du non-intégré, du nomade. Elle autorise l'expression ouverte de l'agressivité grâce à un fait présumé (les graffiti géométriques décrits par la rumeur). Les informations de type négatif-négatif ont donc non seulement une fonction d'alerte, mais aussi la fonction d'exprimer et de renforcer les préjugés.

Comme on le voit, l'introduction d'un élément négatif dans la proposition augmente nécessairement la valeur informative du message, donc sa probabilité de rediffusion. De plus, au cours de leur circulation, les informations déséquilibrées (positif-négatif ou négatif-positif) évoluent nécessairement. Si elles tendent vers le positif-positif, elles perdent leur intérêt et cessent en tant que rumeur ; si elles deviennent une proposition négatif-négatif, leur utilité pour la collectivité est le kérosène de leur propagation. Ainsi, dans la majorité des cas, ne survivent en tant que rumeur que les propositions négatives.

La valeur gratifiante du noir

Peu après le terrible tremblement de terre qui dévasta San Francisco, le 18 avril 1906, les pires rumeurs couraient dans ce qu'il restait de la ville : « Un raz de marée a englouti New York » ; « Chicago s'est enfoncée dans le lac Michigan », etc. Ces rumeurs sont certes noires, mais ont une fonction positive : elles fournissent un répit provisoire à l'angoisse et à la frustration des habitants ayant survécu au cataclysme. Si d'autres capitales ont été touchées elles aussi, le malheur est partagé, donc réduit. De la même façon, nous l'avons vu précédemment, faire circuler la rumeur selon laquelle la 113e section aurait été entièrement anéantie par l'ennemi relativise la gravité des pertes subies par sa propre section.

D'une façon générale, nous cherchons en permanence à évaluer notre performance ou nos capacités en les comparant à celles des autres groupes de référence. Si la situation est pire chez ceux-ci, cela est satisfaisant pour nous-mêmes. Si elle est meilleure, la fonction de la rumeur sera de réduire la pénible frustration que cela engendre : il s'agit de sauver la face en attribuant la meilleure réussite des autres, non à leur talent, mais à quelque malice, vilenie ou tricherie. On verra donc apparaître des rumeurs selon lesquelles tel groupe social reste « planqué à l'arrière » ou « jouit d'avantages exorbitants et injustifiés ». Dans les deux cas, la noirceur a un rôle cathartique.

Le noir crée l'unanimité

La rumeur est un acte collectif. L'unanimité se fait plus facilement *contre* quelque chose que pour quelque chose. Lorsqu'ils sentent l'unanimité s'étioler, les régimes politiques n'hésitent pas à créer de toutes pièces une nouvelle croisade, une nouvelle guerre contre l'ennemi. La fustigation de l'étranger est une des recettes éprouvée de l'union nationale retrouvée.

La négativité de la rumeur fournit un même bénéfice. En accusant l'étranger dans la ville, on crée une solidarité contre celui-ci. Le groupe prend conscience de sa propre existence et de sa force au fur et à mesure que la rumeur prend de l'ampleur. La rumeur négative est un puissant levier pour reconstituer une cohésion sociale menacée.

L'évolution du message

Un dimanche de juillet 1945, Jiang Junchen, un Chinois professeur aux États-Unis, décida d'effectuer une ballade en automobile dans la très belle campagne du Maine. Il s'arrêta dans le petit village de R. pour demander timidement et courtoisement son chemin : il cherchait à aller sur une colline indiquée par tous les guides touristiques, située tout près, d'où l'on pouvait admirer une belle vue. Une heure après, tout le village était en émoi : on ne parlait plus que de l'espion japonais venu escalader la colline pour prendre des photos de la région [5].

L'évolution rapide du contenu des rumeurs ainsi que le passage du réel à l'imaginaire ont depuis toujours frappé les observateurs. Certains ont même fait de ces distorsions un des traits définissant le phénomène appelé rumeur [126]. C'est une erreur : de même que toutes les rumeurs ne sont pas noires, toutes les rumeurs ne donnent pas lieu à distorsion. Dans l'exemple ci-dessus, un doute subsiste : la version finale est-elle le produit de distorsions progressives de relais en relais ou bien la réplique fidèle de ce qu'avait déclaré le premier témoin, celui auquel s'était adressé l'honorable professeur chinois ? Ce qu'il faut expliquer précisément ce sont les circonstances conduisant à l'absence ou à la présence de distorsions pendant la diffusion de la rumeur. De plus, lorsqu'elles surviennent, les distorsions ne s'opèrent pas au hasard : elles obéissent à une logique qu'il conviendra d'identifier.

Dégradation ou construction ?

L'expérience d'Allport et Postman [6], dont nous avons déjà parlé, est sur ce point intéressante : un sujet regarde pendant vingt secondes une photographie ou un dessin représentant une scène de la vie quotidienne. Puis il raconte ce qu'il a vu à un second sujet qui raconte ce qu'il a vu à un troisième sujet, etc. Les chaînes comprennent de sept à huit personnes. Les résultats sont frappants : il n'y a que de lointains rapports entre la photographie de départ et la version racontée par la huitième personne. Les auteurs ont identifié trois processus intervenant tout au long de la chaîne de communication : la réduction, l'accentuation et l'assimilation.

– Dès les premiers relais, la majeure partie des détails est omise, aussi le message se réduit-il considérablement au départ. Puis il se stabilise dans une longueur et une forme durables, qui ne changent guère lors des relais ultérieurs.

– La contrepartie de cet effet réducteur est l'accentuation de certains détails. Puisque certains détails survivent à l'hécatombe de départ, ils acquièrent une forte visibilité et une forte importance dans le message réduit. De plus, lorsqu'il s'agit de mouvements, de chiffres ou de grandeurs, les détails sont intensifiés : 10 devient 100, vite devient très vite, coup de feu devient canon.

– Au fur et à mesure de l'évolution du message, celui-ci tend à acquérir une « bonne forme », celle d'un récit bien construit, respectant les stéréotypes ambiants du groupe dans lequel circule la rumeur. Tous les détails se fondent dans un scénario : celui-ci assimile, intègre et transforme les faits relatés dans le sens d'une forte cohérence. Par exemple, sur une photographie, un Blanc tenant un rasoir à la main se tient près d'un Noir, dans un wagon de métro.

Au bout de quelques relais, cela devient un Noir agressant un Blanc et le menaçant avec une lame de rasoir : c'est là un scénario classique donnant du sens à des détails épars. La rumeur a pris la forme des stéréotypes dominants.

Pour expliquer ces trois effets, la réduction, l'accentuation et l'assimilation, Allport et Postman utilisent les lois de l'oubli et la théorie de la Gestalt. La référence à l'oubli est due à une ressemblance. Lorsque l'on examine la courbe représentant le nombre des détails mémorisés par chaque relais, on constate dès les premiers relais une forte chute qui ressemble à celle caractéristique des courbes de l'oubli : une personne se souvient de beaucoup de détails au départ puis avec le temps en omet de plus en plus et cela jusqu'à un point où son souvenir se stabilise. La référence à la théorie de la Gestalt tient au fait que les détails conservés ou créés tendent à bâtir une « bonne figure », un scénario cohérent et satisfaisant. Ainsi, par l'effet de l'oubli et de l'assimilation, la rumeur acquerrait une forme économique capable de résister à l'oubli, et correspondant parfaitement aux attitudes, préjugés et stéréotypes du groupe où circule la rumeur. On remarquera que si l'écart entre la version finale et la première est grand, le passage d'une version à l'autre ne dépasse guère les limites du vraisemblable.

Réalisées en 1945 et reproduites depuis dans tous les cours de sociologie et de communication, ces expériences ont contribué à enfermer le phénomène de rumeur dans le discrédit. Les rumeurs devaient être condamnées en vertu de l'idéal de toute société technicienne : transmettre des informations très soigneusement contrôlées.

Au-delà de la critique des aspects idéologiques soustendant ces expériences, de nombreux faits sont venus contester leur capacité à reproduire le phénomène naturel de circulation de la rumeur. Plusieurs études ont révélé une étonnante fidélité par rapport au message initial [26 ; 133]. D'autres ont observé l'inverse d'un processus de réduction : il y avait au contraire inflation de détails, un effet « boule de neige » [115]. Ainsi, loin d'être représentatives de la réalité, les simulations de transmission en chaîne créeraient une situation particulière et atypique, ne pouvant être généralisée. En quoi ces simulations s'écartent-elles de la situation naturelle ?

Allport et Postman envisagent la rumeur comme un processus de dégradation : au départ était le vrai, à l'arrivée tout est faux. Leurs expériences sont en fait une théorie sur la formation des rumeurs : le contenu de la rumeur résulterait d'une destruction de la vérité initiale.

C'est oublier *que souvent, il n'y a pas de vérité initiale* : la rumeur résulte d'un processus constructif. Face à un événement ambigu, les membres du groupe mettent leurs ressources intellectuelles en commun pour parvenir à une définition satisfaisante de la réalité. Après l'événement, de nombreuses interprétations surgissent : au départ, elles coexistent puis s'enrichissent mutuellement. Certaines interprétations sont abandonnées au profit d'autres. Le tronc commun à toutes ces versions différentes est ce que l'on appelle habituellement le contenu de la rumeur, celui qui passe à la postérité, véhiculé par les articles ou les livres. Sur le terrain, il y a plutôt un foisonnement d'interprétations, chacune essayant de rendre compte au mieux de la « réalité », c'est-à-dire de construire sa propre vérité.

Au départ, chaque version se construit par injection de nouveaux détails pour parvenir à un scénario cohérent et crédible : on retrouve ici un processus d'accumulation par boule de neige. Avec le temps, une fois ce scénario créé, il peut subir les effets de l'oubli, à l'instar des expériences d'Allport et Postman. C'est une possibilité, mais non une certitude. Le processus de dégradation, s'il survient, n'arrive qu'en deuxième période : après la phase constructive. De plus, il ne concerne que le devenir des versions isolées : il ne rend pas compte de la façon dont le groupe fait la synthèse entre toutes ces versions. Le processus de synthèse se fait par agglomération de détails émanant des différentes versions (l'effet boule de neige) mais aussi par la substitution d'une interprétation par une autre. Il en va de même lors des rumeurs nées à chaud après un événement jugé important, mais ambigu. On mesure combien les simulations en chaîne sont loin de cette grande délibération collective qu'est souvent la rumeur.

Il existe deux autres différences cruciales entre le laboratoire et le milieu naturel : la non-implication des relais et l'absence de discussion.

Dans la situation naturelle, chaque relais *décide* d'être relais. Personne ne l'oblige à relayer la rumeur : il le fait de son propre chef, parce qu'il se sent impliqué par le message et désire faire partager ses sentiments. Dans ce cas, il ne raconte pas ce que le relais précédent lui a lui-même raconté : il tente de convaincre son interlocuteur. De plus, la diffusion de la rumeur est un échange : à chaque transmission, les deux personnes discutent entre elles. Le récepteur ne reste pas coi, se contentant d'enregistrer en silence (comme dans les simulations de laboratoire) : il réagit, il élabore, il répond, il pose des questions au relais. Après cette discussion très impliquante, le relais lui-même a pu modifier sa propre version initiale de la rumeur.

Nous sommes aux antipodes du schéma mécaniste, technologique et unidirectionnel des chaînes simulées en laboratoire. Celles-ci ne sont représentatives que de la phase terminale d'une rumeur. L'événement initial a perdu de son intérêt, les relais et les récepteurs sont moins impliqués, la communication se rapproche alors d'une transmission et subit les seuls effets de l'oubli.

Comment le message se constitue

Les pères fondateurs de l'étude des rumeurs étaient gouvernés par la notion de distorsion. Cette notion est révélatrice : elle renvoie à quelque réalité idéale ayant à subir des dégradations. Selon nous, les altérations bien connues qui se produisent souvent lors des phénomènes de rumeurs doivent être abordées de façon positive : elles reflètent comment un message se constitue. Ce qui les gouverne, ce n'est pas l'oubli mais le désir de communiquer, de faire partager ses sentiments, de convaincre.

La *simplification* est la règle d'or de toute communication. La rumeur va à l'essentiel. Les choses sont ou ne sont pas, il n'y a pas de degré intermédiaire. Tout ce qui n'est pas essentiel au récit est évacué.

Pour être encore plus claire, faute du support de l'image, la rumeur doit frapper les esprits en *amplifiant* les détails : à l'origine, ils étaient trois, à l'arrivée mille ; un simple cadeau se transforme en rivière de diamants ; un assassin devient un maniaque sexuel ; le bonbon qui fait des bulles devient un bonbon explosif. Cette extrémisation des contenus est l'équivalent de la caricature. En accentuant les traits d'une personne, on supprime toute ambiguïté, toute hésitation, tout doute : le personnage n'est plus que le trait accentué. Cette intensification des signifiants renforce la vision manichéenne de la rumeur. Passer de quelques diamants à plusieurs rivières, c'est rendre le message plus convaincant, mais c'est aussi le résultat de la persuasion : plus on est convaincu de la culpabilité d'une personne, plus on lui prête un comportement coupable. Or, la rumeur acquiert son pouvoir persuasif au fur et à mesure qu'elle touche un nombre croissant de personnes : il est alors normal que, parallèlement, les griefs et les détails s'intensifient, frisant même l'exagération.

L'ajout de détails est aussi le résultat de la persuasion. En apprenant la rumeur par un ami, l'auditeur abonde dans son sens en fournissant d'autres arguments corroborant la thèse. C'est la base de l'effet « boule de neige » : chacun apporte sa propre contribution à la thèse de la rumeur. C'est ainsi que, partie avec un seul argument, la rumeur en hérite d'autres au cours de sa transmission. « Bernard Tapie recyclerait de l'argent soviétique, il achèterait des entreprises pour le compte des Russes. En effet, n'est-il pas fils d'ouvrier ? De plus, il s'entend toujours avec la CGT avant de racheter une entreprise. D'ailleurs, ses rachats ne portent-ils pas sur des entreprises mises au tapis par des grèves très dures avec la CGT, par exemple Motobécane ? Sa banque ne serait-elle pas la Banque de l'Europe du Nord – banque russe bien connue ?, etc. »

L'ajout de détails comme l'exagération par rapport à la version entendue tiennent au fait que nous sommes beaucoup plus impliqués comme transmetteurs que comme récepteurs. *On choisit d'être un transmetteur* : cet acte de libre choix est le signe d'une forte implication dans la rumeur : on la fait sienne, et on y projette son propre imaginaire, ses propres fantasmes.

Comment concilier la tendance à la suppression des détails qui ne sont pas essentiels à la démonstration et l'effet boule de neige aboutissant à augmenter le nombre des arguments ? L'opposition n'est qu'apparente : la logique de la simplification conduit à évacuer tout ce qui est inutile. Seuls restent les faits pertinents par rapport à la thèse centrale de la rumeur. Mais il se peut que ceux-ci soient insuffisants : par exemple, si la rumeur met en cause un personnage jusque-là très crédible, il faudra un bataillon de faits probants.

Tout se passe comme si la rumeur cherchait à atteindre un équilibre entre son volume d'informations et son potentiel émotionnel. Lorsque celui-ci est faible, quelques faits de validation suffisent. En revanche, si l'émotion augmente, de nouveaux faits seront appelés à la rescousse : le message croîtra donc en volume. *L'attribution* à une source crédible constitue aussi un trait caractéristique de l'évolution de la rumeur. L'intention persuasive est évidente. Plutôt qu'un « on-dit » anonyme et incertain, la rumeur se dote souvent de références à toute épreuve : le témoin direct de l'événement, un ami « haut placé », tel grand patron d'hôpital qui a pratiqué lui-même le check-up présidentiel ou l'intervention chirurgicale sur la star bien connue, le tract « de Villejuif », etc.

Le tract « de Villejuif » doit son nom au fait que, comme toute rumeur, il a cherché à se réclamer d'une source originelle inattaquable, au-dessus de tout soupçon.

Aussi, au fur et à mesure que des bénévoles (?) le retapaient spontanément sur leur machine à écrire, on vit disparaître la mention « d'après un article de *Science et Vie* », sa source réelle bien que déformée, puis apparaître des références à « un hôpital de Paris » ou « un hôpital spécialisé dans le cancer » avant de se stabiliser sur le symbole connu par tous de la recherche cancérologique française : « l'hôpital de Villejuif ». (Il s'agit en fait de l'institut Gustave-Roussy, à Villejuif.)

La rumeur rend tout *actuel* : une histoire se passe aujourd'hui. C'est normal : les gens sont plus intéressés par les nouvelles, les événements actuels ou à venir bientôt, que par les faits intemporels ou survenus ailleurs et en d'autres temps. Cette tendance à actualiser en permanence les dates confère *une éternelle jeunesse* aux rumeurs.

Ce processus de rajeunissement permanent est logique. Comme toute information, la rumeur perd de la valeur au fur et à mesure que l'on s'éloigne de l'événement rapporté. Pour qu'elle circule, il faut donc lui recréer en permanence de la valeur.

La rumeur *condense le temps passé* : des événements attribués à une personne sont transférés à une autre, plus récente. Ce n'est pas propre aux rumeurs : les légendes font subir le même sort aux faits historiques. Ainsi aux États-Unis, on retrouva pratiquement les mêmes composantes « sataniques » dans la rumeur à propos de Procter et Gamble en 1981 que dans celle concernant MacDonald's en 1979.

Au cours de son évolution, la rumeur *inverse* certaines phrases pour les rendre acceptables vis-à-vis de la collectivité. Par exemple, le rasoir passera de la main du Blanc à celle du Noir situé près de lui dans le wagon de métro. De même, pendant la guerre certaines rumeurs identiques couraient chez les Français et chez les Allemands : mais au lieu de prédire la fin prochaine de Hitler, on y annonçait de futurs malheurs pour Daladier. Les rumeurs dont le message introduit une dissonance, un malaise pour la collectivité sont soit rejetées et avortent donc, soit inversées dans le « bon » sens.

Enfin, le suivi du message dans le temps laisse apparaître des *substitutions* : au lieu d'un serpent minute caché dans un régime de bananes on entend parler d'une mygale ou d'un scorpion cachés dans un nounours en peluche importé de Taiwan ou dans un yucca. Le signifié reste le même, seuls les signifiants changent. Cette évolution est précieuse pour l'analyste : elle révèle derrière la multiplicité des versions le fond commun permanent, la thèse du message, c'est-à-dire la raison d'être de la rumeur.

L'ajout de détails, l'invention ou la confabulation s'inscrivent dans la même logique : il s'agit de bien communiquer le sens profond, la vérité cachée. De plus, au fur et à mesure que la rumeur progresse, elle rencontre de nouveaux publics. Chacun de ces segments a un vocabulaire spécifique, des symboles particuliers, ses stéréotypes, une façon de penser qui lui est propre. De même qu'un vendeur adapte son discours en fonction du client, la rumeur s'adapte aux exigences de communication créées par chaque nouvelle clientèle.

Fidélité ou infidélité ?

Une question reste posée : comment concilier ces modes de transformation du contenu de la rumeur avec les études constatant parfois une étonnante fidélité au contenu, tout au long de la chaîne de communication ? Rappelons que Allport et Postman eux-mêmes étaient conscients de la possibilité que la rumeur conserve assez fidèlement un message.

Plus le message de départ est complexe et ambigu, plus il y aura évolution. Celle-ci ne fait que traduire la recherche d'un sens, l'élimination de l'ambiguité de départ. A l'inverse, un message court et cohérent a moins de chances d'évoluer. Dans les simulations de laboratoire, au bout du quatrième relais, le message a été considérablement réduit et a acquis un sens : on constate alors une forte fidélité intra-chaîne. La forme ultime de l'invariance est celle du slogan ou du dicton : ces capsules verbales traversent les années et même les siècles. Quelques mots représentent un fort concentré de sens. Certaines rumeurs se réduisent à un slogan : « Il y a de l'opium dans les cigarettes américaines Camel. »

La fidélité au contenu dépend essentiellement de l'implication du public dans le message. Celle-ci peut être soit rationnelle soit affective [80]. Dans le premier cas, le contenu du message est jugé important, mais il n'y a pas identification entre les relais et le message. Cette importance découle de conséquences pratiques, fonctionnelles et non de la mise en cause des valeurs fondamentales du public. Il en va ainsi par exemple des rumeurs selon lesquelles « le Pape viendrait visiter la ville lors de son prochain voyage en France », ou des rumeurs financières : « Il se préparerait une offre publique d'achat (OPA) sur la société Pernod-Ricard. » Au contraire, lorsque le public se sent émotionnellement concerné par la rumeur, les contrôles rationnels se relâchent : la rumeur quitte alors le plan réaliste pour celui du fantasme, de la spéculation, de l'imaginaire. En juillet 1945, le village où s'était arrêté le professeur chinois était dans une telle situation. La guerre s'éternisait (c'était quelques jours avant Hiroshima) et de nombreux « boys » du village étaient morts au combat. Avant d'être un Chinois, le visiteur était d'abord un Asiatique, donc un Japonais ennemi et haï : sa présence hostile ne pouvait être qu'une opération d'espionnage.

Dans les situations de stress émotionnel intense, on l'a dit, les contrôles rationnels sont totalement absents : rien n'est trop gros pour être cru, tout est plausible. Cela se passe par exemple dans les rassemblements de foule ou pendant les périodes de crise sociale, lorsque les conflits entre groupes atteignent un paroxysme. Ainsi, le bonbon « explosif » Space Dust portait-il en lui tous les éléments du conflit de valeurs opposant maints parents soucieux d'insuffler des valeurs de sagesse, de retenue et d'utilitarisme à leurs enfants et le marketing encourageant les valeurs de frivolité, de chahut, de dispersion, toujours latentes chez l'enfant. Space Dust était un acte provocateur de plus s'ajoutant à la longue série des agressions perçues dans la publicité, le merchandising, les confiseries, les colorants, etc. Aussi a-t-on assisté à une extrémisation totale du contenu de la rumeur. On savait déjà que les enfants s'éclataient avec Space Dust. Pour la rumeur, c'était bien pire : les enfants explosaient !

10. Le message caché

Derrière son contenu apparent, la rumeur a souvent un second message. C'est ce dernier qui procure l'intense satisfaction émotionnelle lors de sa circulation. En fait, nous colportons essentiellement un message caché dont nous n'avons pas conscience.

A travers plusieurs cas exemplaires, explorons ces autres messages : ceci dévoilera quelques-unes des fonctions que les rumeurs remplissent auprès des groupes où elles circulent.

La supériorité nationale

Au mois de mai 1972, le président Richard Nixon se rendait en Chine populaire. Cet événement d'une portée internationale considérable l'était encore plus pour les Chinois : l'homme que l'on avait fustigé pendant des années, le suppôt de l'impérialisme, était reçu par le Grand Timonier, le président Mao. Cet événement ne pouvait manquer de susciter les rumeurs dans le peuple : il était à la fois important et ambigu, et réclamait donc une interprétation. Dès juillet 1972, une série d'histoires et d'anecdotes circula dans les villes et la campagne chinoise concernant des épisodes présumés de ce voyage [94], telle celle-ci :

Un jour, lors d'un entretien avec le président Mao, Richard Nixon remarqua une superbe tasse de thé ancienne sur une table – nommée tasse aux neuf dragons

– et la déroba subrepticement. Le geste fut remarqué par les gardes, mais ils n'osèrent bouger car il était l'hôte de la Chine. Aussi en parlèrent-ils à Chou En-lai pour lui demander son avis. Chou suggéra que l'on fasse assister le président Nixon à un spectacle du fameux cirque chinois. Un magicien du cirque fit faire une copie conforme de la tasse volée. Puis, le jour de la représentation, lors d'un tour de magie, il fit disparaître la nouvelle tasse en disant qu'il la retrouverait dans l'attaché-case du président Nixon. Ce dernier dut ouvrir son attaché-case : le magicien en sortit la tasse aux neuf dragons et très adroitement rendit la fausse tasse au président Nixon.

Une seconde rumeur a pour théâtre un village de paysans. Il y avait un paysan, fils de très riches propriétaires terriens d'avant la Révolution. Celui-ci avait un parent, d'origine très modeste, devenu cadre dans la commune populaire. Ce cadre tomba malade, aussi le paysan d'origine riche lui envoya quelques œufs. Plus tard, le cadre découvrit que cet envoi était une sorte de pot-de-vin aussi convoqua-t-il une réunion pour que son parent d'origine riche fasse publiquement son autocritique et soit jugé. Après cette réunion, les gens rappelèrent qu'il y avait sur terre un homme riche, très riche – Richard Nixon – qui était président des États-Unis et qui possédait tout. Il fit une visite en Chine et amena ainsi beaucoup de cadeaux au président Mao. Quand il reçut ces présents, Mao se contenta de sourire.

Ces rumeurs sont-elles fondées sur quelque incident réel dont elles constituent une élaboration ? Une chose est certaine : elles furent volontairement créées et propagées en Chine par l'Administration centrale. On en fit même des tracts qui devaient être discutés dans les communes populaires. Que disent ces anecdotes ? Quelle en est la fonction ?

Elles indiquent au peuple comment il fallait interpréter la visite de R. Nixon en Chine. Nixon serait venu chercher l'appui de Mao car il allait devoir faire face à une nouvelle élection présidentielle. Aussi lui amena-t-il beaucoup de présents et cadeaux (comme dans l'anecdote du cadeau du paysan riche au paysan pauvre) : il souhaitait que Mao le couvre d'éloges. Ces rumeurs renforcent aussi les traits essentiels de l'image que le peuple chinois se fait de lui-même : la victoire finale des Chinois pleins de ressources et d'astuce sur l'étranger malin est inéluctable, néanmoins les Chinois savent faire tout ce qu'il faut pour que personne ne perde la face (anecdote de la tasse de thé).

Derrière la façade des articles neutres ou positifs du *Quotidien du peuple*, ces rumeurs diffusaient que l'impérialisme restait un tigre de papier : les Américains ne pourraient jamais battre les Chinois courageux et industrieux, que ce soit sur le terrain militaire ou celui de l'intelligence.

Le recours à la pensée magique

Les rumeurs présentées ci-dessus avaient deux fonctions : expliquer un événement et renforcer les traits de l'identité nationale. Leur lecture était aisée. Les rumeurs qui suivent traduisent la survivance et la remontée de la pensée magique lorsque les problèmes sont trop importants.

Nous avons déjà attiré l'attention sur l'étonnante reproduction d'une rumeur connue sous le nom de « Cadavre dans l'auto ». Celle-ci fut signalée en 1914 comme en 1938 dans pratiquement chacun des pays belligérants.

A première vue, cette histoire rocambolesque n'est qu'un type de rumeur bien connu. Pour réduire l'angoisse latente ressentie profondément face à la montée inéluctable de la puissance allemande, la rumeur propose un exutoire : *prendre ses désirs pour une réalité.* Ce que l'on ne saurait espérer est rêvé collectivement à travers une anecdote.

En réalité, enfoui dans l'histoire, il y a un lien de cause à effet entre les deux morts, celle du passager et celle, prédite, de Hitler. Cette anecdote anodine est l'expression directe d'un rite primitif, que l'on aurait pu croire disparu depuis des millénaires, et qui resurgit mentalement : il est l'ultime recours auquel s'adressent les personnes dites civilisées. Structurellement, la rumeur décrit un sacrifice propitiatoire. Chez les primitifs, les sacrifices humains apparaissaient comme des marchés : les sacrifiants acquéraient par leur acte des droits sur leurs dieux. Ils paient avant d'être gratifiés par ceux-ci, pour acquérir leur faveur. Telle est la fonction du sacrifice. L'angoisse extrême de l'avant-guerre a ressuscité une des plus archaïques croyances de l'humanité : inconsciemment, l'homme civilisé, christianisé, policé se retourne vers la foi magique. On doit pouvoir agir sur le destin en pratiquant un sacrifice, mais pas n'importe lequel : un sacrifice humain, ce qu'il y a de plus cher, de plus tabou. Dieu lui-même n'avait-il pas demandé à Abraham de lui donner ce qu'il possédait de plus cher : « Prends Isaac, ton fils unique, que tu aimes. » Plus le sacrifice est grand, plus grandes sont les chances de voir les dieux accorder leur faveur et satisfaire les vœux des sacrifiants.

Tout sacrifice suppose trois protagonistes : le sacrifiant (celui au bénéfice duquel le sacrifice sera accompli), le sacrificateur et la victime. Dans la rumeur, le sacrifiant est un futur mobilisé et à travers lui tous les mobilisés de France. Le sacrificateur reste anonyme, il parle puis disparaît. Il est le Destin, qui fait rencontrer par hasard l'homme blessé et qui met fin à ses jours. La victime est un double du sacrifiant : le propre fils d'Abraham ou dans la rumeur un homme qui lui aussi est mobilisé. Ainsi, on sacrifie quelque chose à sa propre place, pour se racheter soi-même par cet holocauste. Quant à l'auto, elle est le substitut moderne de l'autel ou du bûcher, elle transporte de la vie à la mort.

La rumeur exprime le refus de croire au hasard : les événements ne sont pas inéluctables. Puisque les gouvernements semblent avoir perdu le contrôle du devenir des pays, entraînés par le maelström d'une guerre prochaine, seule la magie peut sauver. Il est significatif que la rumeur soit l'expression d'un refoulé : elle va au-delà des cierges, des ex-voto, des messes dites pour la paix, des prières à Dieu. Ici, on invoque les dieux, on se retourne vers Baal, Zeus, et autres divinités primitives d'avant Dieu. Non seulement la rumeur révèle avec acuité l'état des sentiments collectifs en 1939, mais elle fournit aussi une solution à ceux-ci : un sacrifice primitif.

Une deuxième rumeur, en apparence totalement différente de la précédente, la rejoint néanmoins en profondeur : la vérité cachée est la même. Comme celle-ci, elle circulait des deux côtés du front [19].

Dans de nombreuses unités de l'armée française, fin 1939 et début 1940 jusqu'à la veille de l'attaque allemande, les soldats se plaignaient que l'on mettait à leur insu du bromure (de potassium) dans le vin (ou le café). Ceci diminuait fortement l'ardeur et les capacités amoureuses des soldats, ce dont ils se rendaient compte lors des permissions. Sans nier que la fatigue ou l'anxiété liée à l'attente pendant la drôle de guerre aient pu être des facteurs déterminants de l'épidémie de fiasco amoureux, le thème de la rumeur et le bouc émissaire retenu (la poudre magique) sont quant à eux tout à fait révélateurs.

Dans tous les rituels primitifs, la continence est censée avoir une vertu magique. Les guerriers croyaient que s'ils avaient des rapports sexuels avant de partir au combat, ils seraient vaincus. Ce rituel est toujours présent dans les combats sportifs de cette fin de XXe siècle.

On avance en général l'explication rationnelle selon laquelle la continence aurait une vertu fortifiante. Mais est-ce une réalité physiologique ou l'expression rationalisée d'un rituel magique ? Compte tenu de la signification symbolique de la semence (elle est un signe de puissance), la conserver c'est préserver cette puissance. De plus, avant les guerres, outre la continence, les rituels primitifs commandaient une série d'actes dont l'effet physiologique réel était plutôt d'affaiblir le combattant, même si psychologiquement il se sentait désormais invincible.

A la veille des combats, la rumeur du bromure ressuscitait le commandement archaïque de la continence. Celle-ci est censée favoriser la victoire. Ici encore, il s'agit d'un sacrifice propitiatoire, d'un rite magique pour s'acheter la clémence des dieux. On acquiert le droit de vaincre en sacrifiant le bien le plus cher : la possession des femmes. Enfoui par des siècles de civilisation et de religion monothéiste, cette continence n'est plus désirée ou acceptée comme dans les tribus : elle est imposée par les autorités (ceux qui contrôlent l'alimentation des soldats). Dans ces deux rumeurs, sous des allures extérieures différentes et farfelues, la même thématique archaïque resurgit. Elle circule grâce à son travestissement en d'innocentes anecdotes que l'on colporte avec le sentiment diffus d'une importance dont les ressorts échappent. Il s'agit d'un rituel conjurateur de l'angoisse, une forme de pensée magique.

La pensée magique ne se cantonne pas à ces circonstances exceptionnelles. Elle existe par exemple en ce moment dans le thème du cancer présidentiel. Pour l'opposition, cette rumeur fonctionne comme un rite incantatoire : le verbe est le substitut de l'acte. Pour que cesse le pouvoir socialiste, puisque les prédictions catastrophiques pour l'après-mai 1981 n'ont pas eu lieu, il ne reste que la sorcellerie, invoquée par la litanie collective qui s'en remet désormais au cancer pour réaliser ses vœux. Maladie imprévisible, subite et terrifiante, le cancer est l'expression païenne, physiologique, du coup de pouce divin.

Le retour de Satan

On a attribué à André Malraux la prophétie selon laquelle le siècle prochain serait religieux ou ne serait pas. L'hypertechnologie, l'hyperrationalité du monde moderne ne pouvaient qu'engendrer une renaissance de la foi. C'était ainsi sa seule chance de survivre. La montée de l'intégrisme religieux, l'installation de républiques confessionnelles, le phénomène Khomeyni semblent les signes avant-coureurs de la prophétie.

C'est aussi dans ce contexte qu'il faut situer la multiplication des rumeurs sataniques aux États-Unis, depuis 1978. L'émergence de ces rumeurs dans les États les plus religieux n'est pas fortuite. Après l'échec de la guerre du Vietnam, les États-Unis assistent à de profonds bouleversements géopolitiques dans le monde. De leur point de vue, après des décennies d'ordre, le désordre semble partout. Au niveau intérieur, le pays où la technologie est la plus avancée a vu naître un regain de spiritualisme. Après la vague des philosophes hindous, la jeunesse adhère aux nouvelles sectes religieuses, dont la plus connue et la plus riche est la secte Moon.

La rumeur sonne le retour des chasses aux sorcières. J. Delumeau [39] a montré comment la chasse à l'hérétique ouverte en Europe au XVIIe siècle reflétait la perception d'une profonde menace sur la chrétienté. La grande campagne d'extirpation de Satan était un mécanisme de défense, une réaction au sentiment d'insécurité généralisé. Partout, on fustigea les agents de Satan : les juifs, les sorcières, les hérétiques. A l'étranger, les conquistadors s'employèrent à convertir les Américains dont les cultes ne pouvaient être que sataniques, comme d'ailleurs la religion des Maures et des Arabes. Il semble qu'une peur identique ait aujourd'hui saisi l'Amérique profonde, celle des États du Centre, restée profondément religieuse.

Le choix des entreprises comme bouc émissaire est intéressant. Implantées dans le territoire national, elles correspondent bien à ce rôle : le bouc émissaire est un ennemi intérieur qu'il faut extirper, un cheval de Troie destiné à détruire. Mystérieuses et superpuissantes, les entreprises sont à la hauteur des inquiétants bouleversements qui ont suscité les rumeurs. Jusqu'à présent, elles furent considérées comme le symbole de la réussite, et le moteur de la croissance du pays. Leur émergence en tant que bouc émissaire est le signe d'une *crise de leur légitimité.* En effet, il ne paraît plus choquant à une partie de l'opinion américaine de penser que ces entreprises travaillent en fait contre leur pays, qu'elles poursuivent leur propre intérêt, même si pour cela, comme le dit la rumeur, il leur faut s'allier avec le diable.

L'éducation morale

Il y a quelques années, une anecdote présentée comme totalement véridique circulait dans les dîners parisiens. Convaincu de sa véracité, le rédacteur en chef du journal *le Monde* la publia telle quelle [1] sans plus de vérifications : « Un dîner mondain à Neuilly, banlieue élégante de la capitale. Un des couples invités a laissé pour la soirée ses deux enfants seuls à la maison : le garçon qui a dix ans, dûment chapitré, veillera sur sa petite sœur qui en a quatre. Qu'il n'ouvre à personne, aille se coucher à neuf heures – c'est promis – et, pour le cas où il arriverait quelque chose, le numéro des amis chez lesquels dînent papa et maman est placé, bien en évidence, près du téléphone. A dix heures, le téléphone sonne : c'est le petit garçon. A moitié en larmes, à moitié rieur, très excité : “Papa, il y a un voleur qui est venu. Je l'ai tué.” Le père croit d'abord à un conte, lève les yeux au ciel, s'efforce d'apaiser, mais les précisions affluent, alarmantes. “Si c'est vrai. Avec ton revolver qui est dans le tiroir de ton bureau. Un grand monsieur avec un masque sur la figure. Il est là, dans le salon, par terre.” Le père s'inquiète enfin : “J'arrive.” Le voleur est là en effet sur le tapis du salon... La police arrive. On retourne le cadavre, on découvre son visage. Un cri : c'était le fils – vingt-deux ans – des amis chez lesquels dînaient les parents. Cela s'est passé il y a quelques semaines. Il n'y a pas eu de plainte, l'action de la justice était éteinte, l'affaire a été classée. »

Une enquête, menée auprès des journalistes et de la préfecture de police comme d'ailleurs auprès des

1. *Le Monde*, « Au fil de la semaine », 2-3 juillet 1972.

médecins et hôpitaux, s'avéra infructueuse [24]. De plus, la même histoire circulait dix années auparavant en Australie. Elle y avait une couleur anticatholique, car c'était le Dr Mannis, redoutable archevêque catholique de Melbourne, qui aurait usé de son influence en faveur du père pour faire étouffer le scandale.

Cette rumeur remonte encore plus profondément dans le temps : Dans *l'Étranger*, d'Albert Camus, Meursault, en prison, tombe sur un journal relatant un fait divers qui avait dû se passer en Tchécoslovaquie : « Un homme était parti d'un village tchèque pour faire fortune. Au bout de vingt-cinq ans, riche, il était revenu avec une femme et un enfant. Sa mère tenait un hôtel avec sa sœur, dans son village natal. Pour les surprendre, il avait laissé sa femme et son enfant dans un autre établissement et était allé chez sa mère qui ne l'avait pas reconnu quand il était entré. Par plaisanterie, il avait eu l'idée de prendre une chambre. Il avait montré son argent. Dans la nuit, sa mère et sa sœur l'avaient assassiné à coups de marteau pour le voler et avaient jeté son corps dans la rivière. Le matin, la femme était venue et avait révélé sans le savoir l'identité du voyageur. La mère s'était pendue. La sœur s'était jetée dans un puits. » Dès 1613, un journal occasionnel, imprimé à Paris, faisait sa une sur le titre suivant : « Histoire admirable et prodigieuse d'un père et d'une mère qui ont assassiné leur propre fils sans le cognoistre [savoir]. Arrivée en la ville de Nismes en Languedoc, au mois d'octobre dernier 1618. » Des anecdotes similaires furent publiées en 1848 et en 1881 [134]. Le fait qu'un jour, quelque part, l'histoire ait été véridique est probable, mais peu important. Ce qu'il faut expliquer, c'est la fantastique permanence de l'anecdote dans la mémoire orale et les raisons de son apparition à un moment donné dans un lieu donné.

Ces anecdotes déclinent un thème éternel : la tragique méprise. En croyant faire bien on fait le mal. Il semble que ces rumeurs tirent leur éternité du fait qu'elles rompent des tabous tout en les renforçant immédiatement. Elles sont des paraboles, des contes moraux : derrière l'anecdote, se profile le rappel des commandements. En aucun cas il ne faut tuer, car on tue toujours un semblable, quand ce n'est pas son propre enfant : on se tue soi-même en tuant un autre.

Ces rumeurs content aussi que désormais le crime rôde partout, même au sein des familles les plus respectables. Elles traduisent une inquiétude devant les conséquences angoissantes du retour à la justice individuelle, l'auto-défense.

Aux États-Unis, les rumeurs concernant les chaînes de restaurants fast-food sont, on l'a dit, classiques. Le protagoniste est en général une femme qui découvre par exemple un rat rôti à la place du morceau de poulet rôti demandé. Nous avons vu qu'il existait des faits réels à la base de ce type de rumeurs. Cela ne modifie cependant pas le diagnostic : la rumeur persiste, car elle est devenue un conte moral. En effet, il est significatif que la rumeur porte sur une femme, c'est-à-dire une maîtresse de maison, celle qui a la responsabilité de l'alimentation de la famille. La rumeur lui rappelle qu'en négligeant son rôle traditionnel, elle fait courir des risques aux siens : le rat est une forme de punition symbolique. La rumeur vise plus généralement la libération de la femme : grâce aux nouvelles formes de restauration, celle-ci n'est plus astreinte à passer des heures pour préparer les repas.

Les multiples niveaux d'interprétation

Comme le démontrent ces exemples, toute rumeur autorise plusieurs interprétations, plusieurs niveaux de décodage. A un premier niveau, on peut considérer que maintes rumeurs ne sont que des extrapolations orales de « ce qui pourrait se passer si... » Par exemple, devant un four à micro-ondes, toute personne ayant un peu d'imagination a pu penser spontanément que, par inadvertance, le chat ou le petit chien de la famille pourrait bien un jour s'y nicher. Poussant l'hypothèse à l'extrême on débouche sur le thème du « hot dog » (chien chaud), sandwich bien connu. Nous ne sommes pas loin des classiques histoires drôles du type « le comble de... ». Sans refuser la valeur des interprétations plus fondamentales, reconnaissons qu'une partie de la popularité des rumeurs tient à leur façon d'explorer les implications saugrenues des choses et objets qui nous entourent.

Un second niveau d'interprétation lie la rumeur à l'histoire récente du groupe où elle circule. Par exemple, à partir de 1970, on a vu bourgeonner aux États-Unis la rumeur du « serpent dans la couverture ». Ayant acheté une couverture dans une société de vente par correspondance, une Américaine fut horrifiée de découvrir en l'ouvrant un serpent caché. La rumeur ajoute que cette couverture était importée d'Extrême-Orient. Suivant les variantes, la femme mourut ou survécut. L'année d'apparition de cette famille des rumeurs autorise une interprétation liée à la guerre du Vietnam. Il s'agirait de l'expression symbolique de la crainte d'une vengeance des peuples d'Extrême-Orient, par le canal des biens importés.

A un niveau plus général, on peut constater que cette rumeur est omniprésente. Un dirigeant de la société de vente par correspondance La Redoute nous faisait récemment part de l'existence d'une rumeur identique visant sa société : quelque part en France, une femme aurait été mordue par un serpent caché dans une couverture d'importation. Il prenait pour une attaque personnelle une rumeur transnationale ! Cette ubiquité de la rumeur prouve que des pays moins impliqués dans la guerre du Vietnam prennent plaisir à la faire circuler, comme si la rumeur détenait en son sein un message important et collectif. Est-ce un renvoi au thème occidental du « péril jaune », qu'exacerberait la remontée spectaculaire des puissances économiques d'Extrême-Orient ?

Mais cette rumeur appartient aussi à la grande famille des rumeurs de contamination dont font partie toutes les histoires de rats dans les restaurants chinois (en France, en Grande-Bretagne, aux États-Unis), yougoslaves (en

Allemagne) ou grecs (au Danemark). Cette famille très large de rumeurs décline à l'infini le thème de la peur de l'étranger.

La question reste posée : quel niveau doit-on retenir pour interpréter une rumeur ? Notre perspective privilégie l'explication de la rumeur en fonction de la connaissance du groupe et du moment où elle apparaît. Certes, on l'a vu, il existe des thèmes permanents dans les rumeurs. Il reste à expliquer l'apparition ou la réapparition d'une rumeur à un moment donné dans un groupe précis. Pourquoi ici et maintenant ?

11. La France profonde révélée par ses rumeurs

Parce qu'elle est spontanée et libre, la rumeur est un outil d'observation idéal des profondeurs de l'opinion en train de se taire.

Dresser le portrait de la France contemporaine à travers ses rumeurs suppose d'en avoir rassemblé un échantillon représentatif : celles qui ont acquis une diffusion nationale ou celles qui se reproduisent dans de nombreuses régions depuis plusieurs années. Nous explorerons essentiellement les rumeurs où la composante imaginaire est dominante : ce sont elles qui retiennent en général l'attention du public et, par ricochet, des médias. Les rumeurs à dominante réaliste collent essentiellement à la situation objective et offrent moins de prise à l'imaginaire social. Leur omission n'enlève rien à la portée de notre objectif ici : révéler ce qui bout au fond du volcan.

L'ensemble des rumeurs repérées depuis 1980 dresse un tableau très net des zones de crispation, d'hypersensibilité et d'angoisse.

L'étranger nous ronge

Rumeurs de traite des blanches, d'enfants piqués par une araignée cachée dans un ours en peluche venu de Taiwan, etc., ces rumeurs expriment avec acuité le sentiment de voir la France perdre son identité : un péril s'infiltre dans les villes et en mange la substance. Auparavant, le cheval de Troie était les boutiques amenant la mode dans les villes de province. Ces boutiques tenues par des « étrangers » (hors groupe) diffusaient les styles de vie nouveaux et venus d'ailleurs (hors groupe) et séduisaient les jeunes filles, symboles du maintien de la pureté de la cité. En adoptant ces modes de vie, elles anéantissaient tout espoir de voir la ville garder une unicité, son identité. La rumeur aux serpents minute va plus loin : le cheval de Troie y est un fruit innocent ou un jouet. Par ce biais, l'étranger entre dans les murs de la cité et anéantit le futur de celle-ci : ses enfants. Il ne s'agit plus d'identité locale, mais d'identité nationale. La piqûre est une métaphore d'acte sexuel : elle renvoie ici à la notion de mélange de races, résultat d'une société où se côtoieraient de multiples races. Derrière la rumeur, il y a un cri : ce mélange signifierait la mort des Français.

Désormais, selon la rumeur, le péril principal guettant la France est l'envahissement par des cultures du tiers-monde la menant à sa perte, à la décadence, à la disparition en tant que France. Cette crainte aiguë se retrouve dans la vitesse à laquelle les villes s'embrasent pour des rumeurs annonçant une injection massive d'immigrés. Par exemple, au cours de l'été 1983, la rumeur court à Mâcon : la population maghrébine des « Minguettes » serait transférée dans une partie des HLM de la ville. En octobre 1984, cette rumeur réapparaît à Mâcon[1]. De même à Lorient, en novembre 1984. Également à Fréjus, quand, en novembre 1984, deux petites filles disparaissent (une fugue en réalité) : la rumeur accuse les immigrés turcs de les avoir enlevées pour les livrer à la prostitution[2]. On remarque que le thème de la traite des blanches est désormais lié aux immigrés, ces nouveaux étrangers. Ceux-ci, par effet de contraste, font « assimiler » les juifs à la population nationale. Le bouc émissaire change. Après l'assassinat des petites vieilles du XVIIIe arrondissement, fin 1984, à Paris, la rumeur trouva le coupable. Il s'agirait

1. *Le Progrès*, 3 novembre 1984.
2. *La Montagne*, 5 décembre 1984.

d'un drogué « non indigène à la France », et bien connu du quartier de la place des Abbesses, mais les policiers ne pourraient pas l'arrêter parce que le pouvoir socialiste les en empêcherait. On aurait discrètement expulsé ce suspect vers son « pays d'origine »[1].

A Paris, le XIIIe arrondissement est appelé Hong-Kong-sur-Seine : la communauté asiatique s'est concentrée dans quelques gratte-ciel. Aussi a-t-on vu naître les rumeurs à partir d'un fait ambigu et important : deux ou trois déclarations de décès seulement étaient enregistrées par an pour 20 000 habitants, alors que le taux « normal » serait d'une centaine. Où passent donc les morts « manquants » ? Selon la rumeur, ceux-ci sont emportés en Belgique, ou en Hollande, afin d'y être ensevelis. Leurs papiers d'identité seraient ensuite récupérés et revendus ou réutilisés par d'autres immigrés clandestins. Il s'agirait d'une façon de faire entrer de nouveaux immigrés en France[2]. En réalité, la communauté asiatique arrivée récemment comporte un nombre considérable d'enfants en bas âge : son taux de mortalité ne saurait être comparé au taux moyen de la population vieillissante de France. Il n'y aurait donc pas de cadavres manquants.

L'immigration est bien devenue une zone critique de la sensibilité des Français. Le choix des indices le prouve.

La France a peur pour ses enfants

Dans la France des années 80, l'enfant meurt au coin de bien des rumeurs. Ainsi en juillet 1982, dans le Bas-Rhin, court une histoire dramatique : trois enfants seraient morts déchiquetés par une récolteuse de maïs ou une moissonneuse-batteuse. Le père désespéré se pend. La mère succombe à une crise cardiaque. L'histoire s'est passée

1. *L'Événement du jeudi*, 17-23 janvier 1985.
2. *Libération*, 1er novembre 1983.

un peu partout dans le secteur de Sélestat ou de Saverne [1]. Fin 1984, un jeune enfant dut être amputé des deux jambes. Ses parents, partis faire du ski, l'avaient laissé dans la voiture : ses jambes avaient gelé. Dans une variante, l'enfant n'était pas dans une automobile frigorifique, mais transporté en montagne par son papa (ou sa maman) dans un sac kangourou [2].

Selon une autre rumeur, au Central de Strasbourg (une galerie commerciale), une vipère se serait échappée d'un pot de fleurs du fleuriste et aurait été se nicher dans le manège à côté : elle y piqua un enfant qui en mourut. Comme on le constate, cette anecdote « survenue » dans plusieurs villes de France n'est qu'une variante de la classe générale des enfants tués par le serpent minute ou autre bête exotique mortelle. Plus anciennement, le succès du tract « de Villejuif » reposait sur la crainte de voir l'industrie française empoisonner littéralement les enfants.

Au premier degré, il y a un message commun derrière toutes ces rumeurs : si les parents relâchent leur attention, il peut arriver les pires accidents à leur progéniture. A ce niveau, la rumeur équivaut à une recommandation du Dr Spock ou de Laurence Pernoud dans *Comment élever son enfant ?* Dans l'histoire de l'enfant gelé, démentie par *les Dernières Nouvelles d'Alsace*, la lettre de réponse d'une lectrice est significative : « Je l'ai fait lire à ma fille qui a un bébé de dix mois environ pour la mettre en garde contre les dangers du froid. En fait, ce qui est important c'est que "c'est arrivé". Et je pense qu'il serait utile de mettre les gens en garde contre le froid (surtout les petits enfants) afin que pareils malheurs ne leur arrivent pas. *Les Dernières Nouvelles* pourraient-elles refaire un article en insistant sur ce point ? » Ainsi, peu importe que l'anecdote n'ait pas eu lieu dans tel ou tel endroit, c'est son message puériculteur qui compte pour cette lectrice.

A un second degré, ces rumeurs accusent les parents de

1. *Dernières Nouvelles d'Alsace*, 22 juillet 1982.
2. *Dernières Nouvelles d'Alsace*, 27 janvier 1985.

relâcher leur attention : que faisait le père agriculteur pendant ce temps ? A quoi pensaient les parents skieurs ? En fait, c'est toute la population qui est visée : à force de penser à autre chose, on oublie les enfants, on les laisse mourir. Tout se passe comme si moins la France a d'enfants, plus elle est angoissée à l'idée qu'il puisse leur arriver quoi que ce soit. La phobie de la disparition et de l'accident s'étend.

La perte du pouvoir adulte

L'enfant moderne échappe à ses parents aux sens propre et figuré : la télévision l'initie au monde extérieur dans sa réalité crue, le marketing l'initie très tôt à la consommation [75]. Livré à lui-même par l'absence des parents qui travaillent tous deux, l'enfant fait ses propres expériences et gagne en autonomie. On comprend l'explosion créée par la perspective d'une laïcisation de l'enseignement privé : ce dernier bastion permettant d'inculquer ses propres valeurs à ses enfants risquait de sauter. Que resterait-il alors aux parents désireux de « préserver » leurs enfants des « tentations et contre-valeurs » de la société ?

Mais aujourd'hui, la réalité de l'enfant ne coïncide plus avec ce modèle idéal d'enfant préservé, sage, docile, fidèle aux valeurs de ses parents. L'enfant est devenu autonome : il a acquis un certain pouvoir dans la famille. Il donne son avis sans qu'on lui demande : il prescrit, il exige. Il échappe au contrôle des parents qui souvent même ne le comprennent plus lorsque, avec l'adolescence, il adopte des modes étranges, venues d'ailleurs. Ainsi, le monde moderne happe les enfants : ils n'appartiennent plus aux parents. La frustration devant l'enfant que l'on perd, et le pouvoir qui se dissout devait trouver des boucs émissaires.

La publicité est le premier bouc émissaire : elle concentre sur elle toutes les craintes des adultes devant le pouvoir et l'emprise de l'audiovisuel sur l'enfant. Aussi, elle ne peut être qu'insidieuse, manipulatoire [78] et profiter de la relative faiblesse de l'enfant. Nous avons montré que ces craintes n'étaient pas toutes sans fondement [75] : néanmoins, la publicité sert aussi de surface projective à la frustration et au ressentiment accumulés par les parents voyant leur enfant leur échapper. La même dynamique avait conduit à reprocher aux boutiques de mode d'attirer les jeunes filles. La mode attirait l'animosité car elle extériorisait la rupture entre les goûts des parents et ceux de leurs enfants. La mode est le fleuve qui sépare les générations, donc qui exclut les parents du monde de leurs enfants.

Un même phénomène explique la rumeur visant le bonbon « explosif » Space Dust. Certes, l'interrogation des parents était tout à fait légitime, mais elle est venue se surajouter à la liquidation d'un conflit entre parents et enfants. Ce que la rumeur vise, c'est moins le produit que le comportement qu'il symbolise et que l'on n'admet pas pour ses enfants. Space Dust construit un enfant consommateur de gadgets, acheteur de frivolités inutiles, préférant les confiseries colorées et les desserts marrants aux aliments utilitaires, c'est-à-dire un comportement opposé aux valeurs de sagesse, de retenue et de fonctionnalité.

L'obsession de la santé

Que le tract « de Villejuif » ait survécu neuf années et continue de circuler ne saurait surprendre : il heurtait de plein fouet une zone ultrasensible de l'opinion publique, la santé. Cela n'est pas nouveau : les émissions médicales à la télévision ont une audience considérable. Au fur et à mesure qu'une population vieillit, elle se préoccupe davantage de sa santé. En France, la santé, c'est d'abord l'alimentation, aussi le public lisait-il avec attention les recommandations étonnantes du tract « de Villejuif », sans être pris par le moindre doute. D'une façon générale, le public accueille avec suspicion les innovations alimentaires. On connaît les rumeurs concernant les restaurants chinois ou celle suivant laquelle la cuisine chinoise « donnerait mal à la tête ». Lorsque les premiers potages déshydratés furent lancés, les fabricants s'attendaient à l'émergence de quelque rumeur jetant le doute sur la soupe en poudre. L'aspect étonnant du bonbon « explosif » Space Dust avait dû interpeller maints parents : il suffit d'une question posée par une association de consommateurs pour déclencher la rumeur.

La préoccupation moderne pour la santé explique la mode du jogging, celle des salles d'aérobic et de gymnastique. A cet égard, un fait doit attirer notre attention : qu'il s'agisse de Jane Fonda aux États-Unis ou de Véronique et Davina en France (deux prêtresses bien connues de l'aérobic), les mêmes rumeurs sont apparues : elles auraient eu une crise cardiaque pendant leurs séances d'aérobic. Que signifient ces rumeurs ? Elles sont à rapprocher du traitement que firent les médias du décès d'un coureur au marathon de Paris en 1983 : « Le marathon a tué pour la seconde fois », ou : « Le crime sportif ». Ce qui choque, ce n'est pas qu'un sport tue : personne n'est surpris lorsqu'un alpiniste dévisse ou qu'un parachute ne s'ouvre pas. Ces sports sont un flirt désiré avec la mort. Le paradoxe naît de ce que le jogging ou l'aérobic ne sont pas considérés comme des sports, c'est-à-dire des activités ludiques entreprises pour elles-mêmes, pour le plaisir d'en faire.

Les titres des médias suggèrent que le jogging et l'aérobic sont avant tout des médicaments pour ceux qui les pratiquent. On y va, non pour le plaisir, mais un peu pour se maintenir en forme, pour sacrifier au culte obligé du narcissisme du corps, mais surtout pour ne pas vieillir. Là est le paradoxe sur lequel repose la rumeur comme le titre des médias : le remède antivieillissement tue. La rumeur sur Véronique et Davina trahit ainsi le vécu réel de l'aérobic. La rumeur naît de l'incongruité : le médicament a tué. Ceci permet d'ailleurs à quelques docteurs de reprendre le contrôle de l'activité de leurs patients en prodiguant des conseils de modération. Ainsi, malgré des slogans publicitaires de maintien de la forme et de culte de la beauté, la rumeur rappelle qu'à la base de ces nouvelles activités on retrouve l'obsession de la santé. Qui sait si, en plus, ces rumeurs ne servent pas d'alibi à une partie de la population qui préfère s'en remettre à l'absorption des médicaments et des images sportives à la télévision, plutôt que de faire de l'exercice physique ?

Défense de changer

En examinant les rumeurs nées en France depuis vingt ans, on ne peut qu'être frappé par la sensibilité du public aux innovations, et en particulier aux innovations technologiques. Dès qu'une innovation acquiert une certaine diffusion, une certaine publicité, il naît souvent une rumeur visant à rejeter cette innovation. Dans la mesure où le public se sent surtout impliqué par ce qui le touche de près, le monde des produits de grande consommation fournit un exemple typique de terrain à rumeurs.

En 1984, on assistait au lancement avec force publicité de la première[1] lessive liquide : Vizir. Quelques mois plus tard on entendit dire « par plusieurs personnes qui ne se connaissaient pas que la lessive liquide rongeait les tambours des machines à laver le linge au point d'occasionner de larges trous. Pour l'une, c'était arrivé à une amie de sa mère. Pour l'autre, c'était des cousins de province qui connaissent bien un réparateur d'électroménager[2] ». La même rumeur eut lieu lorsque Omo fut lancé, il y a bien des années : Omo détruisait les fibres et attaquait les machines à laver. Parmi les autres innovations ayant fait l'objet de rumeurs, citons : le fluor dans les dentifrices, les poêles Tefal qui n'attachent pas, la margarine, les crèmes Baranne pour cirer le cuir, les lentilles de contact

1. C'est en réalité la seconde sur le marché. La première, Wisk, était passée inaperçue faute de lancement spectaculaire.
2. *Biba*, mai 1985, Courrier des lectrices (« C'est vous qui le dites »).

(qui selon la rumeur, on l'a vu, pourraient aveugler). Plus récemment, produits sacrilèges, les pastis sans alcool reçurent le même sort : la rumeur prétendit que le plus célèbre, Pacific, était cancérigène.

Avant même de connaître les réponses exactes, la rumeur essaie de rejeter l'innovation, cet intrus, cet étranger, symbole du changement des habitudes. La rumeur est un des mécanismes de défense par lesquels une partie des Français tente de préserver ses habitudes. Elle fournit des « faits » permettant de justifier la résistance au changement et d'une façon générale l'accusation de notre société gouvernée par la science et la technologie.

Le retour à l'état sauvage ?

Nous avons déjà parlé des rumeurs de lâchers de vipères. Que signifient ces serpents qui sifflent sur nos têtes ? Et les rumeurs de fauves semant la terreur dans les campagnes ?

En novembre 1982 [20] par exemple, à Noth dans la Creuse, un fauve mystérieux jouait à l'Arlésienne : on l'entendit, le sentit, le tira, constata ses traces, déplora des brebis et veaux « sauvagement » mordus, mais jamais on ne découvrit cette bête.

Toutes ces rumeurs sont unanimes : « on » nous envoie des bêtes sauvages. Comme pour la plupart des rumeurs, il y a plusieurs lectures possibles de ces rumeurs, plusieurs niveaux de décodage. A l'évidence, elles reflètent un désarroi aigu du monde rural, c'est-à-dire ceux qui sont au front, face à la nature, cette même nature qu'un combat millénaire a réussi à faire reculer, à maîtriser, à rendre productive. Loin de se sentir soutenus par l'arrière, par ceux qui, de Paris, de la ville, prennent les décisions qui les concernent, ils se sentent lâchés.

Depuis des années, l'incompréhension règne entre les paysans et le gouvernement central. L'arrivée d'un gouvernement socialiste en mai 1981 a exacerbé les craintes, d'autant plus que les socialistes avaient en leurs rangs un fort courant écologiste. Or, l'écologiste est la bête noire du paysan. Il tend à vouloir le supplanter dans ce qui fonde l'identité de la paysannerie : la gestion de l'environnement naturel. Le monde rural vit très mal les parachutages d'écologistes dans la campagne française : l'arrivée subite de ces experts en chambre lui paraît être une insulte à sa propre compétence et à des siècles de tradition et d'expérience rurales, durement acquises sur le tas.

Il est significatif que les « envoyeurs » des bêtes sauvages soient des écologistes : ce sont eux qui pilotent les avions et les hélicoptères. Le survol par avion est normal : l'écologiste dispose de larges moyens puisqu'il est soutenu par le gouvernement, moyens qui font défaut à l'agriculture. D'autre part, on survole un pays comme on survole un dossier. A la différence des paysans qui connaissent à fond le dossier nature pour y plonger leurs mains dès l'aube, l'écologiste plane dans l'abstraction, et légifère de façon irresponsable. Il est un apprenti sorcier. Ses décisions portent un grave préjudice à ceux qui connaissent vraiment la nature, qui vivent dans la nature : les paysans, les sociétés de chasse. En lâchant l'animal sauvage, on tue l'animal domestique, on rend impraticable la nature qu'il fallut tant de siècles pour contrôler [38].

Pour le monde rural, rien n'est plus symbolique de l'utilité ou de l'inutilité des écologistes que la réimplantation d'animaux sauvages sous leur égide : lynx dans les Vosges, vautours en Cévennes. Ces actes séduisent les citadins : pour eux, la nature est un concept, l'état sauvage une compensation à l'état artificiel de leur environnement de béton. Pendant que l'on dépense mille efforts pour réintroduire des bêtes sauvages, avec force publicité, la campagne française dépérit. De même, il est significatif qu'à Noth, la rumeur attribua la bête sauvage à une dame passée dans les maisons en demandant que l'on ne fît pas de mal à la bête et qu'on l'appelle Babette. Or, Babette est le petit nom de Brigitte Bardot devenue star protectrice des animaux, écologiste chérie du public.

Ainsi, périodiquement, la campagne française voit renaître les loups-garous, la bête du Gévaudan, des hordes de vipères, et même des crocodiles dans la Dordogne. Dans le village de Noth, malgré les témoignages, les battues, les safaris nocturnes, on ne trouva aucune preuve décisive de l'existence d'une Bête. Ce qui est symptomatique à un moment donné, c'est le désir de croire exprimé par la communauté où la Bête serait apparue. Ce qu'il convient de décoder, c'est le passage mythique de la bête à la Bête, la transformation d'un prédateur normal en Félin-Mystère. Ces Bêtes sont des messages.

Derrière ce discours naturaliste, il y a un discours social, mettant à nu les rapports que le monde rural entretient avec son environnement. Dix années plus tôt, dans le cadre d'une étude sur le loup en Limousin [20], les chercheurs citent une réflexion presque machinale des habitants : « Les loups vont revenir. » Cette phrase est un symbole. La campagne française se désertifie. Les villages abandonnés se multiplient ; les voies secondaires de la SNCF se ferment une à une. Les loups n'auront plus peur du bruit et de la présence raréfiée de l'homme. La nature redevient hostile.

Les rumeurs de Bête expriment un désarroi profond. Dans les ruines des villages abandonnés, les bêtes vont revenir. Au niveau le plus profond, ce que craignent beaucoup de ruraux, c'est le retour de la sauvagerie : dire que les bêtes sont de retour, c'est aussi porter un jugement sur les rapports sociaux, ou plutôt leur absence. Laisser la France aller en friche, c'est s'engager lentement sur le chemin qui mènerait de façon inéluctable à l'État sauvage.

TROISIÈME PARTIE

L'UTILISATION DES RUMEURS

12. Crimes, enquêtes et rumeurs

La rumeur est présente dans la plupart des affaires judiciaires. Peu de cas illustrent aussi bien son omniprésence et son rôle déterminant que l'affaire Marie Besnard.

Cinq années de prison pour une rumeur

Loudun, petite ville de huit mille habitants, un peu morte, ville de paysans enrichis, dans le département de la Vienne. Une famille, les Besnard, vieille famille du coin, ni riches ni pauvres, ayant bonne réputation. Lui, Léon Besnard, épouse sur le tard une jeune veuve, Marie Duvaillaud, d'une très bonne famille paysanne, bien enracinée, à l'aise : ils sont riches mais continuent à vivre comme des paysans. Pour Marie, ce mariage est une promotion car Loudun ce n'est plus la campagne, c'est une ville. Arrive la guerre de 1939-1945 : les Allemands occupent la région. En 1941, un beau jour, par hasard, dans le car allant de Châtellerault à Loudun, Marie Besnard rencontre une femme à peu près du même âge qu'elle, Louise Pintou. Celle-ci ne connaissant personne, Marie Besnard, serviable, lui propose de venir la voir. A partir de 1942, de visite en visite, Mme Pintou s'installera pratiquement chez les Besnard.

La guerre se termine. Pour aider aux travaux, Léon Besnard « hérite » d'un jeune prisonnier allemand de dix-neuf ans, solide. Les deux femmes sont émues par ce jeune homme : Marie Besnard le traite comme un fils, Louise

Pintou est plus émoustillée, malgré la différence d'âge. Aussi, substituts habituels de l'affection, le jeune Allemand reçoit-il ici ou là des petits cadeaux, un mouchoir, des bonbons, etc., sans plus.

Un dimanche d'octobre 1947, la famille Besnard et Louise Pintou vont dans une de leurs fermes aux Liboureaux. Léon travaille beaucoup, effectue des réparations, mène des bêtes à la foire. Après le déjeuner, il ne se sent pas bien : il vomit et décide de rentrer rapidement. Dès son arrivée à Loudun, il se couche. Trois jours plus tard, il meurt, le 25 octobre 1947. Les médecins de famille, qui le suivaient depuis plusieurs années, diagnostiquent une mort naturelle, suite à une crise d'urémie.

Le hasard fit que, pendant son agonie, Mme Pintou resta seule quelques minutes avec Léon Besnard, dans sa chambre. Dès la mort de Léon, Mme Pintou quitte la maison Besnard.

Elle habite alors chez un vieux bonhomme, Auguste Massip, dans un vague château non loin. Celui-ci avait plusieurs fois tourné autour de Marie Besnard, sans succès et en avait gardé un fort ressentiment. Que dit Mme Pintou en arrivant au château ? « Léon m'a affirmé, lorsque j'étais seule avec lui, que Marie avait mis quelque chose dans sa soupe, lors du déjeuner aux Liboureaux. Immédiatement après cette confidence, faite à quelques heures de la mort, j'ai couru avertir les deux médecins, mais aucun n'a réagi. Léon Besnard devait mourir peu après. »

Cette confidence fut l'étincelle. Le cortège des envies et des haines locales refoulées allait pouvoir se libérer. Tout le monde va se venger. Enfin, on tient l'occasion rêvée.

Le 4 novembre, Auguste Massip, n'y résistant plus, entre dans le cabinet du juge d'instruction de Loudun. Il raconte ce que Louise Pintou lui a dit. Quelques discrets va-et-vient des gendarmes mettent le feu aux poudres : Que se passe-t-il ? Tout cela est ambigu. La réponse arrive du château : cette mort est suspecte, Marie Besnard est suspecte. De la poste au marché, de la sortie de messe au café, de boutique en boutique, la rumeur saisit Loudun. Ainsi devait naître l'accusation de « l'Empoisonneuse de Loudun ».

En s'amplifiant, la rumeur accusa Marie Besnard d'avoir administré de l'arsenic non seulement à son mari mais aussi à onze autres personnes de sa famille, mortes depuis des années : son propre père, sa propre mère, son premier mari, la grand-mère naturelle de Léon, le père de Léon, etc. Toutes ces morts, totalement naturelles, dues à l'extrême vieillesse ou à la maladie devinrent suspectes, et l'on accusa l'arsenic de Marie Besnard.

Alors qu'aucune accusation officielle n'existait, un commissaire de police et un inspecteur sentirent que l'affaire de leur vie était là, et la promotion au bout. Ils prirent donc des initiatives et passèrent des journées à interroger la ville. La rumeur entre alors dans tous les procès-verbaux, on la retrouvera lors des témoignages aux assises. Tout d'abord, une fois quelqu'un soupçonné, il se produit une réorganisation bien connue des détails jusque-là interprétés de façon insignifiante. On se souvient d'anciennes rumeurs.

Dans son enfance, Marie Besnard, enfant dévouée, ayant interrompu ses études, aidait aux travaux difficiles de la ferme. Elle partait souvent seule garder les moutons. Que dira-t-on dans les enquêtes de 1949 de cette activité pastorale ? « Une bergère dure aux animaux qui avait probablement *pendu* une brebis rebelle. » Comme le soulignent ses avocats [49], cette histoire totalement incontrôlable, niée par l'intéressée, et née de purs on-dit, inspira néanmoins au magistrat instructeur la crainte que Marie Besnard ne se suicide en prison. Aussi lui adjoindra-t-on deux « moutons », c'est-à-dire des détenues dont la mission était de la surveiller en permanence et si possible de la faire avouer ! Chacun y va de son commentaire, de son « on-dit » : personne n'a vu, mais tout le monde sait. Les procès-verbaux d'enquête sont révélateurs : « La rumeur publique prétend qu'il [le prisonnier allemand] serait devenu l'amant de Mme Besnard, ce qui aurait provoqué entre les époux de violentes scènes de ménage. » « Si elle se comportait mal sans qu'on s'en aperçoive, c'est qu'elle était capable de le dissimuler dans ses actes. » « Elle n'avait que de bonnes fréquentations, tout au moins en apparence. »

Un professeur de philosophie, qui ne la connaît pratiquement pas, déclare qu'il la croit coupable, suite aux nombreuses conversations « avec les habitants qui bavardent assez librement avec moi ». Le rapport remis par le commandant de gendarmerie de Châtellerault mentionne : « Fin 1940 commence la série de décès que la rumeur publique déclare, à tort ou à raison, suspects. »

A la suite de cette accumulation de commérages, de vengeances à retardements, une présumée innocente fut traitée en coupable : elle entra en prison le 21 juillet 1949, à l'âge de cinquante-deux ans. On exhuma douze cadavres, fort décomposés, pour y rechercher l'arsenic coupable.

Le vague souvenir de rumeurs retournait tous les détails de sa vie contre elle. Même les experts psychiatres désignés par le magistrat instructeur pour examiner la veuve Besnard ne purent se départir de l'influence des rumeurs qui en faisaient une coupable. Ils déclarèrent : « Marie Besnard est normale, tellement normale, qu'elle est *anormalement normale.* » Lors du procès d'assises de 1954, faute d'éléments de preuve, la rumeur fut la principale accusatrice : le commissaire et l'inspecteur de police se référèrent en permanence à elle. Ils sont les porte-parole de la rumeur.

Marie Besnard ne sortit de prison que le 12 avril 1954, libérée sous caution. Elle fut totalement acquittée le 13 décembre 1961. Emprisonnée à cause d'une rumeur qui conduisit des policiers à faire du zèle et à transformer tout « on-dit » en présomption de culpabilité, une innocente passa près de cinq années en prison. Ce qui lui arriva peut arriver à n'importe qui, n'importe quand.

Vengeances à retardement

Dans une petite ville ou un quartier, le crime n'est jamais un événement isolé : c'est un acte social, concernant l'ensemble de la micro-société. Il révèle l'histoire de celle-ci. A Loudun, depuis quinze années, le cortège des envieux de la famille Besnard allait grossissant : leur aisance faisait des jaloux, certains de leurs achats d'immeubles leur valurent des ennemis en secret, les courtisans éconduits en gardaient une profonde rancœur. L'armée des déçus et des haineux est prête à se mouvoir à la première occasion.

Dans ces théâtres clos où chacun doit se côtoyer malgré tout, les envies de tuer ne manquent pas, mais elles sont refoulées. Confrontée à l'accusation de Mme Pintou, Marie Besnard l'exprime en toute simplicité : « Je suppose que si Mme Pintou a dit que j'avais empoisonné mon mari, c'est parce qu'elle était capable de le faire. » Par la rumeur, on accuse les autres des méfaits que l'on porte en soi : chacun aurait pu tuer Léon Besnard, alors pourquoi pas elle ?

A Loudun, on retrouve tous les acteurs de la rumeur. L'instigateur est Mme Pintou. Les apôtres, ceux qui ne demandent qu'à croire, sont tous les envieux, les déçus, les jaloux. Un commissaire et un inspecteur sont les opportunistes : cette rumeur est une affaire pour eux. Quelle belle prise : douze meurtres découverts !

Il est normal que les démentis n'arrêtent pas les bruits. La rumeur n'est pas un Sherlock Holmes, pur cerveau au service de la vérité. C'est la pythie des haines accumulées. Il ne s'agit pas de savoir, mais de « déballer » tout ce que l'on croit savoir se rapportant plus ou moins à l'affaire, en fait on règle ses comptes.

A l'hôpital de Poitiers, le mardi 30 octobre 1984, Nicole Berneron décédait en salle d'opération. On constata une inversion des tuyaux du respirateur servant à l'anesthésie.

Crime ou accident ? A ce jour, nul ne le sait encore. La rumeur ne pouvait qu'exploser : à l'hôpital, les rivalités s'exacerbent.

Faire tomber un notable

Entre janvier 1969 et janvier 1976, sept femmes et un homme furent assassinés, de la même façon, dans la région de Creil et de Nogent-sur-Oise. Commis à des heures différentes, les crimes semblaient le fait d'un homme connaissant bien les lieux, et qui disparaissait aussitôt, se fondant dans les rues. L'absence de coupable créa pendant ces longues années une situation angoissante propice à la persistance des rumeurs : Qui est-il ? Pourquoi frappe-t-il ? Quel est le lien mystérieux entre toutes ces victimes ?

Chose intéressante, la rumeur locale n'a jamais épousé les thèses et les appels du pied de la presse *(le Courrier Picard, le Parisien libéré, France-Soir).* Celle-ci parla d'abord d'un désaxé, puis d'un cheminot.

Mais, dans ces villes dominées par la SNCF, cette désignation était inacceptable : la rumeur, trop dissonante, ne pouvait qu'avorter. Puis *le Parisien libéré*[1] identifia un suspect : un plâtrier maghrébin, à la vie solitaire. Six années plus tard, ce journal fit à nouveau une tentative pour faire accepter la thèse du travailleur immigré[2]. Dans les deux cas, la rumeur ne s'empara pas du Nord-Africain de service.

Ces crimes semblaient être l'œuvre d'une personne très intelligente mais détraquée. Le « tueur de l'ombre », ce « monstre aux yeux de chats » (d'après la description d'une jeune femme lui ayant miraculeusement échappé) narguait la police et les enquêteurs depuis sept années.

1. *Le Parisien libéré*, 24 novembre 1969.
2. *Le Parisien libéré*, 2 décembre 1975.

Cela ne coïncidait pas avec l'image que ces deux villes se faisaient des ouvriers maghrébins.

Pour la rumeur, le tueur n'était ni ouvrier ni étranger, mais « un Monsieur, quelqu'un de haut placé » [17]. Plusieurs indices conféraient une forte crédibilité à la thèse du notable assassin. Tout d'abord, la variation des horaires des crimes indiquait une personne non soumise précisément à un horaire fixe de travail. Il trouvait facilement le temps de guetter et suivre ses victimes. Ses disparitions n'éveillent pas les soupçons de ses proches ou de ses collègues : cela coïnciderait alors avec une profession libérale. Une telle personne serait loin de susciter la moindre suspicion dans sa famille. Mais peut-être n'a-t-il pas de famille ? Ceci rendrait les crimes encore plus faciles à commettre. Enfin, seul un notable pouvait se volatiliser dans la population, quelques minutes après le crime, en toute impunité : il est a priori au-dessus de tout soupçon.

Aussi les deux favoris de la rumeur furent le docteur qui tue et le flic assassin. De plus, ces deux personnages ont l'habitude de tenir des fiches de renseignements sur leurs patients ou concitoyens. Quant aux indices dissonants (une sacoche et des outils d'ouvriers, laissés par le tueur sur le lieu d'un des crimes), ils avaient dû être placés pour égarer les enquêteurs.

Dans les agglomérations dortoirs que sont devenues Creil et une partie de Nogent, la rumeur épouse la trame des tensions sociales souterraines révélées par ce crime et le parler libre qu'il autorise : le malheur vient de ces gens haut placés donc intouchables. La rumeur recrée le mythe profond de l'association entre les hautes sphères et les bas-fonds, du sacré et du mortel. Ce même mythe traverse la plupart des rumeurs de traite des blanches : si la police ne bouge pas, si l'administration ne bronche pas, c'est qu'ils sont achetés par ceux qui se livrent à l'infâme commerce.

Le notable, à l'abri de son impunité, peut se mouvoir à son aise dans la ville, et y perpétrer alors les pires forfaits, non sur ceux de sa caste, mais dans le peuple lui-même. Le contenu symbolique de la rumeur le rend indissociable du contexte social environnant l'espace du crime. Ici encore, si l'hypothèse paraît plausible, ce n'est pas uniquement le résultat de films tels *Sept Morts sur ordonnance* ou *Enquête sur un citoyen au-dessus de tout soupçon*, dont les protagonistes sont le corps médical et un inspecteur de police assassin. Le succès de ces deux films est lui-même un résultat. Ils ont une force mythique : chacun représente la rupture d'un tabou social, le médecin qui tue, et le protecteur qui assassine. En soi, la pérennité de ces rumeurs est le signe d'une crise de légitimité.

Le mythe du notable assassin est une constante des villes de province. En 1972, à Bruay-en-Artois, la rumeur s'empara du notaire, Me Leroy, pour l'accuser du meurtre de la petite Brigitte Dewèvre. A Poitiers, en 1984, la rumeur a saisi l'occasion de remettre en cause l'impunité sociale de la *nomenklatura* médicale, dans une société où « les problèmes sociaux sont de plus en plus médicalisés » [17]. Tout juge d'instruction d'une petite ville de province connaît ces bruits éternels accusant le maire ou quelque autre notable de fréquenter les ballets roses et les ballets bleus, d'avoir partie liée avec le monde trouble du sexe, de l'argent et de la drogue.

A Caen, en 1980, plusieurs attaques et viols eurent lieu en quelques mois, sans que l'enquête ne permette d'en arrêter les coupables. La rumeur s'en chargea : on raconta que le fils du sénateur-maire était le responsable de ces crimes. Mais le maire, « ayant le bras long, éviterait l'arrestation de son rejeton ». Le 15 janvier 1981, à la sortie de son lycée, la fille du maire, âgée de 16 ans, est malmenée par deux jeunes gens qui la pressent de questions pour qu'elle avoue la culpabilité de son frère. Quelques jours plus tard, le procureur de la République doit réagir par un communiqué indiquant que la justice ne disposait à ce jour « d'aucune présomption ou preuve contre qui que ce soit ». Quant au sénateur-maire, M. Girault, il porta plainte contre X pour diffamation.

En fait, dans cette ville trop calme, la rumeur semble

née de l'angoisse face aux crimes, mais aussi de l'ennui et de la frustration sociale, comme en témoignent ces deux interviews. Pour un syndicaliste : « Face au chômage, pas de perspectives, on s'aigrit », une atmosphère idéale pour un corbeau, surtout s'il vise un notable[1]. Un jeune Caennais, quant à lui, remarque : « C'est un peu dégueulasse, c'est d'accord, mais c'est aussi de bonne guerre. Les gens qui souffrent de la crise prennent aussi une petite revanche sur ceux qu'elle épargne, comme ce maire qui est aussi avocat et sénateur. »

A la poursuite du mythe

Le 17 décembre 1976, l'auteur des huit assassinats de Creil et de Nogent était arrêté, après huit années d'enquête. Il s'agissait d'un ouvrier trois-huitard à Saint-Gobain-Rantigny, Marcel Barbeault. Cette arrestation était si peu conforme au mythe poursuivi par la rumeur qu'elle laissa la population incrédule, d'autant plus que l'inculpé a toujours nié sa culpabilité.

On attendait une personnalité explosive, on eut un OS. Deux mois après l'arrestation, la rumeur reprit du souffle : on assura que Marcel Barbeault avait été relâché, qu'il s'agissait d'une erreur judiciaire, que le tueur reviendrait. La rumeur fut si forte en février 1977 que le maire s'en inquiéta auprès de la police judiciaire [17]. Cela est normal : l'acte isolé d'un ouvrier n'est qu'un macabre fait divers. Il n'a aucune portée sociale, il ne véhicule aucun message : ce n'est pas un mythe, une histoire exemplaire, à même de se muer en légende contemporaine. Aujourd'hui, le meurtre isolé ne passionne plus personne, ni les citoyens ni la presse.

Le cas de Bruay-en-Artois est exemplaire à cet égard. Comme le notait F. Caviglioli[2], « depuis que le notaire,

1. *Libération*, 28 janvier 1981.
2. *Paris-Match*, 5 mai 1973.

M. Leroy, et sa fiancée, Monique Mayeur, sont à peu près innocentés, Bruay est dépossédée de son malheur. C'est une ville qu'on a brutalement privée de ce rôle qui lui avait fait oublier un moment ses peines quotidiennes : celui d'une population ouvrière accablée par une justice bourgeoise. Bruay vient de tout perdre : son ennemi de classe et son Barbe-Bleue, le notaire, sa diablesse énigmatique, la "Mayeur" ; son désir de vengeance, son espoir de revanche sociale et son défenseur persécuté, le juge Pascal. Le notaire, le seul riche de la ville, celui qui brasse l'argent des pauvres. Un jour, il fallait s'y attendre, non content de prendre le pain du peuple, il s'est mis à dévorer ses enfants. C'était un conte de fées rempli d'horreur, mais qui vengeait de bien des misères. L'affaire finie, les Bruaysiens des corons ne sont plus que des hommes abandonnés. Sans ogre, sans ogresse, sans ce cauchemar miraculeux qui leur faisait supporter la vie. Le notaire restera le notaire, les mineurs resteront les mineurs ».

Ainsi, la rumeur recherche le mythe. Il serait néanmoins erroné de réduire celle-ci à la réapparition de quelque mythe éternel, comme celui ci-dessus de l'indissociabilité du Bien et du Mal, dont le roman célèbre *Docteur Jekyll et Mister Hyde* n'est qu'un des nombreux avatars. Lorsque l'on étudie une rumeur plusieurs années après, ou même lorsque celle-ci émerge dans la presse nationale, les aspects locaux et historiques de la rumeur sont passés sous silence au profit des invariants de l'inconscient collectif. On évacue à tort la sociologie au profit de la psychanalyse, et de l'anthropologie ou du folklore.

Je ne sais rien mais je dirai tout

Dans une instruction, le juge travaille à partir de rumeurs. Faute de témoins directs, on interroge des gens qui n'ont rien vu mais qui ont des idées, ou des pseudo-idées. C'est l'heure des : « Ça ne m'étonne pas, car je crois me souvenir que... » On a vu dans le cas de Marie

Besnard comment la mémoire collective faisait sortir des placards les vieilles rumeurs de brebis pendue. Que ne disait-on pas aussi à Loudun sur le jeune prisonnier allemand que Léon utilisait pour les travaux de la ferme ?

A Paris, la vie est anonyme. Au contraire, dans les villages et petites villes, tout le monde se connaît : on s'observe, on s'épie depuis des générations. La rumeur précède même l'instruction. C'est ainsi que sont révélés la plupart des cas d'inceste. La rumeur naît de l'interprétation des paroles plus ou moins claires d'une présumée victime. Elle naît aussi de quelque signal : quand une jeune fille quitte sa famille et son village, « c'est à cause d'un inceste » ; si une autre se tire une balle dans le ventre, c'est pour les mêmes raisons. D'amie en amie, d'amie en instituteur, d'instituteur à assistante sociale, la rumeur parvient aux oreilles de la justice.

Les médias, les corbeaux et la justice

Beaucoup de personnes ne veulent pas être entendues comme témoins par les gendarmes et ne se présentent pas spontanément. En revanche, elles n'hésitent pas à parler à la presse. Parallèlement, lorsqu'une affaire traîne ou devient complexe, l'armée des journalistes envoyés sur place doit pallier l'absence d'informations réelles en procédant à sa propre enquête. Il s'agit d'entretenir le suspense à tout prix, de faire du vrai feuilleton. L'offre et la demande d'informations ne pouvaient que se rencontrer. Les micros enregistrent les moindres bruits ou potins qui sans eux seraient restés larvés. Livrés à des millions d'auditeurs ou de lecteurs, ce qui n'était que potin localisé devient une information nationale.

Aujourd'hui plus que jamais, trois droits fondamentaux se télescopent : le droit à l'information du public, mais aussi le droit de l'accusé (la présomption d'innocence vole en éclats si quelqu'un se voit accusé dans les médias), et enfin le droit de la justice à pouvoir mener l'enquête de façon sereine afin que la vérité émerge. Il y a conflit entre deux pressions : le juge d'instruction sait tout, mais n'a le droit de ne rien dire, pour maintenir le secret de l'instruction ; quant aux journalistes, on leur demande de tout dire alors qu'ils ne savent rien. Pour l'instant, ce sont les médias qui gagnent. Mais, faute d'informations, ils puisent dans la rumeur, ce marché noir, toujours prêt à servir, mais aussi à manipuler.

A Poitiers ou à Bruay-en-Artois, la chronologie est identique : un fait divers déclenche une rumeur accusatrice. Une enquête est ouverte : parce que la justice se tait, la rumeur grossit. Quant à la presse, elle informe : face au mutisme du juge, elle se nourrit de la rumeur, seule source disponible. Ce qui n'est encore que tâtonnements, hésitations, hypothèses d'enquête est amplifié par la rumeur, puis étalé en gros par les médias. Rude tâche pour les magistrats et les enquêteurs que celle de rester insensible à cette pression. Certaines inculpations sont mêmes volontairement retardées par les juges d'instruction pour ne pas donner l'impression d'avoir cédé aux rumeurs journalistiques.

Crimes en série

Avant de conclure cette rubrique « crime », un phénomène urbain doit être mentionné : le crime en série. A Saint-Germain-en-Laye, après l'assassinat d'une jeune vendeuse le 26 avril 1985, la rumeur s'emballe : il ne pouvait s'agir que d'un crime en série. Très vite, les gens parlèrent de cinq victimes. Le maire « aurait reçu une lettre en annonçant dix autres ». Dans cette honorable ville tranquille, la rumeur révèle un considérable sentiment d'insécurité : jusque-là préservée, il fallait bien que la ville soit touchée à son tour par la « vague de criminalité » et retrouve les chiffres normaux. La rumeur comble l'écart entre le réel et le craint : à partir d'un cadavre, elle postule un crime en série, hypothèse remise en actualité par la projection télévisée, cette même semaine, du film *Peur sur la ville.* Il est vrai que le cinéma a depuis longtemps associé le fou criminel à l'anonymat des grandes cités urbaines. Dans le film, l'assassin, borgne, poursuivi par Belmondo, perdait son œil de verre. Selon la rumeur de Saint-Germain-en-Laye, la « première » victime aurait arraché la lèvre supérieure de son agresseur. Certains prétendent avoir vu l'homme sans lèvre. Manifestement ce crime a introduit un fardeau anxiogène dans la ville : il s'agit de l'alléger, d'une part en lui fournissant un criminel à la hauteur, d'autre part en criant en commun.

Le crime en série pose un problème considérable à la population : qui sera la prochaine victime ? Face à une question aussi angoissante, l'aspect fonctionnel de la rumeur est notoire. Elle va chercher à réduire l'angoisse. La première tactique consiste à briser la fatalité en déclarant qu'il n'y a pas vraiment une série, mais plutôt l'addition de plusieurs crimes. Ainsi, pendant les huit années de la longue traque du tueur de l'Oise, entre 1969 et 1976, les rumeurs s'efforceront d'introduire d'autres assassins potentiels : un ami ou un amant jaloux, un rôdeur. En enfonçant une brèche dans la série, on la transforme en addition de cas de délinquance et de crimes passionnels [17]. Pour exorciser l'angoisse, la rumeur refuse le réel et les preuves inéluctables de la série.

Une seconde attitude consiste à chercher un lien entre les victimes. La rumeur proposa d'abord la thèse de la débauche : les victimes, exclusivement des femmes, n'avaient eu « que ce qu'elles méritaient ». Le crime odieux est transformé en punition symbolique, ce qui excluerait les honnêtes femmes de la ville. Hélas, la liste des victimes infirma cette hypothèse. La rumeur se rabattit alors sur quelque trait physique : les victimes étaient petites et brunes. De nombreuses femmes de Creil et de Nogent se firent teindre les cheveux...

Insécurité et politique

Le crime en série déclenche un troisième type de rumeur : « La police connaît l'assassin, mais le protège. » L'angoisse est réduite : l'assassin est hors d'état de nuire, mais l'information doit rester secrète car elle est compromettante. Quant à la frustration de ne pouvoir crier vengeance, on la transforme en agressivité vis-à-vis des institutions, incapables de protéger le citoyen et toujours prêtes à pactiser avec l'assassin. En 1984, plusieurs femmes âgées étaient assassinées chez elles, dans le XVIIIe arrondissement de Paris, sans que la police identifie l'assassin (ou les assassins). Fin décembre 1984, une rumeur circulant dans le quartier précisait qu'il s'agissait d'un drogué, « non indigène à la France » et bien connu du quartier de la place des Abbesses. Mais les policiers ne pourraient pas l'arrêter parce que le pouvoir socialiste les en empêcherait. Les autorités auraient décidé d'expulser discrètement ce suspect et son ou ses complices vers leur pays d'origine, de peur de déclencher une véritable émeute populaire.

La rumeur tire sa crédibilité de l'amalgame des deux nouveaux habitants de Montmartre bouleversant le plus l'équilibre du quartier : le drogué et l'immigré. Elle satisfait la frustration impuissante des petits vieux démunis de tout moyen d'action. Elle rend aussi complice le pouvoir socialiste, suspect de complaisance coupable avec les étrangers, une hypothèse séduisante dans une ville en majorité RPR. Dans ce contexte, on ne saurait exclure que cette rumeur ait une origine délibérément politique. L'entretien d'un climat d'insécurité a un intérêt électoral : il suffit de l'entretenir par la rumeur et ensuite de faire relayer celle-ci par la presse que l'on contrôle.

13. Rumeurs et star-système

Il n'y a pas de stars sans rumeurs. La star a déjà un public, celui de ses admirateurs, de ses vénérateurs, de ses idolâtres. Pour ce public, la star est ce qu'il y a de plus important : l'implication est totale. Les fans ne vivent que par identification : elle est leur modèle, leur source d'identité. Hélas, la star est distante, nécessairement : on n'approche pas le sacré. Les deux conditions de la prolifération des rumeurs sont donc présentes : une énorme importance et une considérable ambiguïté créée par le secret qui entoure la star.

Posséder un bout de l'idole

Le sauvage adore des idoles de bois et de pierre, l'homme civilisé des idoles de chair et sang, nous rappelle B. Shaw. Le fan idolâtre désire se fondre dans la star, la posséder, se l'approprier physiquement et mentalement. La star est le pivot de son identité, son oxygène, son âme.

Ce désir starophage est toujours frustré : la star doit rester inaccessible, hors de portée du monde humain. Néanmoins, pour entretenir la foule des adorateurs, il faut des substituts à cette possession impossible. La rumeur en est un ; l'autre est la collection des traces physiques du passage de la star. Faute de posséder la star, le fan veut en posséder une partie. Les clubs de fans sont des marchés d'objets lui ayant appartenu, ou ayant été touchés par celle-ci : le rouge à lèvres de Liz Taylor, un cheveu de

James Dean, un bout de la chemise de Johnny Hallyday déchirée au Palais des sports... Le fétichisme des reliques entretient la foi : le potin aussi.

La star ne possède pas son public : c'est l'inverse. La star a des devoirs vis-à-vis de celui-ci : rester *sa* star est une entreprise quotidienne. Le public veut d'abord être récompensé pour son adoration, et en particulier les fans, c'est-à-dire la partie la plus impliquée et la plus structurée. Le fan estime avoir des droits : peuple élu, il veut un traitement privilégié.

La vie privée de la star est publique : quelques pans en sont soigneusement soulevés au moment opportun par les attachés de presse ou les impresarii. Les paparazzi se chargent aussi de surprendre la vie privée des stars. Dans les deux cas, le résultat est le même : alimenter le besoin d'entrer dans l'intimité. Loin de se contenter des images cinématographiques, le public est un voyeur permanent. Les fans en veulent plus : leur statut en dépend. Ils veulent être ceux qui apportent l'indiscrétion, la fuite autour d'eux. Ils sont des relais entre le monde surnaturel des dieux et héros et le grand public. Dans cette tâche de passeur entre deux rives, le fan rappelle son appartenance au monde de la star : il est celui qui sait. Porteur des dernières nouvelles, il donne l'impression de vivre dans l'intimité de son idole.

La rumeur intervient ici. Rester star, c'est gérer le secret, manager la fuite, distiller la confidence. La transparence tue la star : une star n'est pas un copain. Le secret total l'anéantit autant : le public et les fans asphyxiés par le manque d'information ont disparu. Le mystère soigneusement dosé maintient la foi. Pour compenser son amour impuissant, le fan veut posséder des brins d'information exclusive, lucarne un instant ouverte sur l'intimité de l'idole. Cette appropriation imaginaire sert de substitut à l'impossible possession.

Maintenir le mythe

Le potin n'a pas besoin d'être vrai. Nous préférons une histoire qui nous fait du bien à une vérité qui ne nous procure rien. Le bon potin doit alimenter le mythe. Les femmes stars représentent des archétypes d'amoureuse [107]. Aussi le potin égrène-t-il la saga ininterrompue de l'amour. Une rumeur de fiançailles précède une rumeur de mariage pour mieux faire le lit d'une rumeur de conflits conjugaux, de retrouvailles ou de divorce. La quête de l'amour fou est permanente. A travers ces femmes, le public vit par procuration le mythe du Grand Amour, que sa vie morne ne lui a pas permis de rencontrer personnellement.

L'homme star est un héros, en plus d'un amant. Les potins alimentent ces deux aspects de son identité : Belmondo se serait blessé en refusant de se faire doubler dans une scène périlleuse ; James Dean manifeste sa fureur de vivre en flirtant avec la mort en permanence : il participe à des corridas au Mexique. Il est aussi l'amant de dizaines de stars et starlettes. Toute la vie de James Dean fut construite comme le bref passage d'un surhomme dont les secondes terrestres étaient comptées. Lorsqu'il se tua au volant de sa Porsche Spyder le 30 septembre 1955, à plus de 160 kilomètres/heure, les rumeurs confirmèrent son statut de surhomme.

Un surhomme ne meurt pas. En réalité, selon la rumeur, défiguré par l'accident, il s'est longtemps caché dans une ferme des environs de Los Angeles. Toute une légende entoure aussi sa Porsche. Après l'accident, l'épave fut rachetée par l'homme qui l'avait entretenue pour Dean : en la descendant du camion qui la ramenait, les freins lâchèrent. Un ouvrier eut les deux jambes brisées. Puis le moteur fut vendu à un certain Mc Henry, de Beverly Hills, amateur de voitures de courses : celui-ci fut naturellement blessé dans une course, peu après. Lorsque la carrosserie de la voiture de James Dean fut envoyée à Salinas, la ville où se rendait James Dean le jour de sa mort, un brusque coup de frein du camion la fit s'éjecter : elle s'abattit sur une victime de plus et provoqua un carambolage en chaîne. Enfin, treize années après la mort de Dean, la voiture disparut, comme envolée. Comme le dit la légende, avait-elle été finalement retirée de terre par quelque force surnaturelle, celle-là même qui avait mené le destin surhumain de James Dean ?

Quand le contrat est rompu

Un contrat tacite lie la star à son public : toute sa vie, elle doit jouer le mythe qui l'a fait élire. On ne devient pas star par hasard. La star est la rencontre d'un physique avec un type de personnalité, celui que le public attend à un moment donné. James Dean a explosé parce que cet acteur timide a joué dans *la Fureur de vivre* un caractère dans lequel toute une génération s'est reflétée. C'est le besoin qu'on a d'elle qui crée la star : une partie du public, à un moment donné, a besoin d'un certain type d'idole, dépositaire de qualités bien précises. En somme, elle apporte son physique divin au rôle que le public attend de voir tenir.

Une fois la fusion opérée entre le physique et le caractère, la star est engagée : elle doit s'y tenir, faute de quoi le public risquerait de se sentir floué. Il ne l'a pas élue pour son physique, mais pour sa fonction psychologique [84].

Les rumeurs négatives sont le signe d'une fissure : la star s'éloigne des termes du contrat tacite. Elle viole le scénario pour lequel elle fut retenue. Par exemple, lorsque Ingrid Bergman eut un enfant de R. Rossellini avant même de l'avoir épousé, cela déclencha un tollé. Ingrid Bergman avait été retenue comme l'incarnation des vertus de Jeanne d'Arc, le rôle qui l'avait consacrée. A chaque vertu sa star : il en va des idoles cinématographiques ou musicales comme des saints patrons dans les églises.

En France, la rumeur concernant Sheila est aussi le signe d'une attente déçue. A l'époque de *Salut les copains* et du yéyé, Sheila symbolisait la lycéenne bien sage, aux petites couettes : ses chansons étaient modernes, mais pures et rassurantes. Elle représentait le profil de la jeune fille bien élevée, restant dans le droit chemin. Cette vocation était très différente de celles de Sylvie Vartan ou de Françoise Hardy. Elle créait donc des attentes bien spécifiques de la part de son public : normalement, son rôle aurait dû la conduire à avoir quelques petits amis, plutôt peu mais stables, le tout se finissant par un honnête mariage avec un gentil garçon (une sorte d'Adamo).

La trajectoire de Sheila fut inverse : non seulement elle maintenait un total secret sur sa vie privée – violant un des devoirs de la star – mais, malgré les fuites, on ne lui connaissait aucun petit ami public, pire, elle s'obstinait à ne pas se marier. Ceci ne pouvait que perturber les chaumières abritant ses fans. Pourquoi cette trajectoire imprévue ? Y aurait-il quelque impossibilité à mener le destin féminin auquel le public l'avait promise ? Plus tard, lorsqu'elle fut enceinte, Sheila resta très discrète : ceci contrastait avec le comportement des autres stars qui désormais n'ont de cesse d'arborer leur ventre devant les écrans ou sur scène. Même un sex symbol comme Raquel Welch arbora avec fierté sa maternité : le temps où Pétula Clark, enceinte, chantait en se cachant derrière un paravent est bien révolu. Aujourd'hui, à l'ère où le bébé est d'autant plus valorisé qu'il est rare, un excès de secret paraît suspect.

Comme toujours lorsque des questions importantes restent sans réponse, la rumeur prend le relais et apporte ses solutions. Toute femme seule est une femme ambiguë : solitaire, sans petits amis connus, gérant elle-même ses affaires, Sheila avait un comportement d'homme. Élue comme jeune fille bien sage, elle assumait des fonctions masculines. Chacun le sait, la fonction crée l'organe : la rumeur a effectué l'amalgame entre le non-mariage et le style de carrière plutôt masculin. Si la chanteuse s'est écartée du chemin attendu, c'est à cause de quelque impossibilité physique, quelque virilité secrète, travestie jusqu'alors.

Cette histoire mythique permettait d'intégrer dans un seul scénario la vie professionnelle et privée de la chanteuse. Elle nous rappelle qu'une star ne s'appartient pas. Elle a deux devoirs vis-à-vis de son public : un devoir d'exhibition dosée, et aussi de permanence dans les vertus qui l'ont faite élire. A ne pas vouloir gérer les rumeurs, on s'expose aux rumeurs les plus incontrôlables.

14. A l'usine et au bureau

Peu de conditions sont aussi propices aux rumeurs que celles de la vie professionnelle, à l'usine, au bureau, dans l'entreprise ou l'administration. En effet, les rumeurs fleurissent lorsque les gens ont le sentiment d'avoir perdu tout contrôle sur leur propre avenir. Hormis le P.-D.G. et quelques cadres dirigeants, l'ensemble des travailleurs se trouve précisément dans cette situation : tout se décide en dehors d'eux. En général, lorsqu'ils sont prévenus, c'est après que la décision a été prise : fermeture d'usine, mise à pied, déplacement de siège social, taux d'augmentation des rémunérations, montant des primes, promotions, embauche... L'entreprise est un haut lieu du secret : les rumeurs n'en seront que plus nombreuses. Enfin, l'entreprise, privée ou publique, est un lieu social sous tension : le conflit d'intérêts y est permanent. Les rumeurs reflètent la trame des relations hiérarchiques, des rapports travailleurs-patronat, et des antagonismes d'individus. Terrain de frustrations rentrées, en France, le lieu de travail est aussi un lieu d'anxiété : le risque de chômage plane inégalement sur chacun et des secteurs entiers de l'économie vivent sous une épée de Damoclès.

Ainsi, tous les facteurs propices aux rumeurs se trouvent concentrés. Les rumeurs naissent précisément en réaction à ces facteurs. En situation de croissance économique, le démontage d'une machine serait interprété comme l'annonce d'un remplacement par une nouvelle, plus efficace. Aujourd'hui, la rumeur l'interprétera comme le signe d'un premier démantèlement de tel ou tel atelier.

Ce faisant, la rumeur sert à structurer et à réduire l'anxiété latente : elle fournit un objet précis pour polariser les attentions. On sait alors contre quoi se battre et lancer une action : les travailleurs peuvent se mobiliser derrière une revendication précise et reprennent ainsi une parcelle de contrôle sur leur destinée.

Les silences de Renault

Peu de moments ont vu fleurir autant de rumeurs que les semaines ayant suivi la nomination de Georges Besse à la tête de Renault. En effet, en raison des résultats décevants du groupe, Bernard Hanon dut démissionner. Le gouvernement alla chercher un patron de choc, Georges Besse, réputé pour son efficacité et ayant fait ses preuves en remettant Péchiney à flot. On pouvait donc tout craindre de cet homme que les médias présentaient déjà comme le chirurgien de la dernière chance pour Renault [110].

Après sa nomination, le 21 janvier 1985, Georges Besse n'avait dit que deux phrases : « Il faut faire des économies » et « Je rencontrerai chacun pour connaître son rôle exact dans l'entreprise ». Puis il s'enferma dans un silence total, des semaines durant. Ce mutisme ouvrit la vanne des rumeurs au sein de la base, des ouvriers, et des employés. Chacun tentait de deviner les effrayantes intentions de l'impitoyable manager. « Il vient de fermer la cafétéria du siège social, quai du Point-du-Jour », « Il paraît même que la cafétéria de Rueil-Malmaison va aussi être fermée ». Si l'on en croit la rumeur véhiculée par les adeptes du café de 10 heures et du thé de 17 heures, « il » aurait constaté que les cadres et les employés avaient tendance à confondre la cafétéria avec leurs bureaux.

Selon les rumeurs, Besse avait lancé un safari aux « excès ». A Billancourt, « il » aurait l'intention de fermer toutes les salles de prière. « Il » aurait fait une descente surprise dans le supermarché Leclerc adjacent à Renault pour « piquer » quelques ouvriers occupés à faire leur marché pendant les heures de travail. Résultat : un avertissement pour 79 salariés (on remarque à nouveau combien, lorsque l'information est émotionnelle, il importe de la soutenir par des détails crédibilisants, tel ce chiffre précis). Dans la foulée, Besse serait allé inspecter les salles de cinéma toutes proches de l'usine de Boulogne-Billancourt à la recherche de quelques « tire-au-flanc ». Manifestement, les habitudes allaient en prendre un coup.

A la surprise générale, Georges Besse est arrivé à la Régie en Super Cinq, sans chauffeur, sans téléphone. La majorité des cadres supérieurs jouissent d'une R25 de service. La rumeur circula selon laquelle les voitures de fonction allaient être limitées aux simples R5. De fait, la petite innovation imposée par le nouveau P.-D.G. fit son chemin. Les responsables de l'octroi des véhicules de service ont commencé à tiquer, et, au fil des semaines, à les distribuer au compte-gouttes. « Maintenant, on vous les prête beaucoup plus difficilement », raconte un cadre furieux. Désormais, chez Renault, tout est imputé à Besse [1]. Un soir, quai du Point-du-Jour, on n'y voyait goutte : « C'est Besse qui a fait réduire la pression d'électricité. »

Naturellement, les rumeurs allaient aussi bon train concernant les réductions d'effectifs. Georges Besse avait désiré rencontrer chacun : il voulait parler de tous ceux qui exercent des postes de responsabilité. Par le bouche-à-oreille, cette intention s'étendit à tout le personnel : « Dans le cadre de sa "visite" de l'entreprise, il s'est rendu à l'infirmerie d'un atelier de Billancourt, en bleu de travail. Les services n'étant pas assez rapides, il a fait virer le médecin-chef. » En ce qui concerne les suppressions d'emploi, la rumeur va de 15 000 à 25 000 salariés en sureffectifs.

C'est dans les ateliers que les bruits de couloir sont les plus importants : au bas de l'échelle hiérarchique, là où l'anxiété est maximale, les bruits sont répétés tels quels,

1. *Libération*, mardi 23 avril 1985.

sans être analysés. Aux niveaux supérieurs, même quand elle n'est pas crue, la rumeur circule tout autant : elle est la dernière « bonne histoire » que l'on raconte à son collègue de bureau, une façon d'exorciser l'inquiétude par le rire. Quoi qu'il en soit, cette succession de mini-événements, de rumeurs et d'histoires contribue à construire le mythe « Besse ». C'est avec des petits ruisseaux que l'on fait des fleuves : de même, les mini-rumeurs cimentent une réputation.

Une arme syndicale

On l'a dit, la rumeur est un contre-pouvoir. Dans l'entreprise, les médias de la direction sont le silence, les notes de service, les journaux d'entreprise, les communiqués, les conférences. La rumeur, le tract et le bulletin syndical sont les médias des organisations de travailleurs. Quels sont les divers usages de la rumeur ?

La rumeur mobilise. Par exemple, chez Renault, la CGT fait régulièrement courir le bruit que l'on va vendre l'île Séguin où est installée l'usine de Billancourt. Cette rumeur qui semble partir de la base permet de mobiliser les sympathisants du syndicat, elle alimente son image, ses relations publiques. Lors des élections des délégués du personnel et du comité d'établissement, les délégués du syndicat font courir le bruit parmi les travailleurs immigrés que, s'ils ne sont pas réélus, les avantages sociaux des immigrés seront partiellement supprimés. En 1984, dans un château près de Paris, les responsables d'une branche de la Régie s'étaient réunis avec des représentants étrangers pour négocier de possibles échanges commerciaux et jeter les bases d'une coopération industrielle. Cette réunion parut ambiguë aux syndicats qui firent circuler la rumeur selon laquelle la branche allait être vendue aux étrangers. Il fut alors aisé d'organiser un défilé sous les fenêtres du château et de perturber ces inquiétantes négociations secrètes.

La rumeur conditionne les esprits, elle crée et entretient le climat désiré. On l'a vu dans les nombreux exemples présentant Georges Besse comme l'homme qui allait faire des coupes sombres et tailler dans le vif. La rumeur des R5 de fonction visait à inquiéter les cadres en agitant le spectre de la remise en cause des « droits acquis », celle des salles de prière visait plutôt les immigrés musulmans. Même si ces deux rumeurs étaient spontanées, elles auraient très bien pu s'inscrire dans le cadre d'un plan de communication.

La rumeur contrecarre les plans, elle prend les devants et organise la résistance : elle s'oppose à l'acceptation passive du fait accompli, appris en général trop tard. Ainsi en 1985, lors du renouvellement du contrat de coopération commerciale entre la Régie Renault et l'URSS, la Régie a menacé de suspendre le contrat portant sur la vente de matériels d'équipements et d'ingénierie, car l'URSS proposait un prix trop bas. On vit alors circuler les rumeurs annonçant d'importantes mises à pied : si l'on ne vendait pas d'équipements, ce serait la ruine du secteur machines-outils, donc le signe probable d'une suppression de personnel dans ce secteur.

La rumeur oblige la direction à parler, à rompre le silence : il s'agit de prêcher le faux pour savoir le vrai. En lançant en permanence de nouvelles rumeurs alarmistes, les syndicats essaient de deviner les intentions des responsables de l'entreprise : il suffit d'examiner celles qui sont démenties et celles qui ne le sont pas. Par cette tactique de feu continu, ils inversent la relation avec le patronat. Ce dernier perd l'initiative de l'information : il ne peut que réagir aux rumeurs lancées par les syndicats. Le problème est aigu : pour reprendre l'initiative et cesser d'être acculé au rôle passif de démentir ou confirmer, la direction peut être tentée par une politique de silence total, de *no comment.* Mais ce faisant, elle fournirait l'humus de la persistance des rumeurs, de leur exacerbation : le silence serait interprété comme un signe de gêne ou d'embarras d'avoir été démasqué.

Il arrive aussi que la direction elle-même fasse usage des rumeurs : c'est alors en tant que ballon d'essai. On souhaite évaluer quelle serait la réaction de la base à telle ou telle mesure impopulaire, quel est l'état de mobilisation des troupes. Un bruit est alors lancé : il n'y a plus qu'à attendre la vitesse et la force de la réaction syndicale.

La gestion des communications internes

Alors qu'elles maîtrisent leur communication externe (la publicité, l'image), les entreprises se sont rendu compte qu'elles étaient totalement démunies en matière de communication interne. La prolifération des rumeurs est en général le révélateur de cette lacune. Aussi a-t-on vu naître dans les organigrammes un nouveau poste fonctionnel, rattaché directement à la direction générale : direction de la communication interne ou des relations humaines. A lui la tâche, non de supprimer les rumeurs, mais d'éviter celles qui peuvent l'être. Le premier objectif en effet est une utopie : il repose sur l'hypothèse fausse que les rumeurs sont nuisibles. Celles-ci sont avant tout un mode d'expression et d'action sur l'environnement. De plus, compte tenu de l'organisation sociale dans l'entreprise et des conflits qui la caractérisent, les rumeurs sont inéluctables : elles sont le produit de la structure sociale et des relations de pouvoir. Le nombre et le contenu des rumeurs sont un excellent baromètre de l'atmosphère [33].

On peut néanmoins prévenir certaines rumeurs. L'examen des pratiques des responsables de la communication interne montre que ceux-ci sont gouvernés par un idéal de transparence. Puisque les rumeurs naissent d'une sous-information, d'une surinformation ou d'une désinformation, la stratégie consiste à saper ces trois facteurs par une politique d'information ouverte. Par exemple, le nouveau directeur de l'usine de Billancourt a opté pour une communication franche et directe avec les représentants du personnel : il ne rate jamais un comité d'établissement et annonce ses décisions très clairement. Lorsque, pour des raisons de confidentialité provisoire, il ne peut dévoiler les causes de telle ou telle décision, il n'élude pas le problème : les raisons du secret sont expliquées ainsi que la date où celui-ci sera levé.

Le responsable de la communication interne gère les journaux et revues internes de l'entreprise. Sa tâche est d'expliquer les grandes décisions de l'entreprise, mais aussi de signaler des faits trop souvent considérés comme mineurs par la direction générale. Par exemple, par pure rationalité de gestion, le groupe Valéo décida de vendre les murs de son siège social : il était plus intéressant de louer que d'immobiliser de l'argent de façon improductive. D'habitude, ce genre de décision est jugé comme peu digne de faire l'objet d'une information interne. C'est une erreur. Les employés et les ouvriers ont du mal à décoder les plans de diversification stratégique : en revanche, ils sont très sensibles à ces signes proches, tangibles et hautement symboliques. Si l'on n'y prend garde, la vente discrète du siège social peut servir de détonateur à une rumeur de faillite : « On vend la maison ! » Un événement similaire se produisit chez Renault : le directeur d'une filiale étrangère vendit sa maison pour en changer. Ce fut interprété comme le signe qu'il quittait le pays et le signal du retrait de Renault. Ce sont ces mini-événements qu'il faut annoncer à l'avance si l'on souhaite éviter des rumeurs [32 ; 34].

Le management de carrière

Dans toute organisation, il y a au moins deux réseaux de communication. Le premier, formel, est symbolisé par l'organigramme de l'entreprise. Le second, informel, ne figure sur aucun document : il existe néanmoins. Il s'agit de ce que l'on appelle le téléphone arabe, le réseau informel des secrétaires. Curieux terme que celui de « secrétaire » : étymologiquement, c'est un dépositaire de secrets.

Pratiquement, c'est une source irremplaçable de secrets, en particulier sur le « hit-parade » dans l'entreprise [37]. Ce canal est idéal pour savoir :

– qui a la cote et qui ne l'a pas ;

– qui va avoir une forte promotion et qui en sera exclu ;

– à quoi va ressembler la future organisation, avant même qu'elle soit officiellement annoncée, ce qui permet de prendre toutes dispositions préventives nécessaires ;

– qui va être muté ou transféré ;

– quels postes vont être créés et qui est pressenti. Ceci permet éventuellement de se porter candidat avant que la liste ne soit close ;

– quel est l'état de sa propre image dans l'entreprise. Interrogés directement, les gens hésitent à répondre franchement : en revanche, grâce à son anonymat, la rumeur dit tout sans ambages.

Le téléphone arabe n'est pas uniquement une source d'informations, c'est aussi une source d'influence, par rumeurs interposées. Supposons un cadre désireux d'obtenir une nomination à un poste nouvellement créé : la rumeur peut se charger d'avertir de sa candidature ceux qui n'y avaient pas pensé, elle peut aussi déstabiliser le moment venu quelques concurrents au poste convoité. Le management de la carrière passe par celui de sa propre image interne et externe : les rumeurs ont alors leur mot à dire.

15. La rumeur en marketing

En matière commerciale, tous les coups ne sont pas permis, officiellement. Par exemple, en France, la publicité comparative n'est pas autorisée. De même, il n'est pas recommandé pour un vendeur de dénigrer trop ouvertement les produits de la concurrence. Néanmoins, trop d'intérêts sont en jeu pour que la rumeur ne s'insère pas dans l'arsenal des stratégies commerciales et des plans de communication.

Déstabiliser un concurrent

Sur le terrain, le bouche-à-oreille est le média de la vente. C'est par le contact en face à face que clients et fournisseurs communiquent. Toute visite d'un vendeur à l'un de ses clients est une opportunité pour glisser subrepticement une rumeur visant à jeter un doute sur la fiabilité des fournisseurs concurrents. Rien n'est affirmé, tout est sous-entendu : le vendeur peut aisément « rumorer » des pseudo-informations, sur le ton de la confidence bienveillante. « J'ai appris d'un de mes amis qui travaille chez X que l'entreprise connaîtrait sous peu une restructuration. Faut-il ajouter du crédit à cette nouvelle ? Je n'en sais rien, mais j'ai cru bon de vous en informer, un acheteur averti en vaut deux [1]... » Lorsqu'un acheteur n'a qu'un seul fournisseur, son degré de dépendance élevé crée des ris-

1. *Direction commerciale*, « L'inquiétante rumeur », 1984, p. 43-45.

ques. La fabrication peut être interrompue si le fournisseur en situation de monopole subit une grève, des retards de livraison. Aussi les clients sont-ils en général très sensibles aux rumeurs concernant leur fournisseur exclusif : l'information a trop d'implications pour être négligée.

Le moindre fait peut servir de support à une rumeur. Une entreprise perd l'un de ses meilleurs vendeurs, passé chez un concurrent : « Ce n'est pas, à ce que l'on dit, le premier qui les quitte... ces dernières années, et ce n'est peut-être qu'un début. » Ainsi, un événement localisé, le départ d'un vendeur, est présenté comme le signal d'un problème caché et l'annonce de difficultés à venir dans l'entreprise. Dans le contexte économique actuel, il est fréquent que les vendeurs des grandes sociétés misent sur le talon d'Achille des concurrents de petite taille, la fragilité. Aussi les rumeurs concernant le prochain dépôt de bilan d'un fournisseur sont aujourd'hui monnaie courante. Agitant le spectre de la faillite probable pour une PME, on espère ainsi récupérer une commande. Si la rumeur prend de l'ampleur, elle s'autovalide. Inquiets devant la perspective de voir un de leurs fournisseurs promis à une vie brève, les acheteurs préfèrent opter pour un fournisseur dont on est sûr au moins qu'il sera encore là dans dix ans. En ce cas, le recul des commandes, créé par la rumeur, peut effectivement conduire le fournisseur visé à la faillite. Pour tout le monde, la rumeur avait donc raison.

Dans le monde des entreprises, tout acheteur se sent délaissé par le vendeur. Une fois l'acte de vente conclu, les ressentiments et les griefs s'accumulent, comme après l'euphorie du mariage. Les rumeurs trouvent un terrain particulièrement perméable en ces acheteurs frustrés et délaissés : elles fournissent une explication simple à un ensemble de détails et de situations mal vécus par ces acheteurs, comme par exemple les visites moins fréquentes du vendeur, les invitations plus rares, les cadeaux de fin d'année moins importants. L'acheteur projette son ressentiment : aussi s'empare-t-il de la rumeur qui lui ouvre les yeux. Son fournisseur lui cachait quelque vérité.

Le risque de voir le moindre événement exploité négativement par la rumeur influence les décisions des entreprises. Par exemple, en 1984, lorsque les Grands Moulins de Marseille lancèrent la Banette (une baguette améliorée), cette société se demanda s'il fallait ou non faire une campagne publicitaire à la télévision. On décida de ne pas faire de télévision : le budget ne permettait qu'une vague courte. La rumeur répandue par les concurrents aurait pu alors présenter celle-ci comme une vague « écourtée », signe que la Banette ne se vendait pas bien auprès des boulangeries, donc qu'il valait mieux ne pas acheter.

Dans la guerre permanente et souterraine visant à saper les réputations des plus grandes entreprises, la France a un gros handicap : la presse financière ou économique internationale est anglophone, quand elle n'est pas anglaise. Du fait du barrage linguistique et de leur peu de relations journalistiques, les Français ne peuvent faire parvenir dans cette presse influente quelque rumeur insidieuse, au bon moment.

Luttes souterraines

Nous avons déjà parlé du sucre. Après avoir mangé du sucre naturel pendant des siècles, les pays occidentaux se sont mis aux édulcorants de synthèse. Année après année, les ventes d'aspartam, par exemple, connaissent une croissance hyperbolique. Naturellement, en face, chez les fabricants de sucre le problème est inverse : comment saper la croissance de ces nouveaux produits de substitution ? Une première approche consiste à peser sur les règlementations pour limiter la diffusion du concurrent. Une seconde approche, défensive, consiste à essayer de débarrasser le sucre naturel du cortège de fausses rumeurs qui l'accompagnent. A titre d'hypothèse, une autre stratégie, plus offensive, consisterait à lancer une rumeur dans le public pour décourager une partie des consommateurs de passer à ce substitut du sucre naturel. Il existe suffisamment de revues paramédicales sur le thème de la santé, de la nutrition ou de la forme en manque de copie pour n'avoir aucun mal à y susciter quelques articles alarmistes sur les dangers cachés de la consommation des substituts du sucre naturel, comme par exemple un risque cancérigène.

Ainsi, toute société, toute marque a une zone de faiblesse, un talon d'Achille exploitable par la rumeur. Par exemple, une partie du capital de la société de vente par correspondance Les Trois Suisses est allemande. Or, la clientèle de cette forme de distribution est plutôt xénophobe : on préfère acheter bien français. Elle ne sait pas que Les Trois Suisses est pour partie une société allemande. Il y aurait là un terrain propice aux rumeurs, s'il était exploité par les concurrents. De même, la plupart des Français buveurs de Heineken croient qu'il s'agit d'une bière importée. Effectivement, pendant longtemps elle fut brassée en Hollande et son succès en France repose largement sur cette image « export » de bière étrangère. En réalité, sans tambour ni trompette, la bière Heineken est désormais fabriquée en France, à Schiltigheim, dans la banlieue de Strasbourg. Le fondement de son image est devenu mensonger. Un concurrent pourrait avoir intérêt à exploiter par la rumeur cette facette cachée d'Heineken.

De nombreuses marques font l'objet de rumeurs. Certaines sont spontanées : on l'a dit, le corps social réagit de façon défensive devant des innovations. D'autres sont probablement intentionnelles et exploitent précisément cette sensibilité française face aux innovations. D'autres enfin, nées spontanément, peuvent être entretenues par ceux qui y trouvent leur intérêt. Par exemple, depuis sa création, la crème pour chaussures Baranne est poursuivie par la rumeur. A l'inverse de ce que son intense publicité disait, selon la rumeur, cette crème « dessécherait le cuir ». Or, cet argument est spontanément employé par les petits commerçants vendant des marques concurrentes qui, elles, ne font pas de publicité. En Belgique, tout Belge affirmera que la bière Stella Artois donne mal à la tête. Ce qui fut une rumeur il y a plus de dix ans est désormais partie intégrante du savoir populaire : il est difficile de dire si cette rumeur était planifiée ou si Stella Artois, leader du marché, a hérité très naturellement des rumeurs concernant la bière en général. Quant aux multiples marques figurant sur le tract « de Villejuif », elles ont manifestement souffert d'une manipulation volontaire des consommateurs [76]. De plus, ce n'est pas un hasard si le tract circule dans les pays étrangers : les concurrents des entreprises françaises ont tout intérêt à le voir circuler.

Il existe un mode de dénigrement très proche de la rumeur : la blague. Celle-ci se diffuse très rapidement dans les groupes concernés à cause de son effet humoristique. Mais si elle porte sur une société ou une marque, elle permet aussi de rire de celles-ci. Par exemple, en 1985, alors que Bull effectue un spectaculaire redressement, on entendit circuler dans les cercles informatiques l'histoire suivante : « Savez-vous pourquoi le logotype de Bull est un arbre ? Parce que c'est le seul ordinateur qui se plante ! » L'intention de cette histoire est évidente : elle nie l'évolution de Bull et renvoie aux déboires technologiques remontant à plusieurs années. Il s'agit d'une manœuvre défensive visant à perpétuer l'ancienne image de Bull.

La stimulation du bouche-à-oreille

Les consommateurs font plus confiance aux dires de leurs voisins ou amis qu'à la publicité ou aux vendeurs. Aussi tous les fabricants se sont-ils posé la même question : Comment lancer une rumeur sur leur propre produit afin d'en augmenter les ventes ?

En réalité, la question posée concerne plus la stimulation du bouche-à-oreille que celle de la rumeur. En effet, rappelons-le, rumeur et bouche-à-oreille ne sont pas équivalents. Le concept de rumeur sous-entend une vérité cachée jusqu'ici et dévoilée par accident, à l'insu de l'entreprise, voire même parfois contre son souhait. C'est pourquoi la majorité des rumeurs sont noires et donc l'arme idéale des concurrents.

Il existe cependant des rumeurs favorables : elles fournissent un argument de vente que l'on ne souhaite pas ou ne peut pas avouer ouvertement. Par exemple, en Martinique et en Guadeloupe, la Société générale des eaux minérales de Vittel vend une quantité considérable de Ricqlès, le soft drink à la menthe. En effet, pour les Antillais, le Ricqlès aurait des vertus aphrodisiaques. Si Ricqlès faisait en France l'équivalent du tonnage qu'il réalise aux Antilles, ce serait le soft drink nº 1. Il faudrait pour cela que la société productrice parvienne à lancer la rumeur en France selon laquelle Ricqlès est un aphrodisiaque puissant.

Le bouche-à-oreille ne contient pas la connotation de non-dit, de message diffusé à l'insu de quelqu'un. Au contraire, la plupart des fabricants souhaitent ouvertement que le public reprenne et colporte leurs arguments publicitaires, qu'il se transforme en média-relais.

De toutes les sources d'influence sur les choix des consommateurs, le bouche-à-oreille est à la fois la plus ancienne et la plus efficace. Les conversations informelles concernant les marques, les produits, les magasins fournissent une information précieuse aux consommateurs ayant à faire face à une décision. D'une part, le bouche-à-oreille arrive à point nommé : on peut le déclencher quand on a un besoin précis de conseil (quel film voir ce soir ?, quels vêtements acheter pour être à la mode cet été ?, etc.). D'autre part, il émane de personnes en qui l'on a une totale confiance, peu suspectes de chercher à « vendre » quoi que ce soit.

Il ne manque pas d'études pour démontrer l'influence du bouche-à-oreille spontané entre consommateurs [9] : un acheteur de produits électroménagers sur deux consulte ses amis et ses parents avant d'acheter, un sur trois achète le produit et la marque qu'il a vus chez un ami ou un parent. Le bouche-à-oreille contribue aussi à accélérer ou freiner la diffusion des nouveaux produits : les premiers acheteurs font naturellement part de leurs sentiments autour d'eux. Ceci a beaucoup contribué à la rapide diffusion des « produits libres » de Carrefour : les premiers essayeurs étaient très satisfaits et le faisaient savoir.

D'une façon générale, il y a d'autant plus de bouche-à-oreille spontané que le produit est impliquant, constitue un achat risqué, ou représente une très forte innovation. Aussi n'est-il pas étonnant que l'électroménager, l'automobile, la mode soient très soumis à ce média. Aux États-Unis, la diffusion des lames Wilkinson s'est faite essentiellement par le bouche-à-oreille : le rasage est un sujet impliquant et ces lames apportaient un réel progrès. Au contraire, lorsque le produit est peu impliquant, le rôle des médias et du magasin est prépondérant. Aussi, seuls 8 % des acheteurs d'un nouveau dentifrice citent le bouche-à-oreille comme source d'information, mais 28 % citent la vue du produit sur les rayons du magasin et 25 % la publicité dans les médias.

Le bouche-à-oreille est très important dans le domaine des services. En effet, à la différence d'un produit, le service est invisible, intangible. Comment alors évaluer si telle ou telle compagnie d'assurances est sérieuse, ou si tel réparateur automobile est un professionnel honnête ? Seule l'expérience des autres est un message convaincant : le bouche-à-oreille fournit les leçons de leurs expériences directes avec ce service. Il n'est pas étonnant alors que le bouche-à-oreille représente 42 % des sources d'information lors du choix d'un garagiste pour l'entretien et la réparation de son véhicule [108]. Les services créent aussi plus de prosélytisme : les consommateurs cherchent spontanément à faire partager leur découverte autour d'eux. Cela tient au contact humain existant pendant la prestation de service : il s'instaure une relation affective avec le boulanger, le banquier, le garagiste, l'agent général des assurances, le coiffeur, le médecin.

Les clients satisfaits se les approprient et parlent alors de « leur » garagiste, « leur » médecin, « leur » coiffeur. En parlant de ceux-ci, ils parlent un peu d'eux-mêmes :

en valorisant leur perle, ils valorisent le découvreur. Les clients du Club Méditerranée sont ses plus ardents prosélytes.

De plus, alors que la qualité des produits est stable, du fait de la standardisation de leur fabrication, celle des services est très fluctuante. Par exemple, un restaurant peut s'endormir sur ses lauriers et relâcher la qualité de son service. Alors qu'il jouira pendant une année entière de ses étoiles ou toques imprimées dans les guides, la rumeur avertit immédiatement de la récente baisse de sa prestation. Aussi le public est-il attentif à la rumeur concernant les services (coiffeurs, restaurants, pressing, banques, assurances) : c'est une information qui a l'air toute récente [119].

D'une façon générale, le bouche-à-oreille est influent surtout dans les dernières phases du processus de décision du consommateur : quand il faut opter entre plusieurs produits ou marques ou prestations de service. Au contraire, les médias et la publicité jouent essentiellement un rôle au début de ce processus de décision : quand le consommateur commence à formuler son problème d'achat, à s'informer sur ce qui existe, où et à quel prix. Ainsi les médias apportent l'information, le bouche-à-oreille une évaluation. La publicité fait savoir qu'un film est sorti, le bouche-à-oreille conseille d'aller le voir ou non.

Pour les entreprises, le bouche-à-oreille est à la fois une carotte et un bâton. C'est un bâton au cas où le produit serait insatisfaisant. Alors les consommateurs engendrent une contre-publicité, un bouche-à-oreille négatif. De plus, ils disposent désormais de la chambre de résonance que constituent les associations des consommateurs qui les diffusent largement dans les médias. On se souvient du cas des pneus Kléber, des casques de moto, ou des serrures Fichet pas si indécrochetables que le prétendait la publicité. Si le produit est excellent, au contraire, le bouche-à-oreille en accélère les ventes.

Certaines entreprises reposent exclusivement sur le bouche-à-oreille pour promouvoir leurs marques. Par exemple, la cire pour meubles de la marque Abeille ne fait pas de publicité alors que son concurrent Favor en fait. Les femmes qui utilisent de la cire (en pâte ou en spray) sur leurs meubles sont en général très impliquées dans le ménage, dans l'entretien de leur intérieur : ce sont des prosélytes spontanés pour les produits qui leur paraissent les plus performants. Marque ancienne et réputée, l'Abeille fait partie de leur environnement affectif : elles en parlent avec ferveur autour d'elles.

Jusqu'en 1981, Tupperware ne faisait pas de publicité. La société vend ses récipients hermétiques en matière plastique par le seul biais du bouche-à-oreille et des contacts directs entre consommateurs. Tupperware dépend de 12 500 ménagères qui vantent les mérites des produits à leurs amies, voisines, collègues, relations, lors de réunions organisées. Chacune de ces présentatrices diffuse ainsi les produits à son entourage par son propre bouche-à-oreille. Chaque année se tiennent 700 000 réunions : 7 millions de femmes sont contactées. De même, la société Weight Watchers, promotrice de régimes d'amaigrissement, repose largement sur le prosélytisme des femmes ayant expérimenté avec succès les règles de conduite diététique recommandées par la société.

Néanmoins, ce serait une erreur de considérer le bouche-à-oreille et la publicité comme des choix qui s'excluent. La publicité stimule le besoin d'information qui est alors pris en charge par le bouche-à-oreille : Que faut-il penser du dernier film de X ? Que penser de la dernière voiture de chez Peugeot ? Elle apporte aussi un soutien au bouche-à-oreille par la notoriété qu'elle confère à la marque ou au produit : la notoriété rassure. A l'inverse, moins de média peut réduire la fréquence du bouche-à-oreille. Ainsi, lorsque ce dernier est très négatif, la marque cherche à se faire oublier pour un temps et diminue sa visibilité. Après l'accident ayant frappé la marque Tylénol, celle-ci a volontairement disparu des médias pendant plus d'un an.

L'industrie cinématographique est un cas exemplaire

d'adaptation au bouche-à-oreille. Si l'on pressent qu'un film va faire l'objet d'un bouche-à-oreille négatif, on passe celui-ci dans un très grand nombre de salles à la fois. Attiré par la publicité, le public se rue dans les salles avant que le bouche-à-oreille n'ait pu exercer son influence. La tactique de distribution a anticipé les effets prévisibles : le film a fait le plein de son public avant que sa réputation ne soit défaite par le bouche-à-oreille des leaders d'opinion et des premiers spectateurs. Mais il existe aussi des approches actives pour contrôler et diriger le bouche-à-oreille [41].

Il y a plusieurs années, aux États-Unis, l'agence de relations publiques W. Howard Downey et Associés, basée à New York, Chicago, Atlanta et, au Canada, à Toronto vendait un service particulier : lancer le bouche-à-oreille par le biais de ses employés. Ainsi, en une après-midi, la firme installait dans le métro des dizaines de ses employés, par paire. Chaque paire se mettait à discuter, en s'arrangeant pour que les passagers puissent tout entendre : par exemple, au moment de la cohue, ils ne se mettaient pas l'un à côté de l'autre, mais laissaient quelques passagers entre eux. La procédure pouvait aussi avoir lieu dans des ascenseurs, dans les stades ou les queues de cinéma.

Pour polariser l'attention du public et déclencher le bouche-à-oreille autour de la publicité, il est fréquent d'employer un mécanisme à double détente, appelé campagne *teaser*. Il s'agit d'exciter la curiosité : le prototype en fut la fameuse campagne Myriam (demain j'enlève le bas). Dans une première phase, la publicité pose une mystérieuse question et ne présente aucune marque ; la deuxième phase fournit la réponse. On espère ainsi impliquer le public, le faire discuter de la question mystère, créer un suspense collectif générateur de bouche-à-oreille.

Pour stimuler le bouche-à-oreille, les entreprises utilisent aussi la technique de la fuite organisée. Par exemple, plus d'un an avant qu'il ne soit disponible, IBM laisse entendre qu'un nouvel ordinateur va être lancé. IBM annonce ainsi un événement important et ambigu : personne ne sait exactement ce que seront les performances du nouveau modèle. Ce mystère encourage les rumeurs et le bouche-à-oreille, ce qui est précisément l'effet désiré. Le résultat opérationnel est que maints acheteurs préfèrent attendre la sortie du nouveau modèle d'IBM plutôt que d'acheter de suite un modèle concurrent.

Une cible privilégiée : les leaders d'opinion

Dans les conversations spontanées concernant les marques et les produits, tous les individus n'ont pas le même rôle. Certains jouissent d'une certaine influence dans leur entourage, même s'ils n'en sont pas toujours conscients : ils aiment donner leur avis et d'ailleurs leur avis est recherché. On appelle ces personnes des leaders d'opinion.

La découverte du rôle clé que jouent les leaders d'opinion dans les phénomènes d'influence remonte aux années 1950. Jusqu'alors, et encore trop souvent aujourd'hui, on concevait la scène sociale comme une pièce à deux rôles : d'un côté les médias, de l'autre cette entité massive appelée « le public ». Dans cette conception, les médias étaient supposés avoir une influence directe sur le public, cet agglomérat de personnes. On reconnaissait aussi que des personnes puissent en influencer d'autres : ces leaders d'opinion étaient considérés comme des élites politiques ou sociales, sources d'inspiration et d'identification pour les « masses ». Dans les deux cas, l'influence est directe et verticale : de haut en bas, des médias ou des élites vers le public.

Or, les travaux des sociologues et politologues américains [82] ont montré d'une part que l'influence des médias n'était pas directe : elle transitait par le filtre de personnes qui, dans leur entourage, jouent un rôle de leader, sans pour autant jouir d'un statut privilégié. Le concept de leader d'opinion ne saurait donc se limiter à une acception élitiste ou statutaire : il intervient au sein de groupes restreints (relations, groupe d'amis, parents). Le leadership d'opinion n'est pas une influence verticale, mais horizontale : il s'accomplit à l'intérieur de chaque groupe, de façon très informelle. Nous avons tous autour de nous, dans notre entourage immédiat, quelqu'un dont nous sollicitons les avis sur un sujet particulier : en effet, le leader d'opinion est un spécialiste. Il n'y a pas de leaders tous azimuts, multispécialistes. Suivant les sujets, nous sollicitons l'avis de personnes différentes. Ces personnes clés servent de relais, d'intermédiaire, de filtre entre les médias et leur entourage : elles informent et évaluent [61].

Qui sont ces leaders d'opinion ? A la différence de la conception élitiste ou statutaire, rien ne distingue objectivement le leader d'opinion de son entourage social. En revanche, il a un plus fort degré d'implication dans un sujet donné (par exemple la politique, les voitures, la mode, la cuisine, l'entretien de la maison, etc.). Étant plus impliqué, il s'informe plus, s'ouvre beaucoup aux médias spécialisés sur son thème d'intérêt et aux autres leaders d'opinion. On le voit donc, l'influence interpersonnelle par le bouche-à-oreille transite de relais en relais, un receveur d'information se transformant en leader pour son entourage et ainsi de suite. C'est un processus à étapes multiples.

La découverte du rôle essentiel des leaders d'opinion a des répercussions sur la stratégie de communication des entreprises [128]. Auparavant, dans une conception élitiste du leader d'opinion, les entreprises cherchaient à acquérir (au sens propre du terme) les faveurs des « locomotives » sociales et culturelles. Pour lancer un nouveau parfum, on le diffusait largement dans le petit monde des stars et des gens qui font la mode. Tous les plans de publicité faisaient la part belle au magazine *Vogue*, qui s'enorgueillit de fournir des contacts-leaders, pas des contacts-moutons. En effet, *Vogue* serait lu presque exclusivement par des personnes « qui font l'opinion [...] hommes à la mode qui font la mode [...] prêts à enfourcher la nouveauté pour la répandre ». De la même façon, on a lancé le Rubik's cube, casse-tête aux facettes multicolores, en l'envoyant gratuitement à 1 200 personnalités de la politique, des arts, du spectacle, de la presse. Cette conception verticale de l'influence repose sur un mécanisme d'identification sociale : elle touche les produits à forte valeur de signe (alcools, cosmétiques, parfums, restaurants, lieux de tourisme, etc.).

Pour lancer la bière belge réputée Abbaye de Leffe, l'agence de publicité décida paradoxalement de ne pas faire de publicité. La faiblesse du budget (250 000 francs) n'aurait permis que l'achat d'une double page en couleurs dans *l'Express*. A la place, on envoya gratuitement une superbe caisse de bois contenant quatre bouteilles à plusieurs milliers de personnes considérées comme leaders d'opinion et locomotives sociales, capables et susceptibles de se livrer à un prosélytisme spontané pour vanter les mérites de leur « trouvaille » [66].

Dans un autre registre, depuis toujours les fabricants ont reconnu l'influence des prescripteurs, experts désignés sur un sujet particulier. Par exemple pour les raquettes de tennis, le champion est le prescripteur du professionnel, ce dernier est le prescripteur du joueur classé, qui lui-même est le prescripteur du non-classé. Il y a là une échelle de statut. Aussi la politique promotionnelle des marques de raquettes se concentre-t-elle sur ces niveaux de prescription pour agir sur la cible la plus large : le grand public. De même, en marketing industriel, depuis toujours, on a cherché à influencer les personnes qui exerçaient l'influence prépondérante dans le processus de décision d'achat des produits pour l'entreprise. Les vendeurs ont pour rôle d'identifier tous les participants à ce processus de décision, et d'agir sur les plus influents.

La stratégie visant les leaders sociaux et les prescripteurs est bien connue aujourd'hui. Mais le concept élargi de leader d'opinion attire l'attention sur le processus d'influence entre amis. Pour se faire une opinion, certaines personnes attendent d'en avoir discuté avec la personne qui, dans leur entourage, joue le rôle de conseil vis-à-vis d'elles. Pour influencer le public, les entreprises cherchent à identifier ces leaders d'opinion, ces relais cruciaux, et à leur communiquer directement une information exclusive, reconnaissant leur rôle de leader d'opinion, et les besoins qu'il crée. Le cas de la société de vente par correspondance La Redoute est exemplaire : il illustre comment une entreprise a modifié ses procédures après avoir pris conscience du concept large de leader d'opinion.

Auparavant, à La Redoute, le « public » (la clientèle présente dans son fichier comportant cinq millions de noms) était conçu comme une masse, sans réseau de communication interne. La Redoute cherchait à stimuler le bouche-à-oreille en proposant les mêmes incitations à tout le public. Par exemple, on trouvait dans le catalogue un « bon de commande amie ». Il s'agissait d'inciter la cliente recevant le catalogue à en parler autour d'elle et à convaincre une amie de profiter de l'offre spéciale réservée à toute amie.

Désormais, La Redoute suit la politique de la *tache d'huile.* Toutes les actions de stimulation du bouche-à-oreille sont concentrées sur les leaders d'opinion. Il ne servait à rien d'inciter des non-leaders. Le réseau social de l'influence existe indépendamment de La Redoute : on ne pouvait plus continuer à l'ignorer.

Comment repérer les leaders d'opinion si ceux-ci ont les mêmes caractéristiques sociales que leur entourage ? La première méthode employée est celle du questionnaire d'autodésignation : à l'aide de quelques questions, on demande aux membres du fichier s'ils se perçoivent eux-mêmes comme leaders dans leur entourage, en ce qui concerne certains centres d'intérêt. La seconde méthode part d'un constat : les leaders, étant très impliqués dans un certain domaine d'intérêt, ont tendance à avoir les comportements caractéristiques des consommateurs à haut niveau d'implication :

– ils sont les plus fidèles acheteurs ;

– ils sont gros consommateurs de produits de la catégorie en question ;

– ils utilisent tous les services proposés par la société.

Une fois identifiés, les leaders d'opinion font l'objet d'une communication spécialisée. En effet, nous avons montré qu'on ne s'adressait pas aux personnes très impliquées comme on s'adresse aux non-impliquées [74]. Les premières, du fait de leur expertise et de leur rôle de leader, attendent une communication sélective, sur mesure, exclusive et reconnaissant leurs besoins d'information. En effet, pour être un relais, il faut avoir des informations à relayer. Alors que la communication grand public se contente de montrer des images et de renforcer la notoriété, la communication vers les leaders doit être très informative : elle doit renforcer l'idée qu'ils se font d'eux-mêmes, en leur fournissant par exemple beaucoup de détails sur les produits ou services.

D'autre part, pour accélérer le processus de tache d'huile, les sociétés de vente par correspondance leur proposent des offres spéciales dites de « parrainage ». Il s'agit de stimuler le prosélytisme naturel de ces leaders en leur offrant un cadeau s'ils parviennent à convaincre un grand nombre des personnes de leur entourage, auprès desquelles ils sont naturellement influents.

Le marketing des produits pour enfants est aussi fort utilisateur des processus de bouche-à-oreille et de leadership d'opinion. De nombreux bonbons ou jouets sont lancés sans publicité : ils comptent sur les cours de récréation, ces véritables aérodromes du bouche-à-oreille [75]. De fait, ils se répandent comme une traînée de poudre dans les écoles. De même, plusieurs fabricants essaient de créer de nouveaux médias pour communiquer avec les enfants : la télévision est onéreuse et fugace et la presse imparfaite. Aussi assiste-t-on au développement fulgurant des clubs. Par exemple créé en novembre 1982, le Club Barbie compte désormais 350 000 adhérentes actives. Cette croissance tient au succès du parrainage chez les petites filles. Chaque membre du club qui amène des nouvelles adhérentes reçoit un petit cadeau de la part de la célèbre poupée Barbie. Elle joue donc un rôle actif de leader d'opinion auprès de ses amies.

16. Les rumeurs financières

La rumeur financière correspond à un phénomène mythique dans la pensée du grand public. Qui dit « finance » imagine d'emblée des opérations spectaculaires de prises de contrôle en Bourse, des krachs retentissants, des phénomènes d'information privilégiée débouchant sur la constitution rapide de fortunes colossales. Il est vrai que la Bourse est perçue comme un petit monde fermé, complètement opaque donc totalement mystérieux : elle se prête à toutes les projections de rêves et d'imaginaire. La rumeur financière excite doublement les imaginations : nous avons vu combien le mot même de rumeur sentait le soufre ; si l'on y ajoute l'odeur de l'argent et du grand capital, l'ensemble devient totalement mythique.

L'étude des rumeurs financières pose certains problèmes particuliers qui la rendent à la fois très difficile et d'autant plus passionnante. Ici, la rumeur est très localisée et très fugace. Elle est un bruit. A l'inverse du texte, le bruit ne demeure point : il s'élève (au milieu de l'assistance), se répand et s'évanouit. Il est dès lors fort difficile de disposer d'un historique récapitulatif des rumeurs. De plus, une séance à la Bourse de Paris dure deux heures (sept heures à New York) : tout se joue en quelques minutes. On assiste donc à un foisonnement de rumeurs à durée de vie brève, donc vite oubliées.

Ajoutons que, pour être utilisable sur un marché financier, une information ne doit pas être connue de tous, sous peine d'être déjà incorporée dans le cours du titre.

Cette relative confidentialité liée au phénomène, du moins à ses débuts, ne rend pas non plus la tâche aisée.

Enfin, la Bourse ou tout autre marché de valeurs est un univers qui se veut rationnel. L'ensemble de la communauté financière fonctionne aujourd'hui sur une théorie dite de l'efficience des marchés, héritée des enseignements de l'École de Chicago. Les marchés financiers correspondraient à l'idéal du phénomène de marché : grâce aux médias, au télex, à Reuter, chacun y dispose de la même information, instantanément, et peut donc agir rationnellement. La notion de rumeur financière introduit l'hypothèse d'une certaine irrationalité des comportements des opérateurs financiers. Elle laisse aussi supposer que tout le monde ne bénéficie pas vraiment de la même information. Pour ces deux raisons, le fait d'étudier les rumeurs financières est en soi un acte dérangeant.

Pourtant le phénomène existe bien. Le *Wall Street Journal* a désormais une rubrique permanente intitulée « *Heard on the Street* ». Celle-ci diffuse à tous ce qui se dit dans des cercles restreints. En France, une ordonnance de septembre 1967 créa la Commission des opérations de Bourse avec pour mission générale de « contrôler l'information des porteurs de valeurs mobilières et du public sur les sociétés qui font publiquement appel à l'épargne et sur les valeurs émises par ces sociétés, ainsi que de veiller au bon fonctionnement des bourses de valeurs ». L'ambition de la COB est de permettre une « communication universelle et parfaite » en exerçant une sorte de police de l'information, et en surveillant de près les effets perturbateurs de rumeurs venues d'on ne sait où.

Il est normal qu'il y ait des rumeurs financières. Certes, les intervenants sont des experts, des professionnels, mais ici, l'anticipation de l'information a une considérable valeur monétaire. La légende veut que les Rothschild aient bâti leur fortune parce qu'ils avaient appris les premiers la défaite de Napoléon à Waterloo. Sur les marchés financiers londoniens, le fait d'être les seuls à connaître (et à croire) une telle information leur aurait permis de procéder à des achats de valeurs qui ne pouvaient que faire un bond considérable une fois la nouvelle connue et officialisée. Même s'il ne s'agit que d'une légende, elle illustre l'effet de la rumeur. Constatant des mouvements financiers de la part d'un opérateur bien connu, les autres opérateurs s'interrogent : il y a là un phénomène ambigu et hyperimpliquant. La rumeur va lui donner un sens. Face à des experts, très vite les signes perdent leur ambiguïté et deviendront évidents entraînant derrière eux soit un intense mouvement boursier, soit un arrêt de l'agitation. Sur les marchés financiers, l'important est de prévoir avant les autres. La rumeur est la conséquence naturelle de cette problématique permanente.

Pour examiner concrètement les rumeurs financières, nous distinguerons le marché des matières premières et le marché boursier classique. Dans le premier cas, nous examinerons l'exemple des matières premières traditionnelles, notamment l'exemple célèbre du sucre, mais aussi le marché des changes. La caractéristique principale de ces marchés par rapport à un marché boursier (actions, obligations) réside dans l'existence d'une confrontation entre l'offre et la demande de matières premières (sucre, or, monnaie), alors que l'action ne se fonde que sur la performance économique d'un groupe ou d'une entreprise. Les marchés des *commodities* (matières premières) ou des changes sont extrêmement spéculatifs [30]. De plus, l'environnement où s'échange l'information est mondial, alors qu'il n'existe pas forcément un marché mondial de l'action Moët-Hennessy.

Matières premières et dollars : les rumeurs à l'action

La crise du sucre en 1974

En 1968, le cours moyen du sucre était de 200 F la tonne. Il s'éleva progressivement à 1 000 F en 1973 et 1 650 F au début de 1974 pour culminer à 8 150 F le 22 novembre 1974 [138]. Cette hausse fut créée par la conjonction de plusieurs facteurs. Tout d'abord, le sucre est un marché où il existe un déséquilibre structurel entre la production et la consommation. En 1974, quelques experts avancèrent des prévisions très pessimistes quant aux récoltes à venir : le déséquilibre devait, selon eux, s'en trouver accru. A cela s'ajoutèrent des rumeurs sur le comportement attendu de certains pays : suspension des exportations par les Philippines, achats de la part des États-Unis, du Japon et de l'URSS. A Paris, ces prévisions et rumeurs donnèrent lieu à des spéculations considérables et irréfléchies, à l'instigation de certains commissionnaires imprudents. Ces spéculations amplifièrent fortement le mouvement des prix. Parallèlement, certains producteurs animaient une campagne de presse faisant croire à une pénurie de sucre afin d'obtenir un prix plus élevé de la part de la Communauté économique européenne. Enfin, début novembre 1974, le gouvernement polonais mit l'embargo sur 120 000 tonnes de sucre. La conjonction de ces prévisions, de la campagne de presse, des rumeurs, de la hausse du cours et des actions des États déboucha sur une hausse très brutale des cours, où la rationalité céda devant le rêve et l'imaginaire, soigneusement entretenus.

Le 22 novembre, le marché se renverse brutalement. La hausse ne pouvant se poursuivre indéfiniment, plusieurs intervenants décidèrent de réaliser leurs plus-values. En effet, le sentiment d'un excès avait engendré des rumeurs alarmistes de nature à inciter à des prises de bénéfice immédiates. Ce fut le début de la chute : le 2 décembre, le cours du sucre était tombé à 6 200 F, le 15 février 1975 il était à 4 200 F. Le 18 octobre 1975, le sucre ne valait plus que 1 530 F la tonne à Paris.

L'essentiel à retenir de cette crise en rapport avec la rumeur est ce qui suit : les rumeurs précédant la hausse vertigineuse des cours n'ont fait que renforcer un mouvement spéculatif déjà installé. Elles-mêmes recevaient une caution indirecte de la campagne de presse organisée par les producteurs. Quant au mouvement de renversement du 22 novembre, il correspond à un phénomène de « krach », où les intervenants prennent conscience du mouvement spéculatif, effectuent leurs prises de bénéfices et amorcent ainsi un mouvement de vente. Les rumeurs expriment alors l'angoisse de ceux qui craignent d'y laisser des plumes : elles prennent une importance démesurée et contribuent à engendrer un mouvement de panique. C'est dans un tel contexte que la rumeur atteint une dimension extrême : les intervenants ne savent plus à quoi se raccrocher, ils deviennent sensibles à tout bruit, le plus extravagant soit-il, et s'attachent plus à des informations subjectives qu'à des faits contrôlables [2 ; 83].

De l'influence du président Reagan sur le sucre

Deuxième semaine de mars 1985 : le marché de New York est en forte hausse. Une rumeur circule selon laquelle la hausse des tarifs douaniers sur le sucre, prévue à la fin du mois, ne se produirait pas, et que l'administration américaine songe même à supprimer ces droits, fort élevés au demeurant et qui pénalisaient jusque-là l'industrie sucrière.

A l'origine de la rumeur, vraisemblablement un officiel

de l'administration ayant fait une confidence à un représentant du lobby des agriculteurs. Sur la base de la rumeur, le cours du sucre a anticipé une « information » qui, quelques jours plus tard, sera reprise par l'Agence Reuter, au conditionnel bien sûr. La rumeur était officialisée, mais le marché en avait tenu compte depuis plusieurs jours.

Un avion chinois relance le dollar

Après plusieurs jours de descente vertigineuse jusqu'à 7,06 F, le matin du 21 février 1986, le dollar connut une remontée sur l'ensemble des marchés. A l'origine de celle-ci, une tension subite sur le marché de Tokyo : un communiqué d'une agence de presse venait d'annoncer la pénétration d'un avion militaire venu du nord dans l'espace aérien de la Corée du Sud. L'alerte maximale avait été déclenchée à la suite de cette incursion. Immédiatement la rumeur courut : les Nord-Coréens entamaient une attaque contre ce bastion occidental. Aussi les opérateurs voulurent se couvrir en achetant du dollar. En réalité, on le sut après, il s'agissait de militaires chinois désirant quitter la Chine communiste. La rumeur ne dura que quelques heures et eut des répercussions dans d'autres places financières.

Quelques rumeurs non crues, à tort

1974 : l'Union soviétique est exportatrice de sucre depuis des années. Cependant, une rumeur circule à Paris selon laquelle un officiel soviétique serait en voyage pour négocier d'importants achats de sucre avec la CEE, exportatrice nette elle aussi. Immédiatement, la rumeur est interprétée comme signifiant de mauvaises récoltes de l'URSS pour l'année et ouvrant la possibilité de considérables importations du fait de la demande intérieure. Étant donné la situation commerciale précédente de l'URSS, l'ensemble des maisons de négoce n'a pas cru à la rumeur. En conséquence, le prix du sucre n'a pas bougé. Ce fut une erreur : depuis 1974, l'URSS est devenue importatrice nette de sucre. La rumeur circulait du fait de son caractère inédit : néanmoins, elle fut jugée très improbable et resta donc sans effets. A l'époque, faute d'informations précises sur le niveau toujours très secret des récoltes soviétiques, le passé exportateur de l'URSS excluait toute hypothèse d'un renversement de tendance.

En janvier 1985, le dollar bat tous les records de hausse, dépasse les 10 F, atteint 3,45 DM. Février 1985 : le billet vert atteint 10,70 F, après une semaine de hausse continue. Des rumeurs circulent alors dans les milieux cambistes selon lesquelles certaines banques centrales européennes interviendraient sur le marché des changes pour stopper la dépréciation de leur monnaie nationale. Ces rumeurs ne parviennent qu'à ralentir le mouvement de hausse. L'ensemble des cambistes sur tous les marchés des changes ne croient pas à cette intervention. Ils se fondent en effet sur des rumeurs semblables survenues quelques années auparavant et non suivies d'effet, et sur les quelques tentatives d'intervention de banques centrales qui n'avaient traditionnellement eu aucun impact (comme par exemple les interventions de la Banque de France qui n'avaient pas empêché les dévaluations du franc).

Le 20 février 1985, les cambistes de toutes les grandes places assistent, médusés, à un arrêt brutal du mouvement de hausse et à une légère baisse. Une intervention concertée des principales banques centrales avait provoqué un mouvement de vente de dollars sans précédent. Ici encore, trompés par leurs estimations de la probabilité subjective de l'événement, les cambistes n'avaient pas cru la rumeur.

Les marchés financiers : un contexte propice aux rumeurs

Ces exemples concernant les matières premières ou les parités monétaires permettent de comprendre pourquoi ces marchés sont sensibles aux rumeurs.

– Le nombre d'intervenants est réduit : sur le marché du sucre à New York, une demi-douzaine de grandes maisons de négoce, les raffineurs, les institutions financières et les spéculateurs, pour la plupart des fonds privés. On apprend très vite si une grosse transaction a été effectuée, et qui est le donneur d'ordres derrière le courtier. Ce contexte permet à une rumeur d'aller très vite, car le public potentiel de la rumeur est restreint et lié par un étroit réseau de communication.

– Les intermédiaires sur un marché financier sont des techniciens. Ils ont une connaissance très poussée du marché et sont spécialisés par type de produit. Aussi en tant que relais, ils jouissent d'une forte crédibilité : ce sont des experts. Le caractère de vraisemblance de la rumeur est très accentué. A l'inverse, ceci garantit une certaine immunité face aux rumeurs fantaisistes. Dans ces marchés, on n'accepte pas n'importe quelle information.

– Sur un marché financier, le temps est compté. Le *trader* est soumis à la contrainte fondamentale du temps, du fait de la compétition existant sur le marché et de la rapidité nécessaire à l'élaboration des transactions. D'une façon générale, l'état de *crise* est caractéristique de l'activité d'une Bourse [120]. L'excitation et la tension créées par cette situation de crise permanente, en plus de la fatigue et de la nervosité qu'elle engendre chez les opérateurs, préparent le terrain à la diffusion de nombreuses rumeurs. Les investisseurs boursiers, quand bien même ils voudraient agir le plus rationnellement possible, c'est-à-dire avec la plus grande certitude, n'ont que deux petites heures pour décider au palais Brongniart (sinon encore moins pour une séance très agitée). Pas le temps de rechercher l'origine de l'information, de soupeser le degré d'exactitude, de questionner maints officiels et spécialistes. Il faut agir, c'est-à-dire trancher entre toutes ses incertitudes. La plupart de ces investisseurs savent pertinemment qu'ils n'ont pas toutes les données en main. La rapidité des décisions à prendre alimente l'avidité en informations (donc en rumeurs) des opérateurs.

– A la différence de beaucoup de rumeurs, toute rumeur financière implique un risque. Agir sur la base d'une information incontrôlée laisse planer le spectre des conséquences négatives en cas d'erreur. Mais ne pas agir est aussi un risque, par manque à gagner, au cas où la rumeur se révélerait fondée. Les sommes en jeu sur le marché sont souvent telles qu'on ne plaisante pas avec l'information. Le courtier qui, en bout de chaîne, prend les décisions d'achat ou de vente sait à quoi il s'engage en suivant ou non la rumeur. L'effet de la rumeur est donc lié à l'attitude des intervenants face au risque [73].

Sur le marché des matières premières, le risque assumé par le courtier est colossal en termes monétaires, mais aussi personnels (sa réputation professionnelle). La rumeur est pour lui un excellent moyen (ou prétexte) de réduction du risque, en particulier lors de situations très incertaines (attentisme du marché, absence d'événements, rareté de l'information officielle). En général, faute de temps, il ne se pose pas de questions quant à la source. La rumeur est là, cela lui suffit. En la considérant de manière rationnelle, il va en fait effectuer un pari sur cette rumeur. La contrainte monétaire va transformer l'évaluation de la rumeur en un jeu, une loterie, où l'on peut perdre mais aussi gagner beaucoup.

En général, la prudence prévaut sur le marché des matières premières : en revanche, à la Bourse, chacun sait que l'on ne fait pas de grands coups sans prendre de risques. Or, les recherches montrent que plus les gains potentiels sont importants, plus les investisseurs surévaluent les chances qu'ils ont de gagner. Le même phénomène se passe chez les acheteurs de billets de loterie : leur sentiment sur les chances qu'ils ont de pouvoir gagner grandit avec la taille du gros lot.

– Les marchés financiers sont des situations où les décideurs sont surchargés d'informations : on dit tout et son contraire. On savait que la rumeur naissait dans les situations de sous-information, l'inverse est aussi vrai. Face à trop d'informations, laquelle croire, sinon la plus sûre ou la plus subjective ? Au stade de la décision, vers quel élément se tourner si ce n'est vers celui qui renforce le plus ses propres opinions personnelles, comme c'est si souvent le cas des rumeurs ?

A la Bourse

Tous les jours, les gestionnaires de portefeuilles privés s'affairent autour de la corbeille pour optimiser leur taux de rendement, les plus-values, la rentabilité. Dans ce contexte, où les risques sont moindres que sur les marchés des matières premières, chacun est à l'affût des informations privilégiées, des tuyaux, de ces renseignements qui devraient être tenus secrets mais qui circulent tout de même, ce que l'on appelle les rumeurs boursières. Ces rumeurs sont naturelles : la nécessité de prévoir au plus juste, le souci de saisir l'opportunité fugace crée une demande d'information permanente. Les rumeurs comblent une partie de celle-ci. On peut néanmoins être tenté de les entretenir, voire même de les provoquer. La rumeur relève alors de l'intention maligne de celui qui a intérêt à la propager pour obtenir un mouvement sur les cours.

Retards d'information

Dans un premier cas [62], la rumeur naît d'un événement indépendant de la volonté des agents intervenant sur le marché financier. Le 28 septembre 1984, la société Clause arrête ses comptes sur décision du conseil d'administration, et dégage un bénéfice en augmentation de 25 %. Le 4 octobre, la société informe ses actionnaires par lettre, également adressée à la presse, d'une majoration possible du dividende. Cependant, l'acheminement du courrier est perturbé par des mouvements de grève affectant les services des PTT. Ce n'est que le 10 octobre que des chiffres, comportant du reste des inexactitudes, paraissent dans un hebdomadaire. Les rumeurs les plus infondées circulent concernant le montant des dividendes. La Commission des opérations de Bourse demande pour les calmer la publication d'un communiqué par la société. Il ne paraît que le 28 octobre ! Les retards dans la publication des résultats sont chose courante : dans de nombreux cas, ils sont intentionnels. Ainsi, dans un dernier rapport [1], la COB a stigmatisé cette pratique. Qu'il s'agisse d'annoncer des résultats substantiels, comme ce fut le cas pour Roussel-Uclaf qui avait réuni son conseil d'administration le vendredi 6 avril 1984 et avait attendu le mardi suivant pour publier dans la presse un communiqué annonçant la forte augmentation des résultats, ou qu'il s'agisse d'annoncer des pertes et la suppression du dividende, comme ce fut le cas pour les Maisons Phénix, ces retards permettent la réalisation d'« opérations d'initiés ». Les personnes sachant que la société va distribuer des dividendes peuvent en profiter pour vite acheter des titres alors qu'ils sont encore à un niveau bas ou normal. Une telle information filtre aussi par la rumeur.

1. *La Vie française*, 29 avril-5 mai 1985.

La concertation dans l'entreprise

Après une longue période de management cloisonné, les entreprises se sont mises à la concertation. Les dirigeants multiplient les réunions à l'intention des salariés pour les tenir au courant de la marche de la société. Dans son bulletin mensuel d'octobre 1983, la COB expliqua comment ses recherches effectuées en raison de l'animation intempestive du marché des actions SCOA avaient révélé que ce mouvement avait coïncidé avec une réunion de deux cents cadres, le 9 septembre. La direction leur avait indiqué les tendances permettant de mieux apprécier les perspectives des résultats de l'exercice se terminant le 30 septembre. Les propos rapportés par des cadres avaient suscité des rumeurs en Bourse, permettant d'agir avant même que les résultats n'aient été officiellement publiés.

Il y a de l'OPA dans l'air

Depuis la retentissante affaire BSN-Saint-Gobain, le public connaît le principe de l'Offre publique d'achat, une méthode choc pour prendre le contrôle d'une société. C'est chose courante aux États-Unis. Régulièrement, des rumeurs annoncent que telle ou telle entreprise va faire l'objet d'une OPA. En effet, tous les experts connaissent le profil type de l'entreprise « opable » : il s'agit de sociétés sous-cotées, qui sous-utilisent leur capacité financière. Il suffit alors qu'un mouvement inhabituel de titres ait lieu pour que la rumeur s'enflamme et suspecte quelque « raider ». Le raider est une personne qui, ayant identifié une telle société, achète petit à petit ses actions. Dans une seconde étape, il se montre à découvert et propose aux détenteurs de titres de les leur acheter à un taux particulièrement intéressant. L'objectif est d'atteindre un pourcentage du capital permettant de prendre le pouvoir et de « débarquer » l'équipe de direction. Ces rumeurs sont un terrible message à l'égard des patrons en place : elles signifient que quelqu'un pense faire mieux qu'eux à la tête de l'affaire !

A l'inverse, on peut avoir intérêt à entretenir la rumeur de la prochaine vente de la société à une autre société pour soutenir le cours des actions. Par exemple, depuis le début de 1985, à Wall Street, chacun sait que la firme d'informatique et de matériel aérospatial Sperry cherche à se vendre. Régulièrement, la rumeur lui trouve un acheteur, en général une firme ayant déclaré qu'elle cherchait à se diversifier. Alors, le cours des actions qui avait tendance à fléchir se ressaisit, ce qui était probablement l'objectif poursuivi par ceux qui lancèrent la rumeur.

C'est exactement ce qui se passa à la Bourse de Paris en octobre 1985. Autour de la corbeille, on murmura qu'un géant mondial, en l'occurrence Coca-Cola, aurait envie de « s'offrir » Pernod-Ricard, union mythique du symbole de l'Amérique et de l'apéritif national.

La rumeur connut une diffusion rapide, relayée par la presse économique et financière et quelques quotidiens nationaux. Il est vrai qu'une conjonction de faits pouvait accréditer la rumeur.

– Pour modifier son image, le groupe Pernod-Ricard développait ses activités non alcoolisées. Celles-ci représentent désormais 40 % de son chiffre d'affaires. Or, le secteur des soft drinks est moins rentable que les spiritueux. Théoriquement donc, l'élargissement de l'activité représentait un risque financier.

– Après deux lancements fracassants, celui de Pacific, pastis sans alcool, et de Brut de Pomme, le groupe avait été discret sur les résultats des ventes de ces deux produits. Cette discrétion, de bon aloi en temps normal, était peut-être mal venue en la circonstance : les investisseurs voulaient savoir.

– Le groupe Pernod-Ricard avait été désigné par *l'Expansion* comme l'entreprise la plus performante de l'année 1983. Or, dès qu'une entreprise accède au rang de numéro un, elle est tellement l'objet de l'attention des spécialistes que le moindre de ses éternuements est amplifié et interprété comme le signe du déclin. De fait, après trois années de croissance de ses résultats d'exploitation, l'année 1984 marqua une baisse : l'été 1984 n'avait pas été chaud, ce qui avait affecté les ventes de toute la profession. De plus, le groupe avait beaucoup investi cette année-là.

– Le groupe Pernod-Ricard est distributeur de Coca-Cola en France par l'intermédiaire de sa société, la SPBG. Ce sont donc deux groupes qui se connaissent.

– Enfin, les problèmes de Coca-Cola aux États-Unis avec l'échec de New Coke pouvaient expliquer que ce groupe veuille renforcer sa position en Europe.

Ainsi, sur un strict plan financier, la rumeur n'avait rien a priori qui la rende non plausible. D'où son succès. De fait, le titre de Pernod-Ricard connut dès lors une certaine agitation. De plus, la presse ne démentait pas la rumeur. Au contraire, certains l'attisaient même : « Tout cela est loin d'être clair, la direction de Pernod-Ricard noie le poisson [...], il y a anguille sous roche », écrivit par exemple *l'Écho des Halles*.

Il est vrai que le président du groupe Pernod-Ricard, maniant l'humour, avait émis une forme de démenti qui pouvait paraître ambigu : « Le capital de Pernod-Ricard est relativement bien protégé [...], même si nous voulions vendre aux Américains, il n'est pas évident pour autant que nous aurions l'autorisation des pouvoirs publics [...]. Je ne suis pas vendeur [...], après tout dans la vie tout n'est que question de prix. » Cette conclusion en forme de boutade l'obligea à réitérer son démenti, cette fois catégoriquement.

Une chose est certaine, le cours de l'action Pernod-Ricard connut une hausse. La rumeur émanait-elle d'un spéculateur ? C'est probable.

Même si bon nombre de rumeurs sont planifiées, il est souvent difficile d'identifier la source. Cependant, cela arrive parfois. Le premier jeudi de septembre 1980, Wall

Street fut secoué par une alerte : Ronald Reagan, le candidat républicain aux élections présidentielles avait été victime d'une crise cardiaque. Conséquence immédiate de la rumeur, le marché devait finir ce jour-là à un de ses niveaux les plus bas [1]. Selon Don Dorfman, un journaliste du *Chicago Tribune*, cette rumeur aurait été volontairement lancée par un agent de change new-yorkais. S'attendant à une baisse des cours, cet agent de change avait vendu à terme. Mais la baisse ne vint pas. Au contraire, on assista à une hausse et l'homme se voyait sur le point de perdre 5 millions de dollars. Aussi eut-il l'idée de lancer la rumeur de la crise cardiaque de Ronald Reagan. La nouvelle fit vite le tour de la corbeille et de tout Wall Street. Dans l'effervescence de la baisse, l'agent de change aurait non seulement retrouvé son investissement, mais en plus réalisé un coquet bénéfice. En somme, une rumeur qui vaut de l'or.

1. *Le Matin*, 10 septembre 1980.

17. La rumeur politique

A l'Institut d'études politiques, il n'y a pas de cours sur les rumeurs. C'est une erreur. Il n'est pas de politique sans rumeurs. L'essence de la rumeur, nous l'avons montré, est d'être une parole en marge de la parole officielle. Elle est un contre-pouvoir. Il est donc naturel que les rumeurs prolifèrent sur le terrain de la conquête et de la gestion du pouvoir.

Les avantages de la rumeur

Dans l'arsenal des outils de la guerre politique, la rumeur jouit de nombreux avantages. Tout d'abord, elle évite de se montrer à découvert : d'autres parlent à votre place et se font les porteurs volontaires ou involontaires de la rumeur. La source reste cachée, insaisissable et mystérieuse. Personne n'est responsable, mais tout le monde est au courant.

La rumeur est le média du non-dit : elle permet de porter sur la place publique des sujets que la tradition politique interdit de mentionner ouvertement. Ainsi, le Français est en général gêné par le problème de la santé : c'est un sujet tabou que l'on ne saurait aborder publiquement. Aussi est-ce un thème fréquent de rumeur : il jette le doute sur la pérennité de l'homme et sur sa capacité à gouverner de façon lucide et sereine.

La rumeur ne requiert pas de preuves. L'opinion publique se fonde souvent plus sur des impressions que sur des faits. L'accusation suffit donc [47].

La rumeur ne requiert pas non plus de larges états-majors : elle peut se fomenter en tout petit comité. C'est pour cela qu'elle est une arme favorite des complots. L'affaire Markovic, déjà citée, en est un exemple : éclatant en octobre 1968, elle devait salir le futur présidentiable Georges Pompidou et sa femme. Pendant des mois, on ne parla dans les salles de rédaction que de ces « fameuses photos de parties de plaisir dans une villa des environs de Paris au cours de l'été 1966 », que chacun pouvait décrire mais que bien peu avaient vues. Selon le préfet Rochet, alors à la tête de la DST : « Le silence observé à l'égard du futur président de la République, le montage photographique répandu dans Paris, les difficultés pour éclaircir la genèse de cette affaire, tout démontre que l'on se trouvait en présence d'une conjonction très inquiétante et d'un véritable réseau de complicités situées au ministère de l'Intérieur, à la Justice, au SDECE et au sein d'un clan gaulliste » [11]. L'ancien ministre de l'Intérieur du général de Gaulle, Raymond Marcellin, pense également que l'affaire Markovic fut orchestrée par quelques adversaires personnels de Georges Pompidou [99].

Ajoutons que la rumeur permet aux conjurés de ne pas se dévoiler. En effet, elle est la seule entreprise où l'on peut jouer le double jeu : personne ne parle en son propre nom, chacun ne fait que citer la rumeur. Difficile en ce cas de faire le tri entre ses amis et ses faux amis.

Enfin, et ce n'est pas son moindre avantage, la rumeur ne coûte rien. Comparée aux millions de francs dépensés pour les campagnes de publicité politique dont l'efficacité reste à démontrer, la rumeur est une arme sans coût financier direct.

Mais elle a aussi des inconvénients. A la différence d'une campagne publicitaire dont on contrôle chaque virgule, chaque mot ainsi que le calendrier, la rumeur échappe : son résultat est aléatoire. De plus, il arrive que la rumeur se retourne contre ses émetteurs : une fausse rumeur bien démentie permet à sa cible de se débarrasser des futures à venir. En la tuant, on tue toutes les autres. Ainsi, François Mitterrand se sortit avec brio des rumeurs de cancer qui accompagnèrent le début de son septennat. D'un côté le laconisme scientifique d'un bulletin de santé publié tous les six mois, à échéance régulière. De l'autre, un humour dénonciateur : « Il paraît qu'il y a beaucoup de chefs d'État qui sont malades et j'ai l'impression que beaucoup voudraient m'ajouter à la liste. Mais je reconnais qu'il m'arrive d'éternuer[1]... »

Usages de la rumeur

A l'approche des élections, tous les moyens sont bons pour déstabiliser les futurs candidats gênants. La rumeur est l'arme idéale des primaires, c'est-à-dire des luttes entre personnes du même bord.

En effet, dans toute guerre, on note que les rumeurs portent plus sur les alliés que sur l'ennemi. L'agressivité vis-à-vis de l'ennemi trouve des exutoires autorisés : la mort. En revanche, le combat fratricide étant honni, les dissensions et inimitiés internes doivent nécessairement utiliser le média de l'ombre, la rumeur. Le même phénomène explique l'âpreté des rumeurs dans le corps médical ou au Barreau. Dans ces deux groupes professionnels, la concurrence est forte pour accéder aux postes de pouvoir, mais on ne saurait faire campagne ouvertement les uns contre les autres. Celui qui rêve de devenir doyen de l'Ordre peut en revanche compter sur la rumeur pour entacher la réputation d'un « confrère ».

Sur le plan politique aussi, les calomnies émanent souvent de ses propres « amis » politiques. La candidature de Georges Pompidou à la présidence de la République, après le départ du général de Gaulle en 1969, gênait un des clans gaullistes. On n'hésita pas à tirer parti de l'assassinat

1. *Le Matin*, 25 septembre 1981.

de Stefan Markovic, l'ami et garde du corps d'Alain Delon, pour atteindre le futur présidentiable. C'est pour ôter toutes chances à Jacques Chaban-Delmas, candidat probable aux élections présidentielles de 1974, que l'on communiqua au *Canard enchaîné* copie de sa déclaration d'impôts et que l'on fit courir les rumeurs que l'on sait sur la mort de sa première femme. De même, les rumeurs visant Michel Rocard en 1984 et 1985 semblent profiter avant tout à ceux que le maire de Conflans-Sainte-Honorine pourrait concurrencer en 1988 pour l'investiture au titre de candidat officiel du parti socialiste aux élections présidentielles. Lors de l'affaire Greenpeace, on a beaucoup parlé d'une lutte entre le ministre de l'Intérieur Pierre Joxe et la DST d'un côté, et le ministère des Armées, Charles Hernu et le SDECE de l'autre.

Sur le terrain des élections locales, la bipolarisation et l'âpreté de la compétition font que les rumeurs émanent surtout du camp adverse. D'ailleurs, en 1984, P. Langenieux-Villart, directeur de l'information à la mairie de Grenoble auprès du maire RPR, Alain Carignon, publia un guide de 415 pages intitulé *Gagnons les cantonales.* Deux ans auparavant, un guide comparable, *Gagner les municipales de 1983*, avait été publié. Ces guides suscitèrent une certaine émotion, en particulier le chapitre consacré au bon usage du « bouche-à-oreille ». La presse s'indigna que l'on puisse ouvertement faire pédagogie de la pratique des rumeurs[1]. Mais ces guides ne faisaient qu'officialiser une pratique bien connue et utilisée par tous les partis politiques. Il est vrai qu'à Grenoble la lecture du guide ne pouvait que rappeler les bruits qui y coururent de façon persistante lors de la campagne des municipales de 1983. A cette époque en effet, selon une rumeur locale, anonyme, le maire sortant socialiste, M. Hubert Dubedout, serait né d'une mère kabyle et aurait des liens de parenté avec un riche commerçant d'origine maghrébine, M. Boudoudou, la rumeur s'appuyant sur la ressemblance

1. *Dépêche AFP*, n° 251755, 25 novembre 1984, Grenoble.

phonétique des deux patronymes. Hubert Dubedout fut battu par Alain Carignon. Quelle part la rumeur joua-t-elle dans cette défaite ?

Comme dans l'entreprise, le ballon d'essai est l'autre grand usage de la rumeur. C'est une façon de suggérer que l'on s'intéresse à tel portefeuille ou à tel poste de responsabilité. C'est aussi une tactique de gestion : lorsqu'un ministre veut apprécier ce que pourrait susciter telle ou telle décision, il laisse circuler une rumeur et décide selon les réactions.

Pendant la campagne des élections législatives françaises du 16 mars 1986, le président François Mitterrand déclara qu'il ne prendrait plus la parole après son intervention télévisée du 2 mars. Pourtant, dans la semaine précédant les élections, une rumeur courut avec insistance : le président pourrait démissionner si l'opposition l'emportait largement. Publiquement, F. Mitterrand n'avait pas brandi le spectre du départ : il laissait la rumeur jouer cette dernière carte pour convaincre les électeurs légitimistes. La rumeur fit la une du *Monde* du 19 mars : naturellement, tous les médias durent la commenter, ce qui la propageait d'autant plus. Ainsi, F. Mitterrand n'avait rien dit officiellement, mais tout le monde savait.

Enfin, l'intoxication est souvent le but réel des initiateurs de la rumeur. Il s'agit de prêcher le faux pour connaître le vrai ou pour créer un climat psychologique favorable et faire ainsi pression sur les hommes au pouvoir.

Ainsi, le 11 février 1986, une rumeur partie de Tel-Aviv fit rapidement le tour des capitales occidentales : M. Gorbatchev libérant A. Chtaransky, le mathématicien juif dissident, Nelson Mandela, chef de file noir de la lutte contre l'apartheid serait prochainement libéré en Afrique du Sud. Le président Botha mettrait fin à vingt-trois années de captivité. On attendit donc que, le 12 ou le 13 février, Mandela soit enfin libre. Il n'en fut rien : Botha refusa de céder. La rumeur avait créé un suspense et focalisé l'attention du monde libre sur l'Afrique du Sud, rendant encore plus visible le refus obstiné du gouvernement sud-africain et l'isolant ainsi un peu plus.

Les grands thèmes de la rumeur

L'analyse des rumeurs politiques montre que celles-ci ne font que décliner à l'infini un petit nombre de thèmes, sept en l'occurrence, que l'on pourrait appeler les sept péchés capitaux de la rumeur. Nous les présentons un par un, sans que l'ordre signifie que l'un est plus fréquent que l'autre, tout comptage en la matière se révélant hasardeux.

Le premier thème est celui de la main cachée, du pouvoir occulte, de la société secrète qui tire les rênes du pouvoir. Ce thème découle logiquement de la conception de la vie politique comme un théâtre. Il postule un théâtre de marionnettes, où les ficelles sont en des mains invisibles. Derrière la mise en scène électorale et une façade démocratique, il existerait en réalité un pouvoir occulte, une main cachée, libérée elle des entraves du parlementarisme et du suffrage universel. Le thème des sociétés secrètes est une des constantes de l'imaginaire politique français : toute société un peu fermée et mystérieuse pouvait servir de bouc émissaire. Ainsi les rumeurs ont-elles longtemps porté sur les jésuites avant de changer de bouc émissaire : ce fut alors le cas des juifs (par exemple la rumeur du complot des Sages de Sion) et des francs-maçons. Ces groupes dirigeraient en réalité le pays, quelle que soit la nature du gouvernement en place. La rumeur est prompte par exemple à rappeler que les hommes de bord opposé sont tous frères dans la franc-maçonnerie.

Aux États-Unis, l'influence de la pègre et en particulier de la Mafia sur la Maison-Blanche est un thème montant des rumeurs : ainsi on a dit que R. Nixon avait mis fin à la guerre du Vietnam pour pouvoir reprendre les relations avec la Chine populaire et ainsi ouvrir le marché chinois aux industriels américains, en particulier ceux liés à la Mafia. Cette thèse est présente dans la pièce *Secret Honor*, filmée par Robert Altman. De même, selon la rumeur, Marilyn Monroe ne se serait pas suicidée. En effet, dès 1950, on sait que la star fréquentait Robert Kennedy, alors président d'une commission d'enquête sur les syndicats américains. Pour Kennedy, les syndicats et en particulier le plus puissant d'entre eux, celui des camionneurs, dirigé par Jimmy Hoffa, étaient intimement liés à la Mafia. Pour répliquer, Hoffa aurait fait installer des micros dans la maison de Marilyn afin de mouiller Robert voire John Kennedy dans un scandale à caractère sexuel. Les États-Unis sont encore très puritains : ce genre de rumeurs ne pardonne pas. Marilyn Monroe aurait été assassinée pour étouffer ce scandale politique.

La France profonde reste très sensible aux rumeurs de franc-maçonnerie. Aussi l'émotion fut-elle grande en février 1977, lorsque *le Canard enchaîné* publia un article sous le titre : « Il veut se faire franc-maçon : Giscard sonne à la porte de la loge. » Le président de la République aurait, selon cet article, demandé son admission à la « Loge Mozart », située dans le XVIe arrondissement. L'information fut démentie. Certes, à plusieurs reprises le président de la République avait eu des contacts avec de hauts dignitaires maçonniques, mais ses prédécesseurs à l'Élysée en avaient fait de même avant lui [1].

A gauche, l'imaginaire du complot est occupé par la Commission trilatérale, créée à l'initiative de David Rockefeller et rassemblant les personnages en vue du monde financier, économique, politique et universitaire du camp occidental. Cette commission est dénoncée comme « un pouvoir occulte où les puissances financières internationales font et défont les équipes dirigeantes occidentales [2] ». Les rumeurs et un article récent du journal *le Monde* [3] ont d'ailleurs insisté sur la participation ouverte de Raymond Barre à cette Trilatérale.

1. *La Correspondance de la presse*, 21 février 1977.
2. *Le Monde*, 30 mai 1985.
3. *Op. cit.*

A quoi correspond cette volonté obstinée de rechercher « le chef d'orchestre clandestin » qui ordonne le monde en secret ? Pour M. Gauchet [56], il s'agit de l'expression de l'angoisse du totalitarisme. Pour de nombreuses personnes, « les bornes dans lesquelles le gouvernement légitime issu du suffrage populaire est tenu sont absolument insupportables. Il faut qu'ils reconstruisent, derrière, une puissance immense dont ces politiciens dérisoires ne seraient que le masque ». La rumeur ne fait que dénoncer cette mainmise. Elle exprime une crainte totalitaire : il y aurait en coulisses des gens qui ne s'embarrassent pas des lois et de la démocratie républicaine.

Le deuxième thème des rumeurs politiques est celui de l'accord secret. Il y aurait des rencontres et des arrangements liant en secret les adversaires politiques, contredisant ainsi leur attitude publique. Le moindre indice sert à la rumeur : pour quelle raison croyez-vous donc que F. Mitterrand soit allé rendre une visite courtoise, le 6 juillet 1984, à Valéry Giscard d'Estaing, lors d'un voyage officiel en Auvergne ? Cela va de soi : le président et son rival se sont d'ores et déjà entendus pour se partager le gâteau électoral des législatives de 1986. Telle était la rumeur de l'été 1984, relancée de plus belle lorsque François Léotard rencontra le président F. Mitterrand, le 25 août, dans sa résidence d'été à Brégançon. Enfin, au nom de quoi, subitement, François Mitterrand a-t-il décidé d'arrêter la procédure visant à faire entendre l'ex-président dans l'enquête sur les « avions renifleurs » ? Pour la rumeur, la cohabitation était déjà amorcée.

Ce thème de l'alliance découle du mythe du théâtre. Sur scène les candidats se disputent et s'invectivent ; en coulisse, chacun le sait, ils dînent ensemble et fréquentent les mêmes salons [98].

Les trois thèmes suivants sont les fameux trois « s » : sous, santé et sexe. On ne compte pas les rumeurs de fortunes cachées, d'accumulations scandaleuses, de profit sur le dos de la collectivité. Léon Blum avait une vaisselle d'or ! Edgar Faure aurait reçu un million du sultan du

Maroc ! Laurent Fabius s'achèterait une résidence luxueuse à Cléguer, près de Lorient !

La sexualité a perdu un peu de sa vigueur comme thème de rumeur. Aujourd'hui, le strip-tease est devenu banal dans le « Collaro Show », *Cocoricocoboy*, à une heure de très grande écoute. La sexualité est de moins en moins secrète et taboue : elle échappe donc lentement à la rumeur.

Si une certaine vie amoureuse est acceptée, les sexualités déviantes sont, quant à elles, intolérables [47]. Dans les villes de province, les réputations sont détruites par les rumeurs de ballets roses ou d'homosexualité. De même, conséquence des tensions liées à l'immigration, un nouveau thème de liaison interdite est apparu : la fréquentation d'un ou d'une immigrée. Ainsi, lors des élections municipales de 1983 à Roubaix, une rumeur accusait Pierre Prouvost, candidat du parti socialiste, d'avoir « engrossé une Algérienne ». Quelle part doit-on attribuer à cette rumeur dans la défaite du candidat ?

Le thème de la santé est, nous l'avons souligné plus haut, un des favoris de la rumeur. Comme il est malséant en France d'interpeller publiquement un homme politique sur son état de santé réel, cette tâche échoit à la rumeur. Dans les démocraties occidentales, les électeurs exigent de plus en plus de tout savoir de la santé des hommes qui les gouvernent. Aux États-Unis, la procédure est institutionnalisée : même les candidats à l'investiture du parti républicain ou démocrate doivent publier les résultats de leur check-up. Le temps est bien révolu ou, au siècle dernier, le président Cleveland s'était fait opérer en grand secret sur un bateau. Tout le monde a suivi la moindre évolution du bouton nasal de Ronald Reagan.

Le sixième thème est celui du double langage : les intentions réelles de l'homme politique seraient à l'opposé de ce qu'il proclame publiquement. La persistance des rumeurs concernant l'attitude réelle de Georges Marchais pendant la Seconde Guerre mondiale en est un exemple. Il est vrai que le pacte initial entre J. Staline et A. Hitler allait dans le sens de la rumeur. L'histoire récente, la Résistance et la collaboration sont encore un humus actif pour les rumeurs. De même, pour contrer l'image douce que cherche à acquérir Jean-Marie Le Pen, la rumeur a puisé dans son passé récent pendant la guerre d'Algérie.

Le dernier thème est celui de l'immigration. Comme le précédent, c'est un thème de trahison. La France des années 80 est prompte à vilipender l'homme politique suspect de connivence maghrébine. Ce fut le cas lors des élections municipales de 1983 à Grenoble et à Roubaix : la rumeur attaqua deux candidats du parti socialiste. Ces rumeurs ne sont pas nouvelles. A l'aube de sa carrière politique, lorsqu'il se présenta pour la première fois aux élections dans le Doubs, Edgar Faure fut l'objet d'une rumeur identique : il s'appellerait en réalité Lehman, mais tenait à cacher son ascendance juive ! Aujourd'hui, le bouc émissaire a changé.

Tels sont donc les sept thèmes dominants des rumeurs. Certes, la liste n'est pas exhaustive. Cependant, on comprend mieux pourquoi l'affaire Markovic, par exemple, était dangereuse. Une même rumeur comportait plusieurs thèmes essentiels : la mort, la sexualité trouble, la pègre, le star-système, la présidence de la République, un étranger. Les ingrédicnts mêmes du roman policier moderne.

Comment on crée une image

Les rumeurs visant les hommes politiques ne sont pas dues au hasard. Elles s'insinuent dans la faille de chacun, elles exploitent son talon d'Achille, et acquièrent ainsi une forte crédibilité : elles paraissent plausibles. D'autre part, tout se passe comme si, derrière l'apparente diversité des rumeurs visant une personne, on cherchait à lui créer une certaine image par petites touches successives. Ainsi, l'examen des rumeurs lancées contre nos hommes politiques les plus en vue permet de reconstituer l'intention, le portrait qu'elles ont pour objectif de construire. Le tableau 4 explicite les intentions derrière chaque rumeur. Nous en développons quelques exemples.

Ainsi, il est très significatif que deux des rumeurs concernant Valéry Giscard d'Estaing, alors président de la République, comportent une gifle. La première rumeur raconte que, rentrant à l'aube après une escapade nocturne, au volant de la voiture de sport de son ami Vadim, il aurait renversé le camion d'un laitier qui passait par là. Une altercation aurait suivi et le laitier l'aurait giflé. La seconde rumeur met en scène Michel Piccoli. Parce que Mme Claustre croupissait prisonnière des rebelles tchadiens, l'acteur de cinéma, dans une soirée mondaine, aurait donné une gifle à Valéry Giscard d'Estaing. Cette rumeur a été démentie par Michel Piccoli, comme d'ailleurs Marlène Jobert a toujours démenti avoir eu des relations avec Valéry Giscard d'Estaing. Elle ne l'a rencontré qu'une seule fois, dans un restaurant de l'île de Djerba, coïncidence qui fut exploitée par une certaine presse pour laisser croire bien davantage.

Ce qui est intéressant dans la rumeur du laitier, ce n'est pas que V.G.E. se soit battu avec le laitier, mais que le laitier l'ait giflé. Cet acte est improbable : soit le laitier a reconnu le président, soit il ne l'a pas reconnu. En ce cas, il aurait plutôt dû faire le coup de poing. De nos jours on ne gifle plus. Le détail de la gifle est donc une construction hautement signifiante.

On a souvent reproché à l'ancien président d'être hautain : il avait une forme de dignité qui agaçait. Cela lui donnait une fragilité : la rumeur s'y engouffra. Elle renforçait l'image de noble, de monarque (donc peu suspect de penchants démocratiques et populaires) en même temps qu'elle le rabaissait. La rumeur dit : cet homme-là, royal, justement on le gifle très peu de temps après sa nomination. L'histoire est iconoclaste et désacralise le président.

D'une façon générale, les rumeurs visaient à construire une image de V. Giscard d'Estaing comme une sorte de Louis XV, roi léger, jouisseur, égocentrique. D'ailleurs, on vit même fleurir des affiches le représentant avec une couronne. De plus, ce roi n'avait pas toujours un comportement responsable : il disparaissait la nuit sans que personne à l'Élysée ne sache où le joindre. La France restait donc souvent sans chef d'État pour prendre les décisions d'urgence qui auraient pu s'imposer.

Très différent est le portrait que l'on tente de dessiner de François Mitterrand : celui d'un prince florentin, combinard, politicien, prêt à tout pour rester après 1986. Ce portrait se nourrit des différents livres portant sur le président. Ainsi le plus célèbre, celui de Catherine Ney, ne tendait-il pas à démontrer que F. Mitterrand n'était pas un vrai socialiste, mais un homme d'ambition ? Dans la rumeur de cancer suivant son accession à la magistrature suprême, il y avait aussi un peu de cette idée : arrivé à un âge avancé, ayant obtenu ce qu'il voulait, F. Mitterrand n'avait plus qu'à mourir. La rumeur clôt en beauté le scénario de la vie de F. Mitterrand.

Les ennemis de Michel Rocard au sein de son propre parti construisent l'image d'un personnage hésitant, peu capable de prendre de grandes décisions et donc inapte à la candidature présidentielle. Aussi a-t-on vu se multiplier les rumeurs annonçant que M. Rocard allait faire un coup d'éclat, ruer dans les brancards, dire ses quatre vérités. Ainsi, le 22 novembre 1984, *le Matin* de Paris titra : « La rumeur Rocard. Le bruit court : le ministre de l'Agriculture ferait un éclat à *l'Heure de vérité* et quitterait ensuite le gouvernement. En fait, Michel Rocard n'a rien décidé... » Plus tard, lorsque, comme il l'avait annoncé, il démissionna pour désapprouver l'abandon du scrutin majoritaire à deux tours, la rumeur laissa entendre qu'il s'était en réalité laissé fortement influencer par sa femme, preuve qu'il n'était pas un homme de poigne. CQFD.

Ainsi, tout homme politique, dans la mesure où il devient dangereux, doit logiquement faire l'objet de rumeurs. De fait, depuis 1984 on voit se préciser les opérations visant à créer ou alimenter les rumeurs contre Raymond Barre. Par son ton gaullien, ses positions au-dessus

Tableau 4
COMMENT ON CRÉE UNE IMAGE

Cible	*Image à construire*	*Rumeurs types*
Valéry Giscard d'Estaing	Roi léger	– Escapades nocturnes en catimini – Rumeur du laitier – Marlène Jobert
	Hautain	– La gifle de Michel Piccoli
	Égocentrique	– Les diamants de Bokassa – Les forêts domaniales grecques
P. Mauroy	Jouisseur	– Fréquente les quartiers chauds la nuit dans une Ferrari rouge – A vidé les caves de vin de Matignon avant son départ
M. Rocard	L'hésitant	– Multiples rumeurs de départ, non confirmées – C'est sa femme qui l'aurait convaincu de démissionner du gouvernement Fabius en 1985
J. Chaban-Delmas	Double langage : pas si intègre	– L'homme de la « Nouvelle Société » ne paie pas d'impôts – Mystère du décès de sa première femme
G. Marchais	Double langage	– Employé aux usines Messerschmitt en Allemagne, pendant la guerre
R. Barre	Un faux gaulliste	– Ne part pas pour Londres en 1942
	Sympathies avec l'extrême droite	– Participe à la Trilatérale – Peu attaqué par J.-M. Le Pen
	L'homme de Moscou	– Complaisances soviétiques
F. Mitterrand	Usé	– Cancer
	Machiavel	– Attentat de l'Observatoire

du « microcosme », son refus de la cohabitation en cas de victoire de l'opposition en mars 1986, Raymond Barre devenait l'homme à abattre, à gauche, mais surtout à droite.

Fin 1984, dans les milieux proches du RPR, circulait un dossier sur l'agence de presse Inter-France, financée par les Allemands sous l'Occupation. On y trouvait un certain Raymond Barre, et la rumeur de souligner que la biographie de Raymond Barre était floue entre 1940 et 1946, et que Jean-Marie Le Pen était fort tolérant à son égard ! En réalité, après vérifications, il s'agissait d'un homonyme, de quinze ans plus âgé [1].

Toujours dans ce dossier, on soulignait un fait peu connu de l'histoire de Raymond Barre. Le père de cet homme à l'image intègre passa en cour d'assises, inculpé de banqueroute frauduleuse et de faux en écritures de commerce. La rumeur omet de préciser qu'il fut acquitté. Le couple Barre divorça : depuis l'âge de quatre ans, l'ancien Premier ministre n'a plus jamais vu son père. Mais l'attaque principale portait sur son comportement pendant la Seconde Guerre mondiale, à l'île de la Réunion. En 1942, les Forces françaises libres ouvrent un bureau de recrutement à Saint-Denis-de-la-Réunion pour ceux qui veulent rejoindre Londres. A la différence de certains de ses amis, et à la demande de sa mère, R. Barre ne part pas. Il a dix-huit ans. Le clan gaulliste exploitera en permanence ce fait pour saper sa légitimité.

A gauche, en 1985, dans un article sur le « Barre caché », le journal *le Monde* émit les mêmes insinuations [2] : « Il pourra plus tard jurer une indéfectible fidélité gaulliste, assurer qu'il écoutait avec émotion les discours du général retransmis par All India Radio, il n'en aura pas moins manqué les premiers états de service qui fondent une légitimité. » Ce même article signale par ailleurs que R. Barre aurait été très « marqué », lors d'un voyage à

1. *Le Monde*, jeudi 30 mai 1985.
2. *Le Monde*, jeudi 30 mai 1985.

Paris, par les manifestations du 6 février 1934. Or, à cet âge, il n'avait pas encore dix ans ! Enfin, tout en appréciant l'éclectisme et l'esprit curieux du personnage, l'article souligne sa participation officielle à la mystérieuse Commission trilatérale.

Chacun de ces germes de rumeur et quelques autres réapparurent ouvertement, en février 1986, en pleine campagne législative, dans une brochure au titre révélateur : *l'Autre Visage de Raymond Barre.* L'éditeur ? Avenir international, une société inconnue et créée pour l'occasion [1]. Pour accélérer les rumeurs et les faire éclater en public, dans les médias, une diffusion gratuite massive devait être faite auprès des notables et des journalistes.

L'organisation planifiée des rumeurs ne concerne pas uniquement le gotha des présidentiables. Elle est une réalité au niveau local. L'auteur du guide *Gagnons les cantonales*, dont nous avons déjà parlé, eut au moins le mérite d'écrire noir sur blanc la démarche à entreprendre suivant l'image que l'on veut donner de soi [2] :

– Vous voulez montrer que vous êtes un homme actif, dites et faites diffuser votre emploi du temps détaillé et vos démarches auprès des pouvoirs publics.

– Vous voulez prouver que vous êtes un candidat sincère, dites et faites dire ce que vous refusez de publier sur vous-même, de peur d'en faire trop.

– Vous voulez montrer que vous êtes désintéressé, dites et faites dire les risques que vous courez à être candidat (dans votre profession par exemple).

– Vous voulez montrer que vous êtes loyal, dites et faites dire ce que vous refusez d'écrire sur votre adversaire.

– Vous voulez montrer votre sens du contact, dites et faites dire quelques anecdotes vécues.

– Vous voulez critiquer le coût de la campagne adverse, dites et faites dire le prix des documents distribués.

1. *Le Canard enchaîné*, 19 février 1986.
2. *Gagnons les cantonales*, Société, Image et Stratégie, 1984, p. 270.

Naturellement, pour que la rumeur prenne, il n'est pas question d'organiser une réunion destinée à « former » les « informateurs » : il en résulterait une impression de propagande et de manipulation. Il faut procéder par discussions successives et anodines avec ces personnes, sans même leur indiquer ce que l'on attend d'elles, au contraire. En choisissant bien ces premières bouches, dix à quinze personnes suffisent, la mécanique de la rumeur est amorcée. En effet, le monde politique est le seul à disposer d'autant de caisses de résonance, ce que J. Caritey appelle les « professionnels » de la rumeur [27] :

– la classe des journalistes politiques, anciens députés, attachés politiques des cabinets ministériels, attachés des fédérations patronales, échotiers des journaux rêvant d'un nouveau Watergate et qui ont intérêt à imaginer ou accréditer le scandale ;

– ceux qui ont intérêt à créer ou exploiter la rumeur : les appareils politiques des partis, mais aussi les ambassades étrangères. Ce sont eux qui donneront l'impulsion décisive pour accélérer le processus.

La rumeur circule d'autant plus vite que le monde politique est un microcosme ausculté par toutes les rédactions, sillonné par les journalistes parlementaires, les attachés de presse des ministres, les conseils en communication, les rédacteurs des multiples « lettres confidentielles » qui, par crainte d'être distancés, préféreront foncer et diffuser la rumeur à leurs lecteurs. Par les correspondants de la presse provinciale, la rumeur s'étend à toute la France ; par les correspondants étrangers, elle aboutit à Londres, Bonn, Washington, ou Damas. La rumeur atteint alors toute sa dimension publique, prête à être récupérée et exploitée.

QUATRIÈME PARTIE

PEUT-ON ÉTEINDRE UNE RUMEUR ?

18. L'antirumeur

Peut-on éteindre une rumeur ? Quels sont les moyens à mettre en œuvre ? Quelle est l'efficacité des démentis ? Ces questions deviennent cruciales pour toutes les personnes, groupes et organisations se retrouvant subitement l'objet de « fausses » rumeurs dont les effets risquent d'être négatifs, voire dramatiques. Disons-le d'emblée, il n'existe pas de recette magique pour contrôler une rumeur. C'est par une définition précise de la situation que l'on peut porter un diagnostic et proposer des recommandations.

Procter et Gamble, et le diable

Dans le cas déjà cité de Procter et Gamble, quelles furent les réactions de la société à la rumeur l'accusant, en 1980, d'être la propriété de la secte Moon ? Elle commença par répondre de façon directe en rappelant la genèse de son logotype, créé en 1882, et la structure de son capital social : manifestement, personne ne pouvait à lui seul posséder Procter et Gamble. Les appels téléphoniques cessèrent et l'affaire parut close.

Fin 1981, cependant, nouvelle avalanche d'appels. Cette fois, les appelants voulaient savoir si la société n'était pas possédée par Satan. Petit à petit, la vague des lettres anonymes et des appels prit une ampleur folle pour atteindre le sommet de 15 000 appels en juin 1982.

Dès le début, Procter et Gamble avait décidé de réagir,

mais de façon discrète, sans passer par les mass médias. Inutile d'alarmer les actionnaires et de fournir une occasion aux distributeurs de se montrer plus exigeants vis-à-vis des conditions commerciales proposées par la société. On envoya un dossier explicatif d'abord à 67 leaders d'opinion religieux influents et plus tard à 48 000 organisations religieuses, pour les alerter et les sensibiliser au problème. Puisque la croisade anti-Procter (avec appel au boycott des produits) avait un côté religieux, il était important de communiquer avec les leaders de ces communautés, seuls à même d'exercer un contrôle sur leurs fidèles.

Face à la montée persistante des appels, la société se résolut à faire appel aux médias. Le 24 juin 1982, Procter et Gamble émettait un communiqué de presse dans lequel les principaux leaders des mouvements intégristes réfutaient toute connexion de la société avec le satanisme. Puis on invita des reporters des plus puissants magazines et journaux des États-Unis. Effectivement, les retombées de presse furent importantes. Le responsable des relations publiques de Procter et Gamble passa à la très célèbre émission du matin *Good Morning America*, mais on évita soigneusement, malgré les invitations, d'apparaître dans le show télévisé très populaire de Phil Donahue. En effet, la rumeur s'appuyait sur une prétendue apparition d'un des dirigeants de Procter et Gamble dans ce show, à l'occasion de laquelle il aurait ouvertement déclaré que la société versait effectivement 10 % de ses revenus à des Églises sataniques. En évitant ce show, Procter voulait pouvoir toujours nier la rumeur sur ce point précis : contrairement aux allégations, jamais un cadre de la société n'était apparu dans cette émission.

Parallèlement à cette massive campagne de presse, Procter et Gamble se décida pour la première fois à poursuivre en justice six personnes convaincues d'avoir diffusé des tracts avertissant de la nature satanique de la société et invitant au boycott de ses marques. Parmi les personnes poursuivies, on trouvait deux distributeurs des produits

Amway, une société concurrente[1] : les motivations des transmetteurs d'une rumeur ne sont pas toutes liées à la croyance, mais peuvent comme ici être strictement opportunistes, exploitant à leur profit commercial une rumeur touchant le concurrent. Enfin, et de façon permanente, une quinzaine de standardistes pouvaient répondre à tous les appels téléphoniques parvenant par le biais des numéros d'appel gratuit [7 ; 22].

En juillet 1982, les appels ne dépassèrent pas les 6 000. Mais petit à petit les chiffres remontèrent pour atteindre au bout de quelques mois 15 000 appels par mois en moyenne. Finalement, après quatre années de harcèlement, des milliers de lettres anonymes et des centaines de milliers d'appels téléphoniques, le géant Procter et Gamble, pesant plus de 12 milliards de dollars de chiffre d'affaires, décidait en avril 1985 de supprimer son logotype de l'ensemble de ses produits, interrompant ainsi une pratique remontant à 1882. Le sigle restera utilisé uniquement au siège de la société à Cincinnati et sur le papier à lettres du groupe. Puisque la rumeur se fondait sur l'allure satanique du logotype, on supprimait le symbole du délit.

La disparition du symbole mettra-t-elle fin à la rumeur ? Après tout, en France, curieusement, des marques ayant remplacé sur leurs emballages l'appellation codée européenne (E + chiffre) de leurs additifs par une appellation en clair (par exemple orthophosphate de sodium) ont ensuite disparu du tract « de Villejuif », comme si cette rumeur n'était sensible qu'aux variations de pure forme.

Pour réagir face à la rumeur, d'autres stratégies étaient envisageables :

– Le silence. Cette approche est celle des hommes politiques qui traitent par le dédain les calomnies plus ou moins téléguidées dont ils sont l'objet [15]. Pouvait-on penser que la rumeur se serait arrêtée d'elle-même ? Cela

1. Comme Avon et Tupperware, Amway a la particularité de vendre ses produits à domicile, en organisant des réunions de consommatrices du voisinage chez l'une d'elle.

est peu probable à court terme : chaque jour aurait vu augmenter sa pénétration dans de nouvelles couches très religieuses de la population américaine. Le marché potentiel de cette rumeur étant très diffus, elle avait de quoi se nourrir en bois nouveau pendant longtemps. Pendant que les premiers touchés se lasseraient, de nouveaux venus seraient saisis par la révélation.

– La concentration. La rumeur n'avait pas la même pénétration selon les États. On aurait pu concentrer tous les efforts sur quelques États clés du Sud où la rumeur avait acquis une forte diffusion.

– La publicité. Puisque la société Procter et Gamble est maîtresse dans l'art de la publicité télévisée, cette solution était envisageable. Elle avait certes l'avantage de pouvoir contrôler ce qui est communiqué au public, mais d'une part son coût avait de quoi faire hésiter, d'autre part cela risquait d'avertir ceux qui ne l'étaient pas encore. Enfin, la publicité aurait mis en avant le nom de Procter et Gamble, ce qui était contraire à la politique générale suivie depuis un siècle. Cette société n'a jamais cherché à faire connaître son nom et a exclusivement promu la notoriété de chacune de ses marques. Effectivement, dans un sondage [3], 79 % des Américains interviewés ne purent dire quels étaient les produits fabriqués par la société. Quant aux autres, ils se trompaient le plus souvent. Ces chiffres sont importants car ils montrent que la peur du boycott était peut-être exagérée. Pour boycotter les produits de Procter et Gamble, encore faut-il les connaître. De plus, 4 % des interviewés seulement déclarèrent avoir réduit leurs achats de produits de la société. En somme, du strict point de vue économique, la stratégie du silence était probablement la plus justifiée, mais la plus difficile à assumer psychologiquement. Les employés de la société, les vendeurs, le réseau de distribution attendaient un acte de la direction.

Au Canada, en 1984, pour lutter contre la rumeur l'accusant d'être possédée désormais par des actionnaires pakistanais, la société La Batt's, productrice de la célèbre bière du même nom, orienta la campagne de publicité de cette bière sur le thème « l'héritage canadien », en montrant l'enracinement profond de La Batt's dans l'histoire du Canada. Bien qu'il s'agisse de films publicitaires sur la bière elle-même, le thème répondait indirectement à la rumeur. D'autre part, La Batt's développa ses activités de mécénat et de sponsoring d'équipes sportives locales et nationales.

McDonald's fit aussi usage de la publicité télévisée, comme un des piliers d'une contre-attaque comportant aussi une action auprès des journalistes et des actions dans les succursales de la chaîne. Les gérants des restaurants affichèrent une lettre du ministère de l'Agriculture garantissant le respect par McDonald's des normes du Food Safety and Quality Service. Une campagne de relations publiques démontrait le caractère aberrant sur le plan économique de la rumeur : le kilo de ver de terre coûte cinq fois plus cher que le kilo de bœuf ! Parallèlement, une campagne télévisée vantant les hamburgers de la chaîne mettait l'accent sur le thème : 100 % pur bœuf !

Orléans : l'antimythe

Le cas de la rumeur d'Orléans se distingue du précédent en ce que la rumeur était spatialement très localisée : une ville de 88 000 habitants. D'autre part, la riposte commença le 2 juin 1969, soit trois semaines après le départ de la rumeur dans les collèges d'adolescentes. Enfin, la contre-rumeur fut efficace : la rumeur se désintégra dès la mi-juin, éclatant en une myriade de mini-rumeurs de repli, avant que ne surviennent le refoulement (« Vaut mieux ne pas parler de tout ça ») et l'amnésie progressive (« Moi ? Je n'y ai pas cru »). A la mi-juin, les commerçants visés avaient pleinement retrouvé leur clientèle.

Le 30 mai, M. Licht, propriétaire de la boutique Dorphé, la première incriminée par la rumeur, porte plainte contre X au commissariat de police. Le 2 juin, la presse quotidienne régionale entre en guerre : non seulement elle relate les événements, mais elle attaque de façon virulente la rumeur, traitée d'« odieuse calomnie » par *la Nouvelle République* et de « campagne de diffamation » par la *République du Centre.* L'abcès est crevé : la rumeur jusque-là souterraine est volontairement exhibée au grand jour, pour mieux la fustiger et déclencher la honte publique. Ce changement de perception modifia le statut des relais de la rumeur : de Bayard de l'anticrime, ils deviennent suppôts déclarés de l'antisémitisme. Colporter la rumeur perd sa valeur de prestige et génère au contraire une image négative.

Sur le plan local, l'évêque d'Orléans, des associations, des fédérations politiques, des syndicats professionnels publient alors moult communiqués de réprobation. Au niveau national, les comités antiracistes, le MRAP, la LICRA, des associations de déportés font de même. Du 7 au 10 juin, la presse parisienne sonne l'hallali à travers les articles du *Monde*, de *l'Aurore*, de *l'Express* et du *Nouvel Observateur.*

Face à la contre-attaque, la rumeur a d'abord engendré une anticontre-attaque. Le mythe de la traite des blanches absorbait l'antimythe : la presse locale, les associations, les élus locaux seraient eux-mêmes achetés par les juifs. Il en serait de même de toute la presse parisienne, comme chacun sait vendue au plus offrant. En voulant trop englober la rumeur explosait, telle la grenouille qui voulait avaler un bœuf.

Pourquoi la riposte a-t-elle été efficace à Orléans en 1969, à Amiens en 1970 ou à La Roche-sur-Yon en 1984, et jusqu'à présent peu opérante aux États-Unis dans le cas de Procter et Gamble ? D'une façon générale, quels sont les paramètres clés à prendre en compte avant de décider s'il faut riposter, et, dans l'affirmative, quel type de riposte retenir ? Rappelons toutefois que les moyens mis en œuvre par Procter et Gamble, bien que considérables, sont homéopathiques à l'échelle des États-Unis. Au contraire, le déferlement des communiqués, manifestations, articles de presse du 2 au 12 juin 1969 sur la seule ville d'Orléans constitue une très forte campagne. C'est là une première leçon : tant que le feu est localisé à une zone limitée et circonscrite, il peut être éteint rapidement par quelques vols de Canadair. A l'échelle des États-Unis, le fait que Procter et Gamble reçoive des appels téléphoniques prouvait que la rumeur avait commencé depuis un certain temps et avait eu le temps de se répandre. C'étaient en effet des « amis » qui téléphonaient au départ, c'est-à-dire des personnes ne croyant pas vraiment mais attendant d'être rassurées par la société en qui elles avaient confiance. Nous l'avons déjà constaté [121] : la personne visée par la rumeur l'apprend en général assez tard et de la bouche d'un ami. A Orléans, M. Licht, de Dorphé, n'apprend d'un ami l'existence de la rumeur que le 23 mai. Et encore, on présenta celle-ci comme une simple calomnie courant sur lui personnellement, et non comme une vaste rumeur de traite des blanches visant six boutiques bien connues du centre-ville. Aussi, sous-estimant la portée réelle de la rumeur, aucune riposte ne fut décidée avant plusieurs jours.

19. Le démenti : un art périlleux

Une information de moindre valeur

Démentir ne suffit pas. Le démenti souffre d'un certain nombre de handicaps quant à sa valeur sur le marché de l'offre et de la demande d'informations.

– Ce n'est pas une nouvelle forte. L'événement était attendu. Une personne attaquée dit ou fait dire : « Je suis innocent. » Ce qui est une vraie nouvelle, surprenante, inattendue, c'est quand l'accusé dit : « Oui, c'est moi. » Le démenti est souvent un truisme. Dans le cas de la rumeur non fondée, accusant d'intoxication alimentaire une marque de thon du groupe Saupiquet en juillet 1985, les démentis publiés par la presse furent plus discrets que les articles de l'alerte au thon. C'est normal. Dire : « Le thon n'est pas dangereux » est une non-information, une banalité, alors que dire : « Attention, le thon en boîte serait dangereux » est un scoop !

– Le démenti est une information froide, presque un rabat-joie. Il désamorce l'imaginaire pour plonger dans la banalité du réel. Le démenti supprime l'histoire dont on ne sait pas très bien si elle est totalement vraie, mais en tout cas fait son effet lorsqu'elle est racontée, déclenchant les commentaires et élaborations les plus diverses et les plus passionnées. Rappelons-le : *se non e vero, e bene trovato !* On comprend alors que, dans le journal, le démenti arrive comme un chien dans un jeu de quilles. Soit le journal n'a pas parlé de la rumeur, auquel cas le démenti ne justifie pas une grande place. Soit il en a parlé parce que la rumeur plaisait, en ce cas le démenti ne peut que déplaire : il héritera ici aussi d'un espace limité, donc passera inaperçu, quelque part en bas de page.

Naturellement, si le démenti émane d'autorités officielles de haut niveau, il redevient une information quasi obligatoire. C'est aussi le cas s'il a de profondes implications sociales. Par exemple, à Orléans, les autorités officielles – maire, procureur, préfet – n'ont jamais pris position en public sur la rumeur. En revanche, les démentis apportés par les multiples organisations locales et nationales dévoilaient une affaire dont les implications pour l'équilibre social étaient extrêmement importantes. Le démenti posait au grand jour un véritable problème de fond : celui de la remontée progressive de l'antisémitisme latent. En tant que tel, le démenti constituait une information de taille, une information chaude.

Une information qui s'use

Une des forces de la rumeur est sa répétition. On l'entend un jour ici, un autre jour là. Les versions évoluent, s'enrichissent, s'affinent, se précisent.

Pour être actif, le démenti devrait aussi être répété. Hélas, forme figée par la déclaration authentique que l'on veut respecter à la lettre, le démenti ne peut espérer passer plus d'une fois dans les médias. On lit un journal, on écoute la radio pour apprendre les nouvelles, pas pour relire ce qui fut déjà annoncé la veille ou, pire, il y a quelques semaines. Lorsque la victime d'une rumeur resollicite un passage du démenti, il comprend que ce dernier est devenu obsolète sur l'autel de la nouveauté. Parfois, cependant, par militantisme, par croisade religieuse, le démenti obtient de nouveaux passages dans quelques supports. Mais les relais eux-mêmes se fatiguent : on a déjà donné à cette cause !

Pour accéder à l'attention du public de façon certaine, il est toujours possible d'acheter des espaces publicitaires.

Par exemple, pour couper court à la rumeur de l'enfant mort mordu par un « serpent minute » réfugié dans un régime de bananes, le directeur du supermarché visé acheta le 30 juillet 1982 un pavé publicitaire de plus d'une demi-page dans le quotidien local *l'Alsace.* Il y démentait formellement la rumeur et offrait une prime aux personnes qui fourniraient des renseignements. En 1984, dans le Middle West conservateur américain s'éleva une rumeur selon laquelle la bière Straw, très populaire dans la région, finançait secrètement la campagne électorale du candidat à la présidence des États-Unis, le démocrate noir Jessie Jackson, donc contre Ronald Reagan. Pour réagir, Straw Beer acheta des pleines pages publicitaires dans le quotidien numéro un de la région, le *Chicago Tribune.*

La fuite des cibles

Un des paradoxes des campagnes de persuasion est qu'elles semblent toucher davantage les déjà convaincus que ceux que l'on cherchait à convaincre [74]. En effet, à moins d'être certains de nos opinions, nous évitons de prendre le risque d'entendre des informations remettant en cause nos façons de penser, quand elles concernent des sujets à forte valeur émotionnelle. Ce phénomène d'exposition sélective explique la fuite devant les messages que l'on sait opposés à ce que l'on croit, lorsqu'il s'agit de sujets à forte implication affective.

Les chiffres corroborent l'hypothèse de la fuite des cibles. Parmi les Américains qui, connaissant la rumeur de Procter et Gamble, n'y croyaient pas, 83 % déclarent avoir vu, lu ou entendu le démenti de Procter et Gamble. Seuls 54 % de ceux qui y croyaient ou avaient des doutes se souviennent avoir été exposés à ce démenti. A Orléans, compte tenu du matraquage opéré par la presse locale et nationale, pendant dix jours, il serait douteux que quiconque ait échappé aux démentis.

Le choix des médias permet de contourner ce problème

de fuite sélective. Mais nous touchons ici un autre paradoxe. Les médias et moments idéaux pour toucher les personnes à convaincre ne sont pas les meilleurs du point de vue de la communication. En d'autres termes, la presse, média qui donne le plus lieu à l'évasion des cibles, est le média qui véhicule le mieux les messages. L'inverse est vrai de la radio et de la télévision aux heures de forte écoute telles que celle des journaux télévisés.

Les écueils de la réception

Rien n'est plus difficile que de communiquer. Dans les milieux très éduqués, il est de bon ton de fustiger la publicité des lessives ou des couches pour bébé. Dans ces films, on y répète trois fois le même message, lui-même élémentaire. De plus, il y a une totale redondance entre le texte et l'image. Ces critiques sont infondées si l'on se place sur le plan de la qualité de la transmission : ces films de trente ou quarante secondes sont des chefs-d'œuvre de la communication. Les tests le démontrent : la majorité du public restitue à peu près l'essentiel du message.

A la télévision, aux heures de très forte écoute, compte tenu de la concurrence légitime des autres informations, on dispose rarement de plus de deux ou trois minutes pour parler. Dans cette lucarne temporelle qu'elle a attendue pendant des semaines, la victime d'une rumeur a toutes les chances de rater sa communication : elle veut trop en dire, mue par le désir et l'émotion de faire éclater la vérité, sa vérité. Pour elle, emportée par le pathos, chaque seconde compte pour expliquer, justifier, argumenter, détailler. De ce trop-plein, que retiendra le public, sans parler de celui qui croit dur comme fer à la rumeur ?

A Amiens, en février 1970, naît une copie conforme de la rumeur d'Orléans. Ici aussi, les médias se penchent sur la rumeur et mènent la contre-attaque. Le magazine télévisé *Panorama* consacre de longues minutes à Amiens. Le lendemain, un enquêteur apprend du libraire P. qu'une cliente venait de lui soutenir *mordicus* que la télévision avait officiellement confirmé le bien-fondé de la rumeur. Une autre femme déclare qu'au journal télévisé on a reconstitué pour les caméras le scénario du salon d'essayage tournant ou basculant. L'enquêteur attribue ces interprétations erronées à l'influence sélective des opinions et préjugés sur la perception : voulant croire à la rumeur, le spectateur transformerait ce qu'il voit. Cette explication n'est pas nécessaire. Il n'est point besoin de faire appel à des mécanismes de défense pour expliquer ces erreurs de perception.

L'écoute de la télévision (et encore plus celle de la radio) n'est pas assidue. Souvent, les personnes mènent en même temps d'autres activités : leur présence n'est pas continue près du récepteur, ni leur attention soutenue. Ils happent ici ou là des bribes de mots, de phrases, d'images. Par exemple, si l'on dit à la radio : « Selon certaines rumeurs Procter et Gamble est associé aux Églises sataniques. Il s'agit d'une pure invention. Cette rumeur est complètement fausse », une partie de l'audience peut très bien par hasard n'écouter attentivement que le début du communiqué et en tirer l'impression que la station a donc authentifié la rumeur. Aussi est-il recommandé de ne pas répéter la rumeur lors de son démenti télévisé.

La psychologie de la mémoire nous apprend que les concepts concrets restent plus facilement mémorisés que les notions abstraites. Aussi, entendant un démenti du type : « Le produit X n'est pas cancérigène », une partie du public se souviendra plus tard que X est cancérigène. En effet, la négation est facilement oubliable : entendus ensemble, les concepts « X » et « cancérigène » ont été stockés l'un à côté de l'autre en mémoire, et se retrouvent naturellement associés.

La presse minimise ces problèmes d'interprétations tronquées : le lecteur peut lire et relire à son rythme propre, sans être bousculé par le flux des mots ou des images. Hélas, il peut aussi décider de ne pas lire, si l'adhésion à la rumeur met en cause ses valeurs profondes et conduit de ce fait à une forte sélectivité dans les messages auxquels il s'expose. Heureusement, pour maintes rumeurs, le degré d'implication est moyen. D'autre part, même lors des rumeurs à fortes composantes émotionnelles, on ne saurait parler d'un public homogène. Certains investissent bien plus que d'autres dans la rumeur. Ces derniers devraient être accessibles par la presse [42].

L'effet boomerang des démentis

Les études récentes sur les rumeurs et les démentis démontrent que l'on *peut être affecté par une rumeur même si l'on ne croit pas celle-ci.* A l'inverse, on peut être influencé négativement par un démenti, même si l'on croit à celui-ci.

Ce résultat est important, car dans toute campagne de démenti, il y a en réalité deux actions de communication : on porte la rumeur à la connaissance de ceux qui ne la connaissaient pas et on tente d'influencer ceux qui la connaissaient déjà. Ainsi, la campagne de presse menée en juin 1982 par Procter et Gamble eut comme effet principal de faire connaître la rumeur à une large partie de l'opinion. Dans les États du Sud où naquit la rumeur, le bouche-à-oreille et les prêches en chaire étaient le principal canal par lequel on l'apprenait. Au niveau des États-Unis en général, ceux qui connaissaient la rumeur l'on apprise essentiellement par la presse. Enfin la majorité des habitants des États du Nord (60 %) l'ont découverte *après* le début de la campagne de démenti. En France, à Orléans, la campagne de presse a aussi largement diffusé la rumeur dans la banlieue et les agglomérations proches (et à Amiens probablement).

Ceci pose une question clé : le démenti par simple réfutation de la rumeur est-il assez puissant pour ne pas contaminer ceux qui découvrent la rumeur ? En termes médicaux, vaccine-t-il ces derniers ou laisse-t-il filtrer le germe de la rumeur ? Si cela est le cas, quels types de messages évitent ce risque et inoculent complètement les personnes apprenant la rumeur à cette occasion ?

Dans une expérience portant sur diverses stratégies pour réduire les effets de la rumeur, on fit assister des étudiants à la projection d'un feuilleton télévisé en avant-première [141]. Comme cela se fait régulièrement aux États-Unis, le feuilleton était interrompu par des publicités, dont l'une concernait précisément les restaurants McDonald's. Dans cette expérience, au moment du passage de la publicité de McDonald's, une étudiante du groupe (en réalité complice dans l'expérience) dit à voix haute aux autres membres réunis dans la salle de projection : « Cette pub pour McDonald's me rappelle cette rumeur sur les vers de terre et McDonald's – vous savez, il paraît que McDonald's utilise de la viande de ver de terre dans ses hamburgers. »

En fait, les étudiants étaient divisés en quatre groupes distincts, chacun assistant à une session différente selon le scénario suivant :

– Dans le premier groupe, appelé rumeur-seulement, après que le complice eut annoncé la rumeur, l'expérimentateur présent dans la salle rappela qu'on ne devait pas parler pendant la projection.

– Dans le second groupe, appelé rumeur-plus-réfutation, après l'annonce de la rumeur, l'expérimentateur dit : « C'est des bobards, ça ne tient pas debout cette histoire : d'ailleurs, les vers de terre c'est trop cher, 8 dollars la livre ! De plus, le ministère de l'Agriculture a fait une étude et ils ont trouvé que McDonald's utilise du bœuf à 100 %. Bon, on se tait maintenant s'il vous plaît. » Comme on le voit, l'expérimentateur reprit exactement les arguments de la riposte entreprise par McDonald's.

– Dans le troisième groupe (appelé rumeur-plus-dissociation), l'expérimentateur répondit à l'étudiante complice en disant : « Cela va vous paraître drôle, mais la semaine dernière je suis allé avec ma belle-mère chez Paul, le fameux restaurant français de Chicago, et on a goûté une sauce excellente faite à partir de vers de terre. Bon, on se tait maintenant s'il vous plaît. »

– Dans le quatrième groupe (appelé rumeur-plus-réassociation), à la fin de la projection, comme dans les trois autres groupes, on administra un questionnaire d'évaluation du feuilleton avec en plus trois questions relatives aux repas chez McDonald's (la nourriture est bonne/n'est pas bonne, c'est ce que je cherche/ce n'est pas ce que je cherche, j'irai certainement/certainement pas). Mais, dans ce quatrième groupe, à la différence des trois autres, avant de répondre à ces trois questions, les étudiants devaient indiquer sur le questionnaire où se trouvait le McDonald's qu'ils fréquentaient habituellement, combien de fois par an ils fréquentaient ce restaurant, et s'il avait une terrasse extérieure ou non.

Quels furent les résultats de ces quatre approches (voir tableau ci-dessous) ?

Tableau 5

MCDONALD'S ET LES VERS DE TERRE : LES EFFETS DE QUELQUES COMMUNICATIONS ANTIRUMEUR

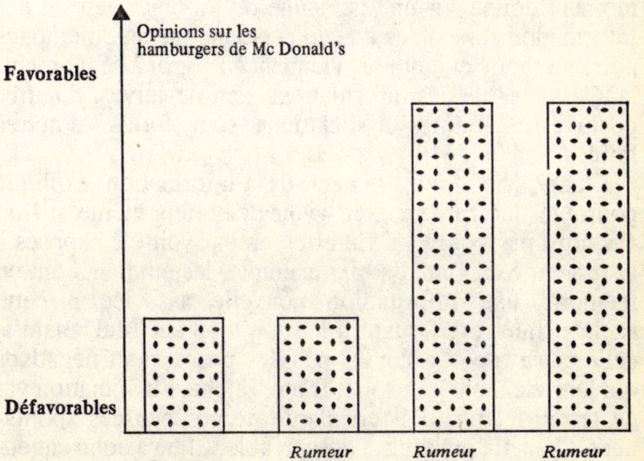

Comme on le constate, la présentation de la rumeur suivie du démenti crée le même effet négatif que la présentation de la rumeur seule ! En revanche les deux autres tactiques annihilent l'effet de la rumeur.

Il ne faut pas déduire de cette expérience que le démenti n'est jamais efficace. Dans cette étude, une seule forme de démenti fut testée. En général, le démenti apparaît dans les médias, à la télévision ou dans la presse, ce qui lui confère une crédibilité que n'avait peut-être pas l'expérimentateur.

Quoi qu'il en soit, cette expérience est pleine d'enseignements sur la formation des opinions et l'influence que peut avoir sur celles-ci une rumeur à laquelle on ne croit pas forcément. En effet, une question subsidiaire posée le surlendemain de l'expérience révéla que les quatre groupes considéraient la rumeur comme totalement non fondée.

Le cadre théorique de cette expérience est celui du « traitement de l'information », dominant depuis quelques années la psychologie des opinions et des attitudes. L'idée de base en est simple : l'opinion que nous portons à un moment donné sur une personne ou un objet dépend des informations associées à cette personne ou cet objet, dans notre mémoire et qui nous viennent à l'esprit à ce moment-là. Certaines de ces informations sont négatives, d'autres positives. Certaines associations sont fortes, d'autres faibles.

L'approche du traitement de l'information explique pourquoi une rumeur peut avoir des effets même si l'on n'y croit pas vraiment. En effet, après avoir été exposés à la rumeur McDonald's, par exemple, les étudiants ont en mémoire une information nouvelle associée à cette société. Interrogés quant à leur opinion sur McDonald's, celle-ci va reposer sur les pensées positives et négatives qui leur viennent à l'esprit. Toute fraîche, l'association ver de terre/McDonald's fera partie de ces pensées spontanées. Or, cette pensée est désagréable. Elle va donc engendrer une opinion moins bonne que si aucune pensée désagréable n'était venue à l'esprit. Les étudiants sont affectés *non parce qu'ils croient* à l'association ver de terre/McDonald's *mais parce qu'ils y pensent.*

Le cadre théorique explique aussi pourquoi dans des cas semblables la réfutation de la rumeur est inefficace. La réfutation amène les étudiants à se répéter la rumeur, donc renforce l'association ver de terre/McDonald's. Même si la réfutation était efficace au point que les étudiants retrouvent facilement la pensée : « Les hamburgers McDonald's ne contiennent pas vraiment de vers de terre », cette pensée ne supprime pas pour autant l'association, qui se trouve même renforcée en mémoire par l'effet de répétition.

Selon cette perspective théorique, si l'on veut désamorcer les effets d'une rumeur racontée à des personnes, il faut :

– soit que l'information négative (le ver de terre) n'aille pas se loger dans leur mémoire à l'adresse « McDonald's » mais ailleurs, à une autre adresse ;

– soit que l'information négative (le ver de terre) soit rendue positive ;

– soit enfin que, interrogées quant à leur opinion sur McDonald's, ces personnes aient à l'esprit d'autres pensées que celle négative implantée par la rumeur.

Dans l'expérience, le troisième groupe (rumeur plus dissociation) représentait un exemple de mise en œuvre des deux premières tactiques ci-dessus. En racontant, juste après la rumeur, qu'il avait goûté une excellente sauce au ver de terre dans le restaurant français Chez Paul, à Chicago, l'expérimentateur a favorisé un stockage en mémoire de l'information « ver de terre » à l'adresse « Chez Paul » plutôt qu'à l'adresse « McDonald's ». De plus, il a rendu moins désagréable l'information « ver de terre ».

Le quatrième groupe (rumeur plus réassociation) représentait une manœuvre pour faire venir à l'esprit des informations sur McDonald's qui n'y seraient peut-être pas venues spontanément. Une fois présentes, et positives, elles ont pesé fortement sur l'opinion vis-à-vis des hamburgers McDonald's.

Que prouve la réalité ?

Bon nombre de rumeurs se dégonflent car elles ne résistent pas à la réflexion et à l'examen logique de leurs détails. D'autres cependant sont imperméables au rationnel [146].

En effet, plus une rumeur a un contenu symbolique, moins les détails qu'elle comporte comptent en eux-mêmes. Ils sont considérés pour ce qu'ils sont : des signifiants substituables. Si tel détail n'est pas réaliste, cela ne prouve pas que l'ensemble du récit soit fautif : il suffit de remplacer ce détail boiteux par un autre, plus réaliste mais signifiant la même chose.

Par exemple, la rumeur du serpent minute mordant un enfant dans un magasin s'effondre-t-elle si l'on apprend que le serpent minute ne tue pas en une minute mais veut simplement dire « petit serpent » en espagnol ? Manifestement non, l'interlocuteur croyant à la rumeur aura vite fait de répondre que si ce n'est ce serpent-là, c'était un autre serpent. De même, aux États-Unis, pendant la Seconde Guerre mondiale, il était fréquent d'accuser tel ou tel groupe social de se faire réformer et d'éviter ainsi de s'engager dans l'armée. Quand les statistiques prouvaient que ce n'était pas le cas, la réponse la plus fréquente était alors : « Oui, mais ils ont les postes les plus planqués ! » [5]. Ainsi, les signifiants sont interchangeables, mais le signifié, lui, reste stable.

La résistance de certaines rumeurs aux faits surprend parfois les observateurs. Mais ce serait le contraire qui serait en fait étonnant. Pour qu'une rumeur prenne de l'ampleur, il faut qu'elle ait survécu aux objections légitimes que les premières personnes touchées n'ont pas manqué de soulever. Il faut donc que le réel n'ait pas été un obstacle à la rumeur. En soi donc, la prolifération d'une rumeur aussi fantastique que celle des vers de McDonald's prouve sa capacité à surfer sur le réel et à absorber les contre-arguments que l'on pourrait avancer.

Qu'un ou deux détails paraissent anormaux ne gêne pas la rumeur. Dans beaucoup de rumeurs, le fond prime sur la forme. La personne qui colporte une rumeur ne cherche en général pas à coller au message qu'elle a entendu, mais à persuader son auditeur, quitte à corriger ou à améliorer ce message. Aussi elle sera tout à fait prête à concéder ici ou là qu'il peut s'être glissé des anormalités dans le récit. C'est parce que la rumeur est souple et malléable tout au long de sa construction qu'elle se sent si à l'aise devant les objections de détail.

La rumeur sait aussi retourner les preuves et les contre-arguments. A Amiens ou à Orléans, tous les faits avancés pour infirmer la rumeur prouvaient qu'elle était fondée : le silence des journaux au départ, l'inaction de la police, l'absence officielle de disparitions témoignaient de la volonté des gens hauts placés d'étouffer l'affaire, achetés par l'argent des suppôts de la traite des blanches. Ainsi était faite la démonstration de l'association bien connue entre les bas-fonds et les hautes sphères. On n'avait pas trouvé de trappes dans les boutiques incriminées : c'est que, prévenus, les commerçants les avaient bouchées. Chacun des faits avancés est retourné aussitôt : son sens n'est pas celui que l'on croyait. Ainsi les faits peuvent se révéler bien peu probants : c'est le système de croyances de chacun qui leur donne du sens.

Quand la vérité est improuvable

Outre ce problème du préjugé qui se nourrit de tous les faits, fussent-ils les plus contradictoires, certaines rumeurs posent un problème bien plus subtil : aucun fait ne pourra jamais prouver qu'elles sont fausses. Ainsi, quel fait pourrait démontrer de façon irréfutable que la société Procter et Gamble ne donne pas d'argent au diable ?

Le problème de la vérification ou de l'infirmation a été étudié depuis longtemps par les philosophes de la science. Pour K. Popper, une proposition théorique n'accède au statut de proposition scientifique que si elle spécifie les opérations par lesquelles elle peut être soumise à test. C'est la vérification empirique qui confère la validité à une théorie.

Toute rumeur est une proposition reliant une caractéristique à une personne ou à un objet. Certaines de ces propositions se prêtent facilement au démenti des faits car elles se présentent sous une forme qui les rend vérifiables, c'est-à-dire capables d'être soumises à un test. Par exemple, en juin 1979, les services de sécurité de la mairie de Nice sont assaillis d'appels téléphoniques d'habitants inquiets : la rumeur s'était répandue qu'un raz de marée était prévu pour le 24 juin et qu'un séisme suivrait le 23 août[1]. Il suffisait d'attendre pour disposer d'un test naturel de la prédiction.

Certaines propositions ne sont pas réfutables par un test empirique, car elles comportent des concepts ne pouvant être mesurés directement ou indirectement. Toute rumeur impliquant le diable pose de sérieux problèmes de réfutation si l'on veut produire des faits probants. Il en va de même des rumeurs exprimant une hostilité vis-à-vis d'un groupe et prétendant par exemple que les membres de ce groupe héritent, à la guerre, de toutes les planques et des postes de tout repos. Dans la mesure où il est difficile d'apprécier si un poste est ou non une planque, la proposition devient irréfutable.

Hors de ces cas extrêmes, certaines propositions sont « seulement confirmables » ou « seulement réfutables ». Par exemple, pendant les guerres fleurissent les rumeurs prenant telle ou telle communauté comme bouc émissaire. On dira par exemple : « Il y a des traîtres dans cette communauté. » Une telle proposition est « seulement confirmable » car même si, après plusieurs enquêtes, on ne trouvait pas de traître dans ladite communauté, cela n'éliminerait pas la possibilité d'en découvrir lors d'une enquête ulté-

1. *Le Monde*, 9 janvier 1983.

rieure. La rumeur accusant la fameuse bière Straw à Chicago de financer en douce la campagne politique du révérend noir Jessie Jackson est de cet ordre : aucune enquête ne peut raisonnablement réfuter cette rumeur. Cette dernière n'est que confirmable.

De façon symétrique, le talon d'Achille de la plupart des démentis est d'être « seulement réfutables ». Par exemple, après avoir entendu un démenti du tract « de Villejuif » assurant que l'acide citrique était inoffensif, et un constituant banal des oranges et des citrons, un interviewé rétorqua : « Peut-être se rendra-t-on compte plus tard que l'acide citrique était bien dangereux. »

D'une façon générale, les propositions affirmant que quelque chose n'existe pas souffrent d'un terrible handicap sur le plan de la vérifiabilité ou, pour parler en termes popperiens, de leur falsifiabilité. Par exemple, comment une entreprise peut-elle prouver qu'elle ne finance pas tel ou tel parti politique ? Le seul démenti convaincant serait de dire : « Non, nous n'avons pas versé trois millions de francs mais quatre » ! Ce type de situations déséquilibrées sur le plan de la confirmabilité ou de la réfutabilité est fréquent et explique la persistance de rumeurs : aucune preuve ne peut logiquement faire taire la rumeur. La question n'est donc jamais close, mais reste en suspens.

Nous sommes ainsi conduits à reconnaître ce paradoxe fondamental : la croyance au démenti obéit alors à la même logique que la croyance à la rumeur elle-même. Dans les deux cas, il s'agit de croire sur parole. Le problème de l'extinction d'une rumeur est avant tout une question de personne : le « que croire ? » dépend du « qui parle ? ». Sans un émetteur crédible, le combat antirumeur est voué à l'échec.

Trouver une source crédible

La recommandation consistant à faire usage d'émetteurs crédibles pour mener la riposte est triviale à énoncer, mais parfois impossible à mettre en œuvre. En effet, la prolifération des rumeurs témoigne souvent d'une perte de confiance dans les canaux officiels de l'information, et dans les autorités elles-mêmes. Dans les pays pratiquant la censure de l'information, on voit fleurir les rumeurs : quel communiqué officiel peut alors espérer les atténuer ? Il faudrait pour cela miraculeusement retrouver une virginité que l'on a perdue depuis longtemps.

La tâche n'est pourtant pas impossible : en réalité il ne s'agit pas de gagner en crédibilité, mais de décrédibiliser une rumeur soigneusement choisie et à travers elle les rumeurs passées et à venir. C'est ce que l'on appelle la désinformation. Ainsi, le samedi 19 décembre 1981, à 17 heures, France-Inter annonçait la mort en prison d'une figure proéminente des milieux catholiques militants polonais, Tadeusz Mazowiecki, un des principaux conseillers de Lech Walesa. Bien que non confirmée officiellement, l'information semblait fiable [117]. Très vite la nouvelle fit le tour du monde, sans que les autorités polonaises émettent le moindre démenti à cette nouvelle pourtant désastreuse pour l'image du général Jaruzelski. En Occident, manchettes et commentaires de presse se multiplièrent pour déplorer la mort suspecte (en prison) de cette personnalité de premier plan. En réalité, en ne démentant pas, les autorités polonaises laissaient courir la rumeur afin de mieux la ridiculiser le moment venu, et avec elle les journalistes occidentaux si prompts à relayer les moindres rumeurs circulant en Pologne. Effectivement, quelques jours avant la fin de l'année, le « porte-parole du gouvernement polonais démentait la mort de Tadeusz Mazowiecki et tournait en dérision la presse occidentale. Ce faisant, il sapait la confiance dont jouissaient jusqu'alors les rumeurs, et améliorait donc sa crédibilité relative [136].

20. Changer l'image de la rumeur

Plus la rumeur a un fondement émotionnel, moins la stratégie du réel est opérante. La réalité suffit rarement à enflammer l'imagination du public : pourquoi alors espérer qu'elle l'éteigne ? Une des clés du problème de l'extinction nous est rappelée par un fondateur de la psychosociologie contemporaine : S. Asch. Sa pensée tient en une formule : les gens ne changent pas leur perception d'un objet, c'est l'objet de perception qui change. En d'autres termes, le retournement de l'opinion publique ne peut provenir que du changement de l'identité même de la rumeur.

Le dépositionnement de la rumeur

L'analyse de la riposte entreprise en juin 1969 contre la rumeur d'Orléans fournit un exemple clair de dépositionnement de rumeur : on a fait évoluer l'identité de la rumeur, on a changé son positionnement, la perception que le public en avait.

A l'origine, l'identité de la rumeur était celle d'une mise en garde spontanée du peuple victime contre le rapt organisé du symbole même de la pérennité de la ville, ses jeunes filles. Puis elle s'est précisée en accusant l'étranger, le juif immiscé au cœur de la ville, d'être le maître d'œuvre de ce rapt. Dans son identité initiale, la rumeur ne pouvait que drainer l'adhésion des personnes se sentant les plus menacées : la population féminine d'Orléans.

La riposte a consisté à exploiter publiquement la facette

antisémite de la rumeur, à lui conférer une identité inacceptable. La rumeur d'Orléans a été positionnée comme un véritable complot antisémite, une cabale organisée, la manifestation visible d'une opération de calomnie, le retour des démons que la France avait refoulés en 1945. Une telle rumeur ne saurait être due à l'imagination innocente d'une vierge en collège mais à l'action souterraine de quelque groupe antisémite resurgissant : aussi fallait-il déposer plainte contre X, ce que firent M. Licht, le premier commerçant incriminé et de nombreuses associations de lutte contre le racisme.

Ces plaintes inversent la relation entre le peuple et les personnes visées. A l'origine, la rumeur campait un peuple victime, auquel on enlevait ses fruits les plus chers. La nouvelle identité, le peuple est rejeté en tant que relais innocent et manipulé d'une résurgence néo-nazie. En n'attaquant pas le peuple, on lui offrait une porte de sortie, on lui permettait de sauver la face, donc on atténuait ses défenses. Cette nouvelle identité, clamée avec virulence par les associations, fédérations, syndicats et authentifiée par les médias, permettait aussi de faire taire la rumeur, non parce que les gens n'y croyaient plus, mais parce qu'il devenait malséant d'en parler.

Un reflet négatif

Toute rumeur renvoie un certain reflet, une certaine image de la personne qui la fait découvrir aux autres. A Orléans, dévoiler aux autres le trafic de traite des blanches organisé au sein même de la ville mère renvoie de l'annonciateur un reflet extrêmement valorisant. Les bénéfices psychologiques retirés de l'annonciation sont un des moteurs essentiels de la diffusion des rumeurs. La nouvelle identité fondée sur le complot antisémite transforme ces bénéfices en inconvénients. On ne saurait se présenter ouvertement, en public, comme antisémite, sans risquer la désapprobation sociale. Peu importe si des Orléanais croyaient encore la rumeur, l'acte même d'en parler devenait socialement réprimé.

A Orléans, les actions de riposte furent menées de façon spontanée et improvisée, sans état-major décidant de la stratégie et contrôlant sa mise en œuvre. Pendant la Seconde Guerre mondiale, aux États-Unis et en Europe, il en alla différemment. Le problème posé était de limiter au maximum la diffusion des nombreuses rumeurs.

La stratégie suivie consista précisément à donner à la transmission des rumeurs, au fait même de parler, une identité antipatriotique : on en faisait potentiellement un acte de traîtrise, de collusion de fait avec l'ennemi. Pour cela, comme à Orléans, on accrédita l'hypothèse d'un cerveau à l'origine des rumeurs malsaines pour le moral des populations et la cohésion nationale. Ce cerveau n'était autre que les services de propagande de l'ennemi, l'Axe. Il est vrai que de nombreuses rumeurs circulant aux États-Unis se retrouvaient sous forme d'information sur les ondes de la radio nazie émettant en anglais vers les États-Unis. Ceci ne prouve pas que les rumeurs provenaient de la radio de l'Axe : peut-être celle-ci ne faisait-elle que relayer les rumeurs déjà existantes. Quoi qu'il en soit, colporter des rumeurs négatives équivalait à œuvrer pour la fameuse cinquième colonne, source présumée de celles-ci.

Colporter les rumeurs était une faute grave pour une autre raison : le noyau de vérité potentielle pouvait donner des informations cruciales aux agents nazis infiltrés. La cinquième colonne était alors le destinataire omniprésent de chaque rumeur, ce qui présentait des risques potentiels considérables pour les Forces alliées.

Comme on le voit, la stratégie retenue rendait le colportage des rumeurs socialement inacceptable. On avait donné une identité haïssable aux rumeurs : d'origine ennemie ou destinées à l'ennemi, elles pouvaient avoir des conséquences désastreuses pour le groupe lui-même. Pour ce faire, les belligérants firent largement appel aux affiches antirumeurs :

– En Grande-Bretagne, l'une d'elles présente deux

femmes bavardant, assises l'une à côté de l'autre sur une banquette de train. Deux rangs derrière sont assis Hitler et Goering caricaturés. Le slogan de l'affiche rappelle : « Vous ne savez jamais qui écoute ! Parler trop peut coûter des vies ! » Une autre affiche énonce : « Parlez moins... vous ne savez jamais. » L'illustration présente un homme de face dont la moitié droite est habillée en civil comme tout le monde, et la gauche en officier allemand.

– Aux États-Unis, une affiche montre la tête triste d'un chien appuyée sur le fauteuil vide de son maître. Sur le mur pend un fanion en berne, signe manifeste du décès. En gros sont imprimés ces simples mots : « ... parce que quelqu'un a parlé. » Une autre présente un jeune Marine partant le sourire aux lèvres avec son équipement. Mais une légende rappelle : « Si vous dites où il va... il pourrait bien ne jamais y arriver !... » Une troisième montre une petite fille tenant dans ses bras avec émotion la photo de son père mobilisé : « Ne tuez pas son père en parlant inutilement. »

– En France, sous le titre : « Avis aux permissionnaires – A bon militaire fermeture Éclair », une affiche présente un soldat dont la bouche est une fermeture Éclair. Sur une autre, un civil et un militaire discutent dans un café. Devant eux, une cruche à eau tend l'oreille : cette cruche a le visage d'Hitler.

On l'a dit, l'ensemble de cette stratégie contre le colportage des rumeurs a néanmoins un énorme talon d'Achille : comment le public peut-il reconnaître une rumeur ? Comment peut-il distinguer une information d'une rumeur, un renseignement anodin d'un secret potentiel ? Il ne le peut pas. Nous retrouvons ici sur le plan opérationnel le problème déjà abordé sur le plan conceptuel : comment identifier la rumeur par rapport aux autres phénomènes voisins ?

Ici encore, nous voyons combien le concept de rumeur renvoie plus à un jugement, à une évaluation subjective qu'à une réalité objective repérable par des observateurs extérieurs.

Le problème ne se pose pas lorsque l'on décide d'attaquer une rumeur particulière : l'identification peut se faire par le contenu de ce que l'on aura décidé d'appeler rumeur. Quelques mots clés suffisent à définir ce dont il est question : « les vers de terre dans les hamburgers McDonald's », « le logotype satanique de Procter et Gamble », « la mort de Jane Fonda en faisant de l'aérobic », etc.

Inventer un ennemi caché

Lorsqu'elles sont attaquées par une rumeur, les victimes portent souvent plainte contre X. Ce n'est pas seulement un acte juridique, c'est essentiellement un acte mythique. D'une part, la plupart des rumeurs n'ont pas de source identifiable ou se reconnaissant comme telle : Quelles jeunes filles d'Orléans croiront jamais que leurs innocentes confessions fantasmatiques ont servi de prétexte à la rumeur ? D'autre part, porter plainte c'est attaquer. La rumeur prend alors la forme mythique du combat contre l'ombre. La plainte contre X postule que X existe, que cet inconnu a une forme physique, une pensée, un stratagème : elle construit un « cerveau » tapi dans quelque quartier général. Il s'agit d'une pure construction.

Aussi la plainte n'a-t-elle de sens que si elle est proclamée *urbi et orbi* : elle est un acte de communication. Il en va de même des plaintes déposées ici ou là contre des relais croyant de bonne foi en la rumeur, précisément parce que, pour eux, ce n'en est pas une. De toute façon, le procès a lieu bien après et son issue est incertaine. Ainsi, aux débuts de la diffusion du tract suspect « de Villejuif », les juges déboutaient les plaignants, arguant du fait que les relais avaient été eux-mêmes abusés par le tract initial et avaient agi dans un but qu'ils croyaient préventif. (L'attitude des juges a évolué depuis.)

Les récompenses proposées par voie de presse sont, elles aussi, mythiques. Elles déstabilisent la perception de la rumeur en laissant supposer que cette dernière n'est pas innocente. Par exemple, le 30 juillet 1982, le directeur de l'hypermarché Cora de Wittenheim (Haut-Rhin) achetait une demi-page du journal *l'Alsace* et proposait 10 000 F à toutes les personnes porteuses de renseignements sur l'origine de la rumeur de l'enfant mordu par un serpent minute. Le procédé inhabituel, mais non illégal, marque l'entrée en scène du légendaire chasseur de primes, Joss Randall alsacien dont la présence atteste de l'existence d'une proie, de quelqu'un à saisir.

Peu importe qu'à Wittenheim la rumeur ait ou non été inventée dans l'intention de nuire (en effet, ce supermarché était le seul de la région à offrir le service d'une garderie) : l'action menée reproduisait la trame de base des grands scénarios qui enflamment l'imagination. L'attaqué reprenait l'initiative et dépositionnait la rumeur : loin d'être le reflet d'un accident réel, elle devenait un nouvel avatar de la concurrence entre hypermarchés.

Dans le domaine politique, l'hypothèse du Cerveau fait partie du répertoire de base de toute riposte. Ainsi, en septembre 1984, devant l'ampleur prise par le bruit déjà évoqué qu'un millier d'immigrés en provenance de Marseille allaient être implantés à Lorient par l'office local des HLM, le maire convoqua une conférence de presse extraordinaire pour « porter un coup définitif à une rumeur qui relève de la pure manipulation » et stigmatiser « ceux qui ont contribué à développer de tels mensonges et qui en portent l'entière responsabilité [1] ». Puis il produisit la liste des nouveaux locataires des HLM de la ville afin de lever les équivoques.

D'une façon générale, l'attribution de la rumeur à une personne, un groupe ou en tout cas une intention (comme à Orléans) permet d'aller au-delà de la simple réfutation des allégations contenues dans la rumeur. La réfutation est une attitude défensive. De plus, l'accusé est toujours en retard par rapport à la rumeur : l'initiative appartient au camp adverse (qu'il soit mythique ou non).

1. *Liberté du Morbihan*, 17 novembre 1984.

Postuler un Cerveau permet de reprendre l'initiative, et au moins de créer un certain trouble dans l'opinion publique, qui ne sait plus très bien qui croire. Le cas du Boeing sud-coréen abattu par l'aviation soviétique en 1984 constitue une illustration exemplaire d'une telle désinformation. Sans attendre, le porte-parole du gouvernement soviétique affirma avec conviction qu'en réalité cet avion civil effectuait une mission d'espionnage pour le compte de la CIA, hypothèse qui ne peut être réfutée a priori quand on connaît les liens étroits existant entre la Corée du Sud et les États-Unis. Il incombait désormais aux Coréens de réfuter cette hypothèse irréfutable (quels faits pourraient la démentir ?). A nouveau, la réalité dépend de la source que l'on veut bien croire.

Radioscopie de la croyance

Deux autres approches peuvent concourir à modifier l'image de la rumeur. La première consiste à chercher l'erreur, les impossibilités manifestes et grossières. Hélas, cela n'est pas toujours possible : nous l'avons démontré en analysant les limites du démenti. La seconde approche consiste à expliquer au public pourquoi il croit la rumeur. En effet, la plupart des gens n'ont pas conscience des raisons profondes qui les conduisent à croire *mordicus* qu'une rumeur était vraie. Ils croient à l'adage : Il n'y a pas de fumée sans feu. Or, souvent, le feu n'est nulle part ailleurs qu'en eux-mêmes. La croyance à la rumeur est totalement projective. La compréhension de soi-même fournit parfois un éclairage nouveau sur les croyances auxquelles on tient. Cette approche est illustrée dans un contexte fort différent des rumeurs, mais où il est parfois vital de mettre fin à la persistance de croyances : les expériences psychologiques de simulation des émotions.

Comment savons-nous si nous aimons ou non quelque chose ? Comment savons-nous si nous sommes ou non doués pour une certaine tâche ? Ces deux questions concernent un même problème : celui de l'idée que nous nous faisons de nous-mêmes. La psychologie cognitive a montré que, pour savoir, nous utilisions des signaux extérieurs et manifestes. William James avait pressenti ce processus lorsqu'il disait : « Nous avons peur parce que nous courons et non l'inverse. » Les premières expériences [95] menées pour vérifier si telle est bien notre façon de connaître nos propres sentiments consistaient par exemple à présenter une série de photos de femmes à des étudiants. Un appareil placé sur le cœur de l'étudiant et relié à des amplificateurs lui permettait d'entendre les battements de celui-ci, donc de déceler des accélérations éventuelles au passage de photographies chargées en valeur émotionnelle. L'étudiant devait attribuer une note à chaque photo en fonction de l'attirance qu'il ressentait pour le modèle féminin qu'elle présentait. Ce que l'étudiant ne savait pas, c'est que les battements de cœur et les accélérations qu'il entendait n'étaient pas les siens.

Les résultats montrèrent que les notes attribuées aux modèles correspondaient aux accélérations cardiaques entendues. En d'autres termes, les étudiants se reposaient sur des *signaux externes* pour décider s'ils aimaient ou non telle ou telle photo. L'expérience fut rééditée en présentant des photos de femmes nues et d'hommes nus à des étudiants, dont les résultats furent aussi probants.

Quel rapport y a-t-il avec les démentis et les rumeurs ? Dans cette dernière expérience, des étudiants hétérosexuels se mettaient à donner des notes élevées à des photos d'hommes. Il était donc important de leur indiquer à la fin de l'expérience qu'il y avait eu manipulation. L'explication de la manipulation était considérée comme un démenti suffisant pour qu'ils ne conservent aucun doute sur la nature exacte de leur penchant sexuel.

Or, des expériences similaires [143], portant non sur des émotions, mais sur le sentiment d'être doué ou non pour une certaine tâche, ont montré que les personnes à qui le faux feed-back avait donné l'impression d'être très douées continuaient à le croire, même après le démenti. Ainsi leurs impressions *persistaient* malgré les déclarations du responsable de l'expérience expliquant que le feed-back entendu était indépendant des erreurs ou réussites observées pendant leur accomplissement de la tâche. Bien qu'ils aient compris et cru le démenti, l'expérience laissait des traces. Ces expériences sont cruciales, car elles démontrent que, une fois créés, nos sentiments et impressions deviennent presque indépendants des faits qui les ont créés. La négation des faits ne supprimait pas les sentiments et impressions.

D'autres chercheurs [124] ont montré que, pour faire disparaître cette persistance, *il ne suffisait pas d'expliquer l'expérience* et le mécanisme du faux feed-back. Il fallait en plus expliquer le mécanisme psychologique de la persistance. Revenant au contexte des rumeurs, ces expériences suggèrent qu'une action de démenti ne saurait être complète sans une explication des raisons pour lesquelles le public a autant adhéré à la rumeur. Ce qui est significatif, c'est l'adhésion que la rumeur a rencontrée : comme la lecture des rêves est la voie royale vers l'inconscient individuel, la lecture des rumeurs révèle le climat social, les aspirations et craintes collectives. C'est cela aussi qu'il faut porter à la connaissance du public [104].

C'est précisément ce qui fut fait aux États-Unis pendant la Seconde Guerre mondiale de façon systématique, dans ce que l'on a appelé la « Clinique des rumeurs » *(Rumor Clinic).*

La Clinique des rumeurs

Pendant la Seconde Guerre mondiale, à Boston, le célèbre quotidien *Herald Traveler* prit une initiative qui devait être rapidement imitée par quarante grands quotidiens américains et de nombreux magazines nationaux et canadiens. Entre mars 1942 et décembre 1943, ce journal créa une rubrique hebdomadaire appelée « Clinique des rumeurs », consacrée chaque fois à la réfutation d'une rumeur en cours, signalée soit spontanément par des lecteurs soit par un ensemble d'informateurs sillonnant la population et travaillant pour le journal. Le plus souvent, la réfutation reposait sur l'interview de leaders peu contestés (le président F. Roosevelt, le général D. Eisenhower, etc.) ou sur la présentation de faits qui rendaient la rumeur impossible. Tout démenti ayant aussi pour résultat de faire connaître la rumeur, de nombreuses précautions étaient prises sur le plan de l'écriture. En exemple, on devait toujours mentionner la rumeur de façon négative : cette blague, ce canular, ce canard, cette mystification, etc.

De temps en temps, certaines rumeurs plus complexes ou plus malicieuses recevaient un traitement particulier. Avec l'aide de psychologues, la Clinique des rumeurs présentait une interprétation des raisons pour lesquelles une rumeur exerçait une incontestable fascination ou séduction. La tactique consistait à montrer que, s'il n'y a pas de fumée sans feu, le feu résidait souvent en nous-mêmes et non dans on ne sait quels faits présumés. Par exemple, après la création d'un corps d'armée féminine, les WAC's, on vit naître une floraison de rumeurs. On prétendait par exemple que bon nombre d'entre elles étaient des prostituées, que les volontaires vierges étaient recalées, qu'elles recevaient gratuitement un stock de contraceptifs dès leur incorporation, ou que tout militaire sortant avec une WAC devait passer un examen médical approfondi de dépistage d'éventuelles maladies vénériennes. Le journal choisit à juste titre de ne pas répondre à toutes ces rumeurs mais d'en choisir une particulière et à travers elle de liquider les autres, passées et futures, sur ce sujet. La rumeur exemplaire retenue annonçait que cinq cents WAC's avaient dû être précipitamment rapatriées d'Afrique du Nord : elles étaient toutes enceintes (de façon illégitime cela allait sans dire).

L'article de la Clinique des rumeurs soulignait que le nombre de WAC's en Afrique du Nord n'avait aucune commune mesure avec les cinq cents grossesses annoncées, citait des louanges prononcées par le général Eisenhower à l'égard du travail remarquable des WAC's, indiquait que de telles rumeurs ne pouvaient émaner que de l'ennemi et « psychanalysait » la croyance. La guerre imposait des séparations physiques et conduisait d'une façon générale à mettre sa vie sexuelle en sourdine : aussi le public trouvait-il un plaisir secret à contempler ces terribles pratiques des WAC's, que l'on fustigeait ouvertement tant elles correspondaient en fait aux désirs latents de chacun, qu'il fallait refouler.

Il semble que ces Cliniques des rumeurs aient été efficaces, compte tenu des chiffres publiés. Les lecteurs réguliers croyaient moins les rumeurs que les lecteurs occasionnels. L'analyse montre que cet effet n'était pas imputable à l'autosélection des lecteurs : ceux qui ne croient en aucune façon ces rumeurs ont peut-être plus tendance à lire régulièrement la presse, source en qui ils ont toute confiance. En fait, la multiplication des Cliniques des rumeurs eut non seulement des vertus curatives sur certaines fausses rumeurs, mais aussi des effets préventifs. Il devenait à la mode de jouer les Sherlock Holmes ou les Hercule Poirot de l'information, en montrant avec brio intellectuel pourquoi telle ou telle nouvelle était suspecte, et ressemblait bien à une fausse rumeur que l'on s'empressait de « psychanalyser ». De ce point de vue, l'existence des rubriques spécialisées consacrées aux rumeurs eut une fonction d'*inoculation*. On introduisait chez les lecteurs un anticorps pour les rendre plus sceptiques face à n'importe quelle rumeur à venir.

Mais, comme toujours, puisqu'il est impossible à quiconque recevant une information de bouche-à-oreille de dire s'il s'agit d'une information authentique ou d'une fausse information, il est probable que les Cliniques des rumeurs ont eu l'effet pervers de créer une suspicion accrue vis-à-vis de tout type de nouvelle.

En France, plusieurs magazines ou journaux ont des rubriques intitulées « Bruits », « Rumeurs »... Il s'agit ici de relayer ou de créer des potins et des rumeurs. Aucun n'a de rubrique régulière faisant une analyse critique ou une exégèse des rumeurs à la mode. De temps en temps, un éditorial politique examine la rumeur du moment, ou bien un journaliste que les phénomènes de rumeur intéressent épingle les folles rumeurs courant dans la campagne avoisinante [1]. Seuls quelques bulletins [2], hélas trop peu diffusés, reproduisent les contre-enquêtes remarquables menées sur le terrain par des experts bénévoles, intrigués par tous les phénomènes bizarres et apparemment inexpliqués (visions de soucoupes volantes, lâchers de vipères par hélicoptère, etc.).

1. Grâce à leur travail, nous avons pu ainsi identifier de nombreuses rumeurs de la France dite profonde.

2. Citons par exemple le *Bulletin* du Comité Poitou-Charentes des groupements ufologiques et les publications du Pogonip.

21. Mieux vaut prévenir

Il peut arriver que l'on souhaite décourager l'émergence de certaines rumeurs. Par exemple, pendant les années 60, aux États-Unis, dans de nombreuses grandes villes, les autorités ont cherché à prévenir la diffusion des rumeurs dont l'expérience montrait qu'elles débouchaient immanquablement sur des émeutes raciales. Certes, il n'échappe à personne qu'il y a rumeur précisément parce qu'il y a conflit racial latent et que la demande équivaut à soigner le symptôme et non la cause. Néanmoins, à un moment donné, dans chaque grande ville, il était trop tard pour refaire le monde. Le problème opérationnel concret était posé pour l'immédiat : Comment prévenir certaines rumeurs prévisibles ?

Prévention et crédibilité

La majorité des grandes villes américaines où les risques d'émeutes raciales étaient élevés installèrent à partir de 1968 des centres d'information spécialisés, appelés Centres de contrôle des rumeurs [118]. Leur objectif était de trouver et de disséminer les informations exactes correspondant aux questions que les citadins posaient au téléphone. Ainsi, dans la première semaine de son installation, le Centre de contrôle des rumeurs de Los Angeles reçut dix mille appels. Ces centres étaient malheureusement confrontés à un dilemme insoluble : pour avoir accès à l'information exacte et la plus récente, ils devaient être étroitement en rapport avec l'administration locale et la police. Ce faisant, ils perdaient beaucoup de leur crédibilité auprès de la communauté noire qui effectivement ne représentait qu'une minorité des appels [86].

Puisque les rumeurs naissent souvent d'une méfiance dans les versions officielles, la clé de la prévention est aussi la crédibilité des sources. Cette recommandation triviale pose, on le voit, de redoutables problèmes pratiques. Pour être perçu comme crédible, il ne suffit pas de le dire, il faut avoir derrière soi les preuves de sa crédibilité, c'est-à-dire avoir été un homme qui chaque fois disait la vérité telle qu'elle est [16]. Ce précepte est particulièrement dur à appliquer en temps de crise, précisément parce qu'il paraît souvent préférable de ne pas divulguer les informations ou de les maquiller.

Deux hommes, fort différents, ont réussi à se doter d'une telle réputation : Winston Churchill et Che Guevara. Pendant toute la période des bombardements de Londres par l'aviation allemande, les rumeurs concernant la sévérité réelle des dommages étaient rares en Grande-Bretagne. Winston Churchill avait prouvé qu'il appelait un chat un chat, et rendait compte au pays exactement des pertes infligées, fussent-elles extrêmement sévères. Aux États-Unis, au contraire, du fait de l'existence de la censure pendant la guerre, de nombreuses rumeurs ont couru après le bombardement surprise de Pearl Harbor par l'aviation japonaise. Ces rumeurs multipliaient à l'envi les chiffres officiels diffusés par le secrétaire d'État à l'Information. Il fallut que F. D. Roosevelt abordât lui-même la question lors d'une conférence de presse pour que ces rumeurs cessent – ce qu'elles ne firent pas toutes d'ailleurs, témoignant en cela que le président n'avait pas calmé toutes les appréhensions et anxiétés légitimes.

Dans les pays d'Amérique du Sud ou d'Amérique centrale, les troupes régulières font crédit aux rumeurs colportées par les paysans pour connaître la nature des progrès de la guérilla. En effet, étant eux-mêmes engagés dans le combat, ils peuvent mesurer l'écart entre leur connaissance des faits et les communiqués de victoire officiels. Che Guevara avait réussi à jouir d'un considérable crédit par son habitude de ne pas cacher les nouvelles les plus embarrassantes. Selon lui, une réputation de source non crédible était à long terme bien plus dommageable que la publication de ces nouvelles. L'expérience montre d'ailleurs que ces dernières filtrent d'une façon ou d'une autre, et reparaissent alors sous forme de rumeurs. Le leader mondial de la photocopie, la Xerox Corporation, peut en attester [93].

Bonne foi, transparence et célérité

En 1978, la société apprit par sa filiale britannique qu'un groupe de chercheurs suédois analysant les encres ou poudres utilisées dans les photocopieurs avait trouvé dans l'encre de Xerox des particules justifiant un examen approfondi du fait de leurs potentialités cancérigènes sur des animaux. Xerox dépêcha son vice-président H. W. Becker à Stockholm pour connaître les faits exacts. Apprenant que ces chercheurs comptaient publier leurs résultats dans une revue scientifique, Becker suggéra que la société entreprît immédiatement son propre programme de recherches pour vérifier l'existence de ces particules dangereuses.

Travaillant sept jours sur sept, l'équipe de chercheurs recrutée spécialement à cet effet identifia des particules de nytropyrène, émanant d'impuretés de fabrication chez l'un des fournisseurs de Xerox. On procéda alors aux corrections requises, et les analyses entreprises sur l'encre se révélèrent alors négatives.

Entre-temps, une équipe de chercheurs au Texas fit savoir qu'elle avait trouvé dans des encres de photocopie (d'une autre société que Xerox) des particules mutagènes. Un journal s'empara de la nouvelle, passant du mutagène au cancérigène. Comme la Xerox Corporation était la plus connue des marques de photocopieurs, une rumeur courut chez les dizaines de milliers d'utilisateurs suivant laquelle l'encre Xerox était cancérigène. Immédiatement, les standards téléphoniques de la société furent assaillis d'appels de clients inquiets. Un journal australien annonça même à la une : « Risque pour des dizaines de milliers. » Xerox Corporation put immédiatement présenter les résultats de ses recherches à l'Agence nationale pour la protection de l'environnement ainsi qu'à la presse.

Comme on le voit, en matière de prévention le facteur temporel est crucial. Il faut agir très tôt, pendant que la rumeur peut encore être circonscrite sur le plan géographique. C'est ainsi qu'agit le groupe Saupiquet : en pratiquant une politique de transparence avec célérité, il prouvait sa bonne foi. Rappelons les faits.

Le 9 juillet 1985, un adolescent est conduit à l'hôpital de Sarrebourg. Après l'avoir opéré de l'appendicite, les médecins délivrent leur diagnostic le 12 juillet : intoxication alimentaire. Interrogé, le jeune homme déclare avoir mangé la veille du thon Graciet. La marque Graciet, le numéro un des conserves de thon à l'huile en France, est une des marques du groupe alimentaire Saupiquet. Aussitôt, les pouvoirs publics préviennent les consommateurs par voie de presse, font retirer de la vente les conserves de la même série que la boîte suspectée et font procéder à des analyses. Naturellement, grâce au porte-voix des médias, une rumeur d'alerte au thon commence à naître. La société agit selon un triple principe : ne pas prendre parti tant que les résultats de l'analyse ne seront pas connus, fournir toutes les informations aux journalistes et aux distributeurs et aider les enquêteurs pour que les conclusions des analyses soient connues au plus tôt.

Loin de pratiquer la politique de l'étouffement et du secret, la société prend les devants : elle affirme calmement sa confiance dans le produit. Si l'intoxication était vraiment due au thon Graciet, ce serait le premier cas jamais rencontré en Europe. Dans la soirée du 14, la société prévient par télex toute la distribution française. Le lendemain, la force de vente passa dans tous les entrepôts et magasins retirer les boîtes fabriquées à la date de la boîte suspectée. En trois jours, toutes les boîtes avaient été retirées.

Le 18 juillet, le secrétariat d'État à la Consommation et celui de la Santé publient un communiqué mettant le thon Graciet hors de cause. La société télexe alors ce communiqué à toute la distribution et parvient à obtenir que la plupart des médias ayant diffusé l'alerte publient un démenti. En tout, l'alerte aura duré une semaine entre le diagnostic présumé de l'intoxication alimentaire et les analyses scientifiques. La rumeur n'eut pas le temps de devenir incontrôlable. Cet exemple montre qu'une certaine transparence, si elle n'est pas suffisante, n'en est pas moins nécessaire pour prévenir une rumeur.

Conclusion

Jusqu'à ce jour, l'étude des rumeurs a été gouvernée par une conception négative : la rumeur serait nécessairement fausse, fantaisiste ou irrationnelle. Aussi a-t-on toujours déploré les rumeurs, traitées comme un égarement passager, une parenthèse de folie. D'aucuns ont même vu en la montée des mass médias l'occasion d'en finir avec les rumeurs : la télévision, la radio et la presse supprimeraient la raison d'être des rumeurs.

Nous avons montré que cette conception négative est intenable. D'une part, elle a mené la compréhension des rumeurs à une impasse : la plupart des facettes du phénomène restaient inexpliquées et qualifiées de pathologiques. D'autre part, cette conception semble surtout mue par un souci moralisateur et des partis pris dogmatiques. En effet, il n'existe qu'une seule façon de prévenir les rumeurs : en interdisant aux gens de parler. Le souci apparemment légitime de ne voir circuler que des informations fiables mène droit au contrôle de l'information, puis à celui de la parole : les médias deviendraient la seule source d'informations autorisée. Alors il n'existerait plus que des informations officielles.

Nous sommes là au cœur de la raison d'être des rumeurs. La rumeur n'est pas nécessairement « fausse » : en revanche, elle est nécessairement non officielle. En marge et parfois en opposition, elle conteste la réalité officielle en proposant d'autres réalités. C'est pourquoi les mass médias ne l'ont pas supprimée.

Pendant longtemps, on a cru que la rumeur était un

ersatz : faute de médias fiables et contrôlés, il fallait bien trouver un média de substitution, un pis-aller. La coexistence des mass médias et des rumeurs démontre l'inverse : celles-ci sont un média complémentaire, celui d'une autre réalité. C'est logique : les mass médias s'inscrivent toujours dans une logique de communication descendante, de haut en bas, de ceux qui savent à ceux qui ne savent pas. Le public ne reçoit donc que ce qu'on veut bien lui dire. La rumeur est une information parallèle, donc non contrôlée.

Pour l'ingénieur, le technicien, le journaliste, cette absence de contrôle évoque le spectre d'une défaillance sur l'autel de la fiabilité de l'information. Il faut donc la supprimer. Pour l'homme politique, le citoyen, absence de contrôle signifie absence de censure, la levée du secret et l'accès à une réalité cachée. Il faut donc la préserver.

La conception négative associant rumeur et fausseté est d'ordre technologique : il n'est de bonne communication que contrôlée. La rumeur oppose une autre valeur : il n'est de bonne communication que libre, même si la fiabilité doit en souffrir. En d'autres termes, les « fausses » rumeurs sont le prix à payer pour les rumeurs fondées.

Sur un plan épistémologique, l'étude des rumeurs jette une lumière acide sur une question fondamentale : pourquoi croyons-nous ce que nous croyons ? En effet, nous vivons tous avec un bagage d'idées, d'opinions, d'images et de croyances sur le monde qui nous entoure. Or, celles-ci ont souvent été acquises par le bouche-à-oreille, par ouï-dire. Nous n'avons pas conscience de ce processus d'acquisition : il est lent, occasionnel et imperceptible. La rumeur fournit une occasion extraordinaire : elle recrée ce processus lent et invisible, mais de façon accélérée. Il devient enfin observable.

Or, que constatons-nous ? Des informations totalement infondées peuvent traverser la société aussi facilement que des informations fondées et déclencher les mêmes effets mobilisateurs. Les brefs moments de lucidité que procure l'étude des rumeurs débouchent sur le constat de la fragilité du savoir. Peut-être une grande partie de nos connaissances n'ont-elles aucun fondement, sans que nous en ayons conscience.

Les rumeurs nous rappellent l'évidence : nous ne croyons pas nos connaissances parce qu'elles sont vraies, fondées ou prouvées. Toute proportion gardée, c'est l'inverse : elles sont vraies parce que nous y croyons. La rumeur redémontre, s'il était nécessaire, que toutes les certitudes sont sociales : est vrai ce que le groupe auquel nous appartenons considère comme vrai. Le savoir social repose sur la foi et non sur la preuve. Cela ne saurait nous surprendre : le plus bel exemple de rumeur n'est-il pas la religion ? N'est-elle pas la propagation d'une parole attribuée à un Grand Témoin initial ? Il est significatif que dans le christianisme cette source originelle s'appelle le Verbe. Comme la rumeur, la religion est une foi contagieuse : on attend du fidèle qu'il croie sur parole, qu'il adhère à la vérité révélée. Ce n'est pas la preuve de l'existence de Dieu qui crée la foi, mais l'inverse. Ainsi les intimes convictions qui déplacent les peuples ne partent-elles souvent que de mots.

Postface

Rumeurs et légendes contemporaines : quoi de neuf ?

Depuis la parution de cet ouvrage, la recherche et la théorie sur les rumeurs ont progressé. Plusieurs cas exemplaires de rumeurs ont servi de terrain d'analyse et de réflexion. Des courants de pensées nouveaux sont apparus. Il est important de synthétiser les évolutions et résultats les plus récents et les plus significatifs. Parallèlement, amené dans de nombreuses conférences à préciser notre pensée, nous avons pu identifier les points sur lesquels les questions du public se focalisent.

Le lecteur trouvera ici les tendances les plus récentes de la recherche, les concepts nouveaux ayant émergé et les progrès accomplis dans la compréhension des rumeurs. Même les questions classiques trouvent de nouvelles réponses. Pour commencer, il est désormais possible d'avoir une vue globale et intégratrice des différentes formes de rumeur. En effet, bien que l'on parle de la rumeur, il y a en réalité des rumeurs différant dans leur contenu, leur fonction, leur origine, etc. Comment structurer cette multiplicité, comment ordonner ce qui paraît à première vue hétérogène ?

Les six types de rumeurs

La première étape d'une science est en général classificatoire. La théorie des rumeurs ne fait pas exception : nombreux ont été les essais de typologie visant à classer les rumeurs en un nombre réduit de genres types.

Ces typologies ont porté soit sur le contenu [154, 177*] des rumeurs (par exemple rumeurs de santé, de complot, d'empoisonnement, etc.). Nous avons déjà exprimé nos doutes sur ces classifications : celles-ci ressemblent vite à un répertoire de thèmes ou à une liste des motivations humaines. De plus, elles reposent sur le contenu apparent des rumeurs. Or celui-ci fait largement appel à un vocabulaire symbolique, aussi le signifié est plus important que le signifiant. Par ailleurs, ce signifié change suivant les cultures, les époques et les contextes. Dans les nombreuses rumeurs impliquant un serpent, le sens de ce dernier n'est pas toujours le même : se tromper de sens c'est aussi courir le risque de se tromper de fonction [159, 160]. Enfin, il est difficile d'analyser les fonctions d'une rumeur sans connaître le moment de son apparition et de sa diffusion, ou les caractéristiques sociales des milieux où elle circule.

LES SIX TYPES DE RUMEURS

		Source de la rumeur		
		Part d'un événement	*Part d'un détail*	*Imaginaire pur*
Naissance	**Spontanée**	1	3	5
	Provoquée (à dessein)	2	4	6

* Les chiffres renvoient au complément bibliographique qui suit la bibliographie.

On peut, en revanche, aisément réduire l'apparente diversité des rumeurs en comparant leur genèse. Si l'on analyse les rumeurs selon leur source et leur processus de naissance, les rumeurs se divisent en six types.

Le premier type correspond aux rumeurs nées d'un événement qui frappe l'opinion publique locale. Depuis janvier 1980, plusieurs appelés du contingent ont disparu dans la proximité du camp militaire de Mourmelon : c'est un fait [171]. L'événement est d'autant plus traumatisant que l'enquête de la Gendarmerie n'a pu fournir de suspect avant l'été 1988.

Pendant huit années donc, faute de réponse officielle, le public local n'est pas resté passif. Il a cherché, en multipliant les discussions en son sein, à se forger sa propre réponse, sa propre explication, qui rende compte à la fois des mystérieuses disparitions et des non-résultats de l'enquête. Aussi, parallèlement au travail méticuleux des gendarmes, la rumeur a vite avancé ses hypothèses : pour les uns, ce serait l'œuvre d'un camionneur allemand qui prendrait les jeunes appelés en auto-stop afin de les livrer à un réseau de prostitution masculine au Moyen-Orient (un équivalent masculin de la rumeur d'Orléans). Pour d'autres, il s'agirait des actes criminels d'un ancien légionnaire fou, vivant en ermite, et la rumeur ajoute qu'il serait aussi homosexuel. Dans ce premier cas type de rumeur, le public de l'événement, faute de réponses officielles rapides et satisfaisantes, se forge sa vision personnelle et collective des faits. Le processus par lequel se forge cette vision est spontané et naturel : le groupe génère et sélectionne les hypothèses qui lui paraissent les plus « satisfaisantes », qui ont la plus forte probabilité subjective.

Naturellement, c'est le deuxième type de rumeurs, on ne peut éliminer l'introduction volontaire et intentionnelle de certaines hypothèses par des acteurs cherchant à tirer parti d'un événement [178]. Par exemple, après le décès inattendu du pape Jean-Paul Ier, le 29 septembre 1978, quelques jours à peine après qu'il eut été nommé pape, Rome était en état de choc. La thèse d'un assassinat fut avancée, relayée ultérieurement par un livre visant à démontrer que cette mort ne pouvait être naturelle, mais était le résultat d'un complot. De même, après les inondations dramatiques du 3 octobre 1988 à Nîmes, face aux 8 décès officiels, la rumeur a vite avancé le chiffre de 100 morts, voire de plus de 200 ! Selon la rumeur, « on cherchait à étouffer l'ampleur de la catastrophe ». Bien que les catastrophes donnent en général lieu à des processus de surestimation, à la hauteur de l'émotion ressentie et facilitées par la rupture des systèmes de communication (rumeur du premier type), on ne peut éliminer ici une thèse plus politique : les élections municipales proches devaient opposer M. Jean Bousquet et Mme Georgina Dufoix, deux figures très connues de la droite et de la gauche.

Le troisième type de rumeur ne part pas d'un événement mais d'un détail, un signe passé jusqu'alors inaperçu ou considéré comme sans signification particulière. Naturellement, pour qu'un signe soit repéré, il faut que le groupe y ait accordé une attention très sélective, révélatrice d'une forte sensibilité du moment, à l'affût du moindre indice pour le transformer en preuve. Les communautés religieuses fondamentalistes aux États-Unis sont si convaincues de l'existence physique du diable et de son activité, qu'elles cherchent à en détecter les signes. C'est ainsi, nous l'avons dit, que la société Procter et Gamble s'est trouvée piégée par l'allure « satanique » de son emblème. Ici encore, on ne peut exclure que certaines interprétations de signes ne soient injectées volontairement dans le corps social (le quatrième type de rumeur). Par exemple, depuis plusieurs mois circule en France un tract mettant en garde contre des timbres-tatouages pour enfants, qui comporteraient du LSD à la place de la colle [173]. Bien que ce tract ait une origine américaine puis ait été traduit en français au Québec, la presse française a attiré l'attention sur le fait que sa diffusion en France est partie de la ville de Nice, ville très sensibilisée au thème général de l'insécurité. Le tract de Villejuif attirant l'attention sur certains codes alimentaires ressort quant à lui certainement d'une intention manipulatrice [172]. Enfin, l'émergence, en 1989, d'une rumeur sur la lessive Le Chat, première lessive sans phosphates, a étrangement coïncidé avec une campagne médiatique mettant en doute la réalité du caractère écologique des lessives sans phosphates.

Le cinquième type de rumeur a pour caractéristique de ne partir de rien. Après enquête on ne trouve aucun fait, symptôme, signe, détail, qui eût pu donner lieu à interprétation. C'est donc une production imaginaire pure. Les exemples sont multiples [157] : la rumeur d'Orléans, l'auto-stoppeur fantôme, l'enfant mordu par un serpent dans un hypermarché, la mygale dans les yuccas, etc. Ce type de rumeur se présente sous la forme d'une « histoire exemplaire » : nous lui consacrerons un développement particulier, car elle fait l'objet depuis quelques années d'une intense réflexion théorique de la part des folkloristes anglo-saxons et des pays de l'Est, qui lui ont donné un nom spécifique et discutable, « les légendes urbaines ou les légendes contemporaines ».

Ces rumeurs sont des rêves éveillés collectifs, naissant et renaissant spontanément ici ou là, et toujours largement crus.

On ne peut là encore écarter que, un jour, localement, un pyromane injecte volontairement une de ces histoires dans le corps social (c'est le sixième type de rumeurs). On pourrait imaginer que, parmi toutes les rumeurs de type Orléans apparues dans les villes françaises depuis 1969, certaines aient été lancées à dessein. Mais en la matière tout comptage est impossible : il faut donc se garder d'une vision paranoïaque des rumeurs (où tout ne serait que complot) comme d'une vision angélique (où tout ne serait que sociologie pure).

Un type particulier de rumeur :
« les légendes urbaines »

La naissance récente du terme de « légende urbaine » tient en fait à une révolution survenue au sein des folkloristes. Jusqu'alors, ceux-ci consacraient presque exclusivement leurs travaux à la collecte de contes et légendes, d'histoires anciennes, non écrites, transmises par le bouche-à-oreille. Pour ce faire, ils s'informaient principalement auprès des personnes âgées dans des communautés rurales plus ou moins éloignées. En rupture avec cette habitude, de nombreux folkloristes ont préféré travailler sur ce qui se disait au sein des jeunes et adolescents, dans les villes, de nos jours, dans les bars, les clubs et autres lieux d'échange. Découvrant de nombreuses histoires circulant de façon généralisée et mettant en scène les produits de la culture de masse moderne [147] (l'automobile, la télévision, le Coca-Cola, etc.), ils nommèrent cette production narrative « les légendes urbaines modernes ». Par rapport à ce que le terme « légende » recouvre, les « légendes modernes » présentent plusieurs traits originaux et remarquables [176].

• Alors que la légende met en scène des saints ou des héros, la légende moderne parle de personnes ordinaires, qui nous ressemblent (« C'est arrivé à un lycéen..., à une étudiante..., à une mère de famille »). Les acteurs sont anonymes mais situés sociologiquement pour servir de surfaces projectives.

• La légende commence explicitement par un renvoi à un passé mythique (« Il était une fois... »). La légende moderne se place dans un passé très récent : « Hier, ces derniers jours, il y a juste quelque temps... »

• La légende implique souvent une dimension miraculeuse ou sacrée, la légende urbaine se place toute dans le contexte ordinaire de la vie quotidienne et banale : dans un parking, au supermarché, dans une voiture, dans une cuisine...

• La légende assume son irréalisme, son caractère fabuleux. La légende moderne (comme d'ailleurs toute rumeur) cherche à être crue, épouse le réalisme.

• La légende se présente comme venue de la nuit des temps, fable anonyme. La légende moderne se présente comme une narration d'un récit véridique, apprise par un ami, qui lui-même la tient d'un ami...

Ainsi, alors que la « légende », au sens traditionnel, est immédiatement reconnaissable, la « légende urbaine ou moderne » est beaucoup moins aisée à repérer car, comme toute rumeur, elle se présente sous l'allure d'une quasi-information.

Si la création du mot « légende urbaine » est une réussite de marketing en ce qu'elle a officialisé l'existence d'un nouveau type de recherche folklorique, elle n'en a pas moins fait l'objet de critiques sur le plan théorique. Les « légendes modernes urbaines » ne seraient pas des légendes. De plus, elles ne seraient ni modernes, ni urbaines :

• Plusieurs chercheurs [152, 153, 182, 185] ont démontré que maintes légendes contemporaines étaient en réalité la dernière version, cachée sous l'apparence d'un fait divers tout récent, d'histoires bien plus anciennes, phénomène que nous avons présenté dans le chapitre « L'éternel retour » ; on trouve des antécédents mythiques à ces histoires appelées « modernes ». Ces histoires n'auraient donc pas été inventées récemment, mais uniquement collectées récemment [148, 149, 175, 179].

• Ces histoires n'ont rien d'exclusivement urbain. On en trouve des équivalents dans les milieux ruraux où elles circulent aussi.

• Ajoutons que la plupart des analyses faites sur la circulation de ces « légendes urbaines » mettent en exergue les traits symptomatiques des rumeurs, découverts depuis longtemps. Par exemple, les folkloristes anglo-saxons remarquent que la narration émane le plus souvent de l'ami d'un ami (en anglais FOAF, « friend of a friend »). Or c'est là un des traits généraux des rumeurs. De même, les folkloristes insistent sur la volonté de réalisme afin de faire croire à la véracité du propos [155, 156, 164]. Ce qui est aussi le propre de la rumeur (cf. chapitre 4).

En réalité, ces « légendes urbaines » ne sont autres que cette forme de rumeur que V. Campion-Vincent appelait déjà en 1976 des « histoires exemplaires » [158]. La multiplication des noms renvoyant à des phénomènes très proches n'est pas souhaitable, surtout lorsque le nouveau nom introduit une forte confusion théorique et laisse croire à l'existence de phénomènes très différents alors qu'il n'en est rien [181]. Aussi garderons-nous l'ancien terme d'histoire exemplaire et ne céderons-nous pas à cette mode.

Spécificité et fonctions des histoires exemplaires

C'est par leur structure que les histoires exemplaires sont le plus reconnaissables [183, 189]. La majorité des rumeurs dit : « X a fait Y », ou : « Il est arrivé Y à X ». Dans le potin, X est spécifié : le voisin du dessus, la femme du boucher et le nouveau locataire du 5e, ou encore le chef de service [167]. Dans la rumeur, ce sera Jacques Chirac, Isabelle Adjani ou la lessive Le Chat.

Dans l'histoire exemplaire, X est anonyme mais très situé socialement pour permettre l'identification de la part de ceux qui écoutent : une lycéenne du lycée M..., une jeune mère du quartier N... Surtout, l'histoire exemplaire raconte avec une structure constante ce qui est arrivé d'extraordinaire à cette personne très ordinaire, c'est-à-dire ce qui aurait aussi bien pu nous arriver.

Un exemple courant aux États-Unis depuis 1980 illustre bien cette structure :

« C'est arrivé à une femme, une amie d'une amie de mes amies, dans la petite ville de..., près de.... Elle venait de faire ses courses comme d'habitude au centre commercial. En rentrant chez elle, elle trouva son chien, un doberman, gisant sur le sol. Il toussait et semblait étouffer, ayant du mal à respirer. Très inquiète, elle l'amène immédiatement à la clinique vétérinaire. Le vétérinaire étant occupé, il ne peut la recevoir mais lui demande de laisser son chien en observation.

» Revenant chez elle, elle entend le téléphone sonner. Au bout du fil le vétérinaire lui dit d'un ton calme mais ferme : "Reposez le téléphone et sortez immédiatement de votre maison. Courez chez votre voisin. J'arrive." Intriguée et un peu inquiète, la femme suivit les instructions.

» Quelques minutes plus tard, quatre voitures de police arrivèrent en hurlant. Les policiers se ruèrent dans la maison et, dans l'armoire de la chambre à coucher, trouvèrent un voleur caché, la main en sang. Arrivé sur place, le vétérinaire expliqua qu'il avait examiné le chien et trouvé trois doigts dans sa gorge. Il avait de suite prévenu la police. »

Cette histoire, connue sous le nom du « Doberman justicier », a une remarquable stabilité narrative. Ne changent que le lieu, le type de femme, la race du chien et le nombre de doigts. Parfois, il est mentionné que les doigts sont noirs. Elle fonctionne comme histoire exemplaire, racontée dans les dîners, acceptée comme vraie et donnant lieu à des discussions et élaborations sur l'insécurité ambiante, les chiens, etc.

L'histoire ci-dessus, comme la plupart des histoires exemplaires, comporte six phases [189] :

• l'introduction,
• le plantage du décor,
• une scène normale de la vie quotidienne (elle venait de faire ses courses comme d'habitude...),
• une action inhabituelle ou un événement mystérieux (son chien semblait étouffer, avoir du mal à respirer),
• la conséquence (elle va chez le vétérinaire),
• l'explication (il trouve trois doigts d'homme dans

l'œsophage du doberman : le voleur serait donc encore chez elle ?!).

On retrouve cette structure dans l'histoire de la jeune femme découvrant une mygale dans un yucca... ou dans celle de la touriste qui, revenant de vacances en Afrique, voit croître une grosse verrue noire sur sa joue se révélant être pleine d'œufs d'araignée, et dans bien d'autres. Il y a donc bien ici une « histoire » avec une structure épique stable. Ces histoires sont « exemplaires » car elles portent une morale en elles, certaines histoires allant même jusqu'à se terminer explicitement par cette morale. Racontées comme des récits d'aventures authentiques survenues à un proche, ou à l'ami d'un ami, ces histoires ont une fonction qui tient précisément à cette morale, explicite ou implicite [150, 151, 161, 165].

C'est en analysant le milieu, la tranche d'âge, le profil des personnes où circule une rumeur que l'on en décèle la morale, donc la fonction. Beaucoup de ces histoires sont en fait des avertissements sociaux ou sexuels destinés aux jeunes, confrontés à des problèmes nouveaux pour eux [158, 166]. Il y a des histoires exemplaires correspondant aux premières vacances à l'étranger. Ces histoires exemplaires sont modernes au sens où elles se concentrent sur les frustrations ou inquiétudes spécifiques de notre temps, même si leur contenu narratif trouve des antécédents séculaires [175]. Par exemple, au Moyen Age, on racontait que les jeunes femmes ayant commercé avec le diable étaient marquées à la joue du « baiser du diable », une grosse verrue noire. Ces rumeurs sont comme des palimpsestes : chaque sens profond en cache souvent bien d'autres.

Rumeur et réalité

Ainsi certaines rumeurs partent de l'imaginaire mais s'incarnent dans un fait divers qui se serait prétendument passé tout récemment, ce qui leur donne un fort réalisme.

D'autres, au contraire, partant d'un événement bien réel, puisent dans l'imagination les clés d'une énigme, ce qui leur confère leur séduction. Dans ce deuxième cas, il se pourrait bien que la rumeur rejoigne la réalité : cela ne change en rien son statut, à l'époque, de rumeur.

L'exemple déjà cité de Mourmelon permettra de mieux expliciter le rapport entre rumeur et réalité, rapport encore peu compris. La série de disparitions inexpliquées de jeunes appelés engendra deux processus parallèles [171] :

- une enquête de gendarmerie, faite d'investigations sur le terrain, empirique et minutieuse,
- un parler collectif visant à fournir des explications satisfaisantes à cette série macabre, puis à la stérilité de l'enquête officielle.

De ce parler collectif, il sortit deux hypothèses (le camionneur et le légionnaire fou). Au moment où elles circulaient, ces hypothèses étaient des rumeurs : on ne les croyait pas parce qu'elles étaient vraies, fondées (qui à ce jour connaît la réalité ?) mais parce qu'elles étaient satisfaisantes. La rumeur qui surgit de ces délibérations collectives est nécessairement populaire, au sens ou elle plaît au plus grand nombre. Maintes hypothèses tout aussi plausibles n'ont pas circulé : c'est qu'elles étaient moins satisfaisantes. On n'avait pas envie d'y croire, elles étaient trop dissonantes.

Si, par coïncidence, une des rumeurs en question se trouvait confirmée par l'enquête, cela ne changerait rien au diagnostic. C'était bien une rumeur, c'est-à-dire une parole non officielle, circulant non pas parce qu'elle était vraie (aucune preuve de vérité n'ayant été avancée à l'époque), mais parce qu'elle était crue.

La rumeur n'ayant pas besoin de preuves, de vérité pour circuler, on ne saurait être surpris que les preuves de fausseté ne parviennent parfois pas à l'arrêter. Le mécanisme de résistance du public tient à la différence cruciale existant entre la vérité et une vérité. Ainsi, face aux nombreux démentis émis pour faire cesser la circulation du tract sur les timbres-tatouages pour enfants censés contenir du LSD, notre enquête auprès de 931 lycéens [173] démontre que ces derniers étaient bien prêts à admettre que littéralement le tract était faux, mais continuaient en même temps à penser que fondamentalement il disait vrai : « On ne sera jamais assez prudent face à l'ingéniosité des trafiquants de drogue. » Ainsi le tract n'est peut-être pas la vérité. Il n'en communique pas moins une vérité, elle, incontestable. On comprend alors la difficulté des démentis à faire cesser cette rumeur circulant dans les milieux éduqués de la société, inquiets du risque que la drogue représente pour leurs enfants.

La transparence des démentis

L'efficacité limitée des démentis est connue (voir chapitre 19). Les raisons de celle-ci le sont moins. Plusieurs expériences récentes apportent de nouveaux éclairages sur cette question [173]. La théorie de l'attribution a pour but d'analyser comment, selon quelles règles nous attribuons des causes à des événements, ou des qualités à des personnes. Or il a été récemment montré que les stratégies de recherche d'information variaient suivant que l'on présentait une personne de façon positive ou négative [188]. Par exemple, on présenta une personne X de deux façons, à deux groupes de personnes. Au premier groupe on dit « X est introverti », au second « X n'est pas extraverti ». Puis chaque groupe put choisir entre deux types d'informations contenues dans des enveloppes : celles témoignant de l'introversion de X ou celles témoignant de son extraversion. Le premier groupe choisit une approche confirmatoire : il demanda à ouvrir les enveloppes témoignant que X est bien introverti. Le deuxième groupe, au contraire, choisit une approche infirmatoire : il voulait lire les enveloppes montrant en quoi X était extraverti malgré le démenti. Ainsi donc, le fait d'avoir présenté X par un démenti (X n'est pas extraverti) avait induit dans le groupe une démarche cherchant à prouver le contraire. Tout se passe comme si le démenti éveillait la suspicion.

De la même façon, la majorité de nos lycéens [173] ne crut pas le démenti officiel. Interrogés sur leurs raisons, le raisonnement fut le suivant : « On ne voit pas qui aurait eu intérêt à faire circuler ce tract s'il était faux. » Ne pouvant attribuer de cause à cette circulation, si le tract était faux, c'est donc qu'il circule parce qu'il est vrai, fondé !

Le démenti laisse des traces même chez ceux qui le croient ! Remarquant que même ses plus fidèles clients désertaient son magasin fast-food attaqué par une rumeur d'os de rat [186], le propriétaire constata qu'ils ne le fréquentaient plus parce que, lorsqu'elle leur venait à l'esprit, l'idée de manger du rat les dégoûtait. Pourtant ils ne croyaient pas un mot dans cette rumeur ! Comment est-ce possible ? Une idée peut influencer même si l'on n'y croit pas : les émotions et sensations désagréables qui lui sont associées sont ressenties malgré tout : elles filtrent à travers l'incrédulité. Même en démentant, on injecte une idée et les associations négatives qui collent à elles.

On a coutume de comparer la pensée humaine à un ordinateur. Or il existe pour ce qui nous concerne ici une différence fondamentale : on peut effacer une information d'un ordinateur. Chez l'homme, le traitement de l'information est cumulatif. Ce qui est appris est appris (du moins à court terme). Le démenti n'est donc jamais un retrait d'information mais un apport de deux informations, il ne peut qu'en ajouter. L'antirumeur doit s'inspirer de ce constat essentiel. L'échec du démenti des timbres au LSD tient à ce qu'il n'était qu'un démenti. Isabelle Adjani fut bien conseillée de ne pas se contenter de démentir, ce qui explique la réussite de sa riposte à la rumeur.

Un cas d'antirumeur : la riposte d'Isabelle Adjani

Le dimanche 18 janvier 1987, sortant de plusieurs semaines de silence, l'actrice I. Adjani décidait de faire taire les rumeurs sur sa santé qui couraient depuis plusieurs mois et mettaient les rédactions en ébullition. Selon certains, l'actrice serait très malade, voire morte. Plusieurs noms d'hôpitaux circulèrent, et même le numéro présumé de la chambre. Elle apparut donc en direct au journal télévisé de 20 heures, ce dimanche soir, accompagnée du Pr Raymond Villay, président de l'Ordre des médecins, pour soutenir son plaidoyer.

Dans les jours qui suivirent, tous les médias nationaux relayèrent l'actrice et renforcèrent son démenti, sans aucune fausse note. Quel média ne parla pas du démenti d'Isabelle Adjani ? Le cas est devenu exemplaire. Pour mieux en analyser les effets, la Fondation pour l'étude et l'information sur les rumeurs entreprit un sondage national sur 1 823 personnes de plus de 18 ans, réalisé par l'IFOP, trois semaines après le démenti de l'actrice.

Beaucoup de démentis échouent car ils n'atteignent pas le public visé : personne n'en entend parler. C'est le cas des démentis officiels et administratifs (comme ceux sur les timbres au LSD). En choisissant (ce qui n'est pas donné à tous) de passer à la télévision, le dimanche soir, à l'heure de plus grande écoute, l'actrice minimisait ce risque. De fait, 38 % des adultes interviewés avaient regardé la star ce soir-là ! 22 % ont lu des articles de presse sur ce démenti ; 28 % ont entendu parler de la rumeur et du démenti à la radio.

On reproche souvent au démenti de diffuser la rumeur à ceux qui ne la connaissaient pas. De fait, 56 % des interviewés ont appris l'existence de cette rumeur lors de cette campagne médiatique de démenti. Néanmoins, la rumeur était déjà connue de 26 % des adultes, un Français sur quatre, et ce chiffre aurait été croissant de toute façon. Il fallait donc agir. Notons que, pour minimiser les risques, l'actrice ne mentionna à aucun moment le contenu exact de la rumeur.

Le choix du moment du démenti est essentiel. La disparition de l'actrice pendant plusieurs semaines eut pour résultat d'attiser la rumeur. D'allégations sur sa santé, on passa bien vite à plus grave pour en déduire qu'elle était morte. C'était le moment idéal pour réapparaître car, s'il est difficile de réfuter les rumeurs de maladie, il est aisé de démontrer, pour reprendre l'adage célèbre, que « les rumeurs sur ma mort sont largement exagérées ». Sa simple présence pathétique suffisait.

Notons une fois encore que la rumeur avait essentiellement circulé dans les milieux les plus éduqués de la société française, et aussi les plus jeunes. Rumeur après rumeur, on mesure combien l'intelligentsia est perméable aux rumeurs (cf. p. 120).

Avant le démenti, que pensaient tous ceux qui avaient eu vent de la rumeur ? 23 % d'entre eux y croyaient, 36 % n'y croyaient pas et 37 % ne se prononçaient pas, ils hésitaient. Le démenti fut efficace : il parvint à convaincre la moitié des premiers, 83 % des seconds et 73 % des troisièmes.

Quant à ceux qui avaient tout appris lors de la campagne, 51 % crurent le démenti, 39 % se posaient toujours la question. Seuls 7 % ne crurent pas le démenti.

Ainsi, à la fin de la campagne, ceux qui ne croyaient pas le démenti étaient minoritaires. De plus, la stratégie suivie par l'actrice devait les vouer au silence.

Outre un choix judicieux du moment et du média pour démentir, la stratégie de l'actrice fut de ne pas se contenter de démentir mais de fustiger ceux qui avaient propagé volontairement cette rumeur. Le Pr Villay lui-même parla de sanctions éventuelles dans le corps médical, qui n'avait pas manqué de relayer voire d'alimenter les rumeurs. En quelques semaines on parla tellement souvent de cette affaire que, à l'instar des « tubes » de l'été dont on lasse le public par trop de répétition, la rumeur Adjani devint un sujet tabou. On en avait trop parlé. Ceux qui voulaient continuer étaient regardés d'un œil suspect : quelles étaient donc leurs motivations ? Isabelle Adjani n'avait peut-être pas gagné toutes les voix ce jour-là, mais en tout cas elle avait obtenu le silence ! Avec le temps, une politique plus libérale en matière d'interviews accordées à la presse et la réussite de *Camille Claudel*, la rumeur fut enterrée.

Le cas est-il généralisable ? Peu de gens sont capables d'accéder ainsi au journal télévisé de TF1. Autre élément crucial de sa réussite : l'unanimité des médias. Ayant écrit ou parlé pour soutenir l'actrice et fustiger les colporteurs, chaque média s'interdisait par la suite d'en reparler, ou de manier malencontreusement des insinuations. Quand on sait que, de nos jours, les médias constituent un considérable diffuseur des rumeurs, le contrôle des rumeurs ne peut se faire sans eux.

Image et rumeur

La rumeur Adjani permet d'insister à nouveau sur les rapports existant entre image et rumeur. Il est faux de dire que l'on peut faire croire n'importe quoi sur n'importe qui. Certaines personnes ont une image tellement forte que les bruits visant à les présenter sous un angle négatif paraissent totalement incrédibles : ce fut le cas de Winston Churchill ou du général de Gaulle, sur lesquels aucune rumeur ne prit vraiment, faute de failles dans l'image que le public se faisait d'eux. L'image sert d'ombrelle contre les rumeurs.

A l'inverse, la rumeur paraît d'autant plus crédible qu'elle coïncide avec l'image publique de la personne. A travers tous ses films, l'actrice I. Adjani choisit des rôles passionnés, de femme dévorée par un intense feu intérieur, allant jusqu'aux limites de la raison. Ce personnage cinématographique était le seul matériau dont disposait le public pour connaître la star. Celle-ci, jusqu'à la rumeur, maintenait un épais secret sur sa vie privée, donnant de très rares interviews, interdisant toute publication de photos dans les magazines sans son consentement. Cette attitude lui valut certainement quelques inimitiés de paparazzi et rancunes de journalistes qui ont saisi l'occasion de la rumeur pour se défouler. Quant au public, ne connaissant de l'actrice que le « personnage construit » par ses films, il ne pouvait qu'être prédisposé à trouver plausible une rumeur cohérente avec cette image. La même rumeur eût paru aberrante si elle avait concerné Catherine Deneuve.

Ainsi l'image défavorise ou favorise les rumeurs. Elle sert d'ombrelle ou au contraire fait ombrage. Pour reprendre l'exemple présenté au tout début de ce livre, Procter et Gamble a donné prise à la rumeur précisément du fait de son silence. Inconnue, sans image, sans affection, cette société était donc réduite au stéréotype des méga-corporations silencieuses et toutes-puissantes, sortes de Goliaths modernes. Cette représentation mythique, on l'a vu, a suscité maints Davids.

Rumeurs et lutte concurrentielle

Qu'il s'agisse de la politique ou du marketing, les enjeux de l'accès au pouvoir ou à la domination des marchés sont tels que la rumeur fait désormais partie des outils classiques de la persuasion, de la déstabilisation et de la désinformation. Le sociologue confronté à de telles rumeurs ne doit pas être naïf. Tout n'est pas spontané dans l'émergence de certaines rumeurs, même si pour expliquer leur succès il reste que la seule adhésion du public est déterminante. Or, connaître la source des rumeurs est essentiel pour mener une riposte.

A l'approche des élections présidentielles françaises de mai 1995, la tension fut telle entre les « amis de trente ans » que les rumeurs étaient inéluctables. Rappelons-le, la rumeur émane souvent plus des proches et « amis » que des adversaires qui eux n'hésitent pas à argumenter ouvertement en public. C'est ainsi que l'on vit en octobre 1994 apparaître dans les médias la rumeur selon laquelle le président Mitterrand n'effectuerait pas la fin de son septennat. Était-ce une rumeur lancée par le « cabinet noir » du Premier ministre Édouard Balladur (ses conseillers en communication) afin de pousser Jacques Chirac à accepter des primaires face à une élection qui serait anticipée, et face à Jacques Delors qui à l'époque caracolait déjà en tête des sondages ? Était-ce une rumeur émanant du PS lui-même pour conduire le Président à effectuer jusqu'au terme son mandat présidentiel : on savait que le Président détestait se faire dicter ses actes. Par esprit de résistance, il aurait tenu à afficher un démenti cinglant à la rumeur.

Ces élections présidentielles permirent d'illustrer un cas intéressant de rumeur fondée. Dès la fin du mois de novembre 1994 le bruit courut avec insistance que Jacques Delors, contre toute attente, ne serait pas candidat à l'élection présidentielle. De fait, le 11 décembre à 19 h 40, il annonça à la télévision qu'il ne l'était pas. Cette rumeur eut-elle une naissance spontanée ? Certes les hésitations de Jacques Delors et ses déclarations contradictoires pouvaient n'augurer rien de bon. Pour conjurer le mauvais sort, il est parfois utile de craindre le pire en l'exprimant afin que des voix rassurantes se lèvent pour clamer l'inverse. Néanmoins, quelques personnes étaient dans la confidence aussi, et il est des secrets pratiquement impossibles à conserver seul.

Ainsi le secrétaire général du Parti socialiste Henri Emmanuelli connaissait l'information depuis le 1er décembre, de la bouche même de Jacques Delors. Son comportement, son attitude, ses dires ne pouvaient pas ne pas être affectés par une nouvelle de cette ampleur : le retrait d'un vainqueur assuré aux élections.

Dans le domaine du marketing, deux exemples démontrent l'intensité de la lutte souterraine que se mènent les organisations. Ainsi on vit apparaître en février 1994 une rumeur concernant la marque de cigarettes Chesterfield du groupe Philip Morris. Cette cigarette américaine avait entrepris en décembre 1992 de baisser son prix de

11,60 francs à 10 francs, devenant ainsi la cigarette la moins chère de sa catégorie. Le succès ne se fit pas attendre : elle devint en un an la cigarette préférée des jeunes, attirés par le prix bas et satisfaits du goût et de la qualité de cette marque internationale. Un tel succès ne pouvait qu'attirer les rumeurs. Dans un contexte social où le tabac est la bête à abattre, ce succès auprès des jeunes exacerba inconsciemment l'animosité du corps social. On se rappelle que la Seita avait dû retirer sa cigarette Chevignon sous la pression du Premier ministre de l'époque Michel Rocard, du secrétaire d'État à la Santé, à la Jeunesse et aux Sports. Pour que l'État se mêle d'une affaire de droit privé, légale, c'est que la cigarette Chevignon, promise à un succès éclatant auprès des jeunes, par la fascination qu'exerçait cette marque, était vécue comme une provocation. Un phénomène analogue touchait Chesterfield. Sur un plan symbolique, en réduisant le prix de vente du paquet, elle se mettait à la portée de la jeunesse « sans moyens ». On a vu tout au long du livre combien la jeunesse est la zone sensible de toute société. Vécue comme fragile, « sans moyens » (aux deux sens du terme), celle-ci doit donc être protégée. Puisque la mention légale sur les paquets, avertissant des graves dangers liés au tabac, ne suffit pas, la rumeur en rajouta en inventant et en rendant palpable sur le plan imaginaire l'effet présumé de l'innocente cigarette. Chesterfield selon la rumeur ferait « saigner les poumons ». Rumeur scientifiquement infondée. Fumée depuis plus de cinquante années partout dans le monde, par des millions de consommateurs, le seul défaut de Chesterfield est d'avoir su plaire aux jeunes Français. La formulation même de la rumeur – impossible à démontrer sur le plan scientifique – témoigne qu'elle ne provient pas du milieu médical. Elle ne correspond pas non plus à une façon populaire de parler des poumons et du tabac. Son origine volontaire ne fait guère de doute.

Désormais en France, toute publicité des marques de cigarettes est interdite, les parts de marché sont figées. Les parts perdues se reconquièrent très difficilement. On comprendrait que la réussite de Chesterfield ait pu susciter une réaction virulente de la concurrence.

D'une façon générale les produits culpabilisants ou inquiétants sont souvent exposés aux rumeurs : la pilule anticonceptionnelle dérangeait trop pour ne pas susciter immédiatement des rumeurs. L'ordre social réagit par ce cri d'alarme qu'est la rumeur. Le tabac est aussi un produit culpabilisant, à la fois autorisé, encouragé par l'État lui-même qui le vend, qui en vit (du fait des taxes), et découragé par le corps médical et le ministère de la Santé.

La médecine psychiatrique proposant des médicaments, remèdes chimiques, contre la dépression inquiète nécessairement une partie de l'opinion publique, dans son inconscient. Cette crainte latente peut être exploitée par des organisations d'un autre ordre, les sectes, dont le fonds de commerce est constitué aussi des personnes déprimées ou en état de faiblesse psychologique. Or aujourd'hui les sectes sont de véritables multinationales, implantées dans de très nombreux pays. Elles peuvent donc mener de concert dans ces différents pays des actions « spontanées », dont la coïncidence peut laisser entendre qu'un médicament à succès a un vrai problème, puisqu'il fait l'objet d'inquiétudes, de bruits, voire de procès dans cinq, six ou dix pays à la fois. Cette réalité construite de toutes pièces devient alors une « information » pour la presse, en particulier les innombrables magazines qui exploitent la méfiance vis-à-vis de la médecine scientifique. S'adressant à des inquiets, à des militants d'une médecine alternative, le bruit trouve alors de nouveaux prosélytes naturels, très actifs. Il est repris un jour par la presse quotidienne locale, puis nationale. Sur le terrain, les médecins généralistes ne font pas barrage à la rumeur. Dans le climat économique difficile, ils veulent à tout prix conserver leur clientèle. Si un patient s'inquiète d'une prescription de l'antidépresseur X, sur lequel des bruits « courent », le généraliste n'hésitera pas à prescrire Y, renforçant de ce fait la rumeur par ses actes... Petit à petit, un climat de suspicion se développe même au sein des psychiatres et des autorités médicales peu habituées aux rumeurs et surtout à les envisager pour ce qu'elles sont souvent : des tentatives organisées de déstabilisation.

La guerre du Golfe ou la rumeur en direct

Le paroxysme de la déstabilisation fut démontré pendant la guerre du Golfe, suite à l'invasion du Koweït par l'Irak. L'existence d'un canal d'information émettant en direct, « on line », 24 heures sur 24, loin de favoriser l'information ne fit qu'accroître les rumeurs. En effet, si la pluralité des sources prévient l'émergence de rumeurs, l'exclusivité qu'avait la chaîne télévisée CNN sur « ce qui se passait » à l'intérieur de l'Irak en fit le meilleur cheval de Troie de la propagande de tous les camps : Saddam Hussein mais aussi l'armée américaine. C'est ainsi que pouvant accéder en direct à des millions d'Occidentaux, le gouvernement irakien accrédita la rumeur de la « plus forte armée au monde », du surarmement irakien, de la possibilité de réactions nucléaires. Faute de recul, l'image télévisée frappa les esprits et les imaginaires d'une population qui pour sa majorité n'avait jamais vécu de guerre mondiale depuis 1945. Censurant toute information provenant du front, le général Schwarzkopf créa une situation propice aux rumeurs et à la désinformation. Le gouvernement koweïtien en exil ne fut pas en reste : des images « démontrant » que les soldats irakiens entrés à Koweït City avaient délibérément débranché les couveuses de bébés prématurés furent présentées à la presse américaine. Cela sensibilisa considérablement la population, prompte alors à soutenir son président George Bush dans cette croisade antisatanique. Comme on le voit, le plus vieux média du monde sort renforcé de la course à la technologie médiatique, de l'accès direct à l'image, de l'absence de recul temporel. Moins nos sociétés lisent, plus elles reposent sur la vue et la parole, ce que nos yeux voient et ce qu'on nous a dit. La rumeur s'insinue désormais dans ces deux modes d'appréhension de notre environnement.

Conclusion : la fin de l'exclusion ?

Les rumeurs ont désormais acquis leur droit de cité. Longtemps considérées comme un média par défaut, faute de mieux, on sait désormais qu'elles sont un média à part entière, parallèle aux autres, et ayant ses propres fonctions. Contrastant avec la vision négative de la rumeur qui a prévalu jusqu'à ces dernières années, les fonctions positives des rumeurs commencent à être reconnues.

Le résultat de cette évolution, auquel le présent livre a contribué, est un considérable regain d'intérêt pour les rumeurs. Même les quotidiens d'actualité réputés les plus sérieux ont leur rubrique « rumeurs », les lettres confidentielles – en matière d'économie ou de politique – se multiplient, diffusant chaque jour aux dirigeants d'entreprises les dernières rumeurs. Le service Allô Rumeur de la Fondation pour l'étude et l'information sur les rumeurs a créé des émules, le Minitel lui-même s'y est mis.

Sur le plan de la recherche, les thèses universitaires n'hésitent plus à porter sur la rumeur. Il ne manque pas d'exemples en France pouvant justifier une investigation sur le terrain : la sociologie du quotidien trouve dans la rumeur un gisement de recherches.

En ce moment en France, de jeunes chercheurs travaillent sur certaines rumeurs : retours de bêtes que l'on croyait disparues depuis des années, visions d'OVNIS, lâchers de vipères dans les campagnes, rumeurs dans les hôpitaux et le milieu médical – oh combien fertile en rumeurs –, rumeurs politiques, financières, rumeurs dans l'entreprise, désinformations...

Sur un plan international, la recherche sur les rumeurs prend conscience de son importance et se structure. Les folkloristes étudiant les légendes urbaines découvrent qu'ils étayent les thèses déjà développées sur les rumeurs, des congrès internationaux se forment (à l'université de Sheffield en Grande-Bretagne, à la Maison des Sciences de l'Homme à Paris), des courants se rencontrent. La compréhension des rumeurs ne progressera que par la pluridisciplinarité des chercheurs. A ce jour, les sociologues et les folkloristes ont exercé une influence prépondérante sur le domaine des rumeurs et des légendes urbaines. D'autres approches seraient bienvenues : l'apport des historiens ou des anthropologues permettrait de situer les rumeurs dans leur dimension temporelle. La théorie économique ou la théorie de la décision ont beaucoup à dire sur la valeur d'échange des informations. Restée très qualitative, la recherche aurait intérêt à formuler des hypothèses et à les soumettre à des tests scientifiques. De la multidisciplinarité on passe à l'indiscipline et à la possibilité de modifier enfin les conceptions courantes en matière de rumeurs.

Le 15 décembre 1994

Bibliographie

1 Abelson R., Aronson E., McGuire W. J., Newcomb T., Rosenberg M., Tannenbaum P. H., *Theories of Cognitive Consistency : A Sourcebook*, Chicago, Rand McNally, 1968.

2 Adams J., « Stock Market Price Movements as Collective Behavior », *International Journal of Contemporary Sociology*, 10 (2-3), avril-juillet 1973, p. 133-147.

3 Advertising Age, « Procter and Gamble Rumor Blitz Looks Like a Bomb », *Advertising Age*, 53, août 1982, p. 68-69.

4 Allport F. H., Lepkin M., « Wartime Rumors of Waste and Special Privilege : Why Some People Believe Them », *Journal of Abnormal and Social Psychology*, 40, 1945, p. 3-36.

5 Allport G. W., Postman L., « An Analysis of Rumor », *Public Opinion Quarterly*, 10, hiver 1946-1947, p. 501-517.

6 Allport G. W., Postman L., *The Psychology of Rumor*, New York, Henry Holt, 1947.

7 Alter J., « Procter and Gamble Sues Over Satanism », *Advertising Age*, 53, juillet 1982, p. 1.

8 Ambrosini P. J., « Clinical Assessment of Group and Defensive Aspects of Rumor », *International Journal of Group Psychotherapy*, 33 (1), janvier 1983, p. 69-83.

9 Arndt J., *Word of Mouth Advertising*, New York, Advertising Research Foundation, 1967.

10 Asch S., « Effects of Group Pressure upon the Modification and Distortion of Judgments », *Readings in Social Psychology*, E. Maccoby, T. Newcomb, E. Hartley (eds.), New York, Holt Rinehart and Winston, 1958, p. 174-183.

11 Assouline P., « Les Complots dans la République », *L'Histoire*, n° 84, décembre 1985, p. 8-19.

12 Auclair G., *Le Mana quotidien*, Paris, éditions Anthropos, 1982.

13 Banta T., « The Kennedy Assassination : Early Thoughts and Emotions », *Public Opinion Quarterly*, 28, 1964, p. 216-224.

14 Bauer R. A., Gleicher D. B., « Word of Mouth Communication in the Soviet Union », *Public Opinion Quarterly*, 17, automne 1953, p. 297-310.

15 Bensahel J. G., « Should You Pounce on a Poisonous Rumour ? », *International Management*, 29, mai 1974, p. 25-26.

16 Bensahel J. G., « Don't Shield Employees from Bad News », *International Management*, 30, septembre 1975, p. 49-50.

17 Bernard C., « L'ombre du tueur », *Communications*, 28, 1978, p. 165-185.

18 Bieder J., « De l'homme de Kiev à la femme d'Amiens », *Annales médico-psychologiques*, 1, 1970, p. 771-775.

19 Bonaparte M., *Mythes de guerre*, Paris, PUF, 1950.

20 Brodu J. L., Meurger M., *Les Félins-mystère*, Paris, Pogonip, 1985.

21 Brunvand J.-H., *The Vanishing Hitch-hiker*, London, Picador Books, 1983.

22 Brunvand J.-H., *The Choking Doberman*, New York, Norton and Company, 1984.

23 Buckhout R., « Eyewitness Testimony », *Scientific American*, vol. 231, n° 6, décembre 1974, p. 23-31.

24 Campion-Vincent V., « Les histoires exemplaires », *Contrepoint*, n° 22-23, 1976, p. 217-232.

25 Cantril H., Gaudet H., Hertzog H., *The Invasion from Mars*, Princeton, Princeton University Press, 1940.

26 Caplow T., « Rumors in War », *Social Forces*, 25, 1947, p. 298-302.

27 Caritey J., « Rumeur et politique », *La Revue administrative*, 195, mai-juin 1980, p. 250-252.

28 Chaiken S., « Heuristic versus Systemic Information Processing and the Use of Source versus Message Cues in Persuasion », *Journal of Personality and Social Psychology*, 39 (5), 1980, p. 752-766.

29 Choumoff P. S., « Entretien sur les chambres à gaz », *L'Histoire*, n° 79, juin 1985, p. 68-73.

30 Ciric P., « Les rumeurs financières : les *commodities markets* », Mémoire effectué sous la direction de J.-N. Kapferer, HEC 3, Jouy-en-Josas, 1985.

31 Coleman A., « Alligators-in-the-Sewers : a Journalistic Origin », *Journal of American Folklore*, 92, 1979, p. 335-338.

32 Danner J., « Don't Let the Grapevine Trip You Up », *Supervisory Management*, 17, novembre 1972, p. 2-7.

33 Davis K., « Care and Cultivation of the Corporate Grapevine », *Management Review*, 62, octobre 1973, p. 53-55.

34 Davis K., « Cut Those Rumors Down to Size », *Supervisory Management*, 20, juin 1975, p. 2-6.

35 Debats K. E., « A Harmless Sport ? », *Personnel Journal*, 61, novembre 1982, p. 208.

36 Defleur M., « Mass Communication and the Study of Rumor », *Sociological Inquiry*, 32, 1962, p. 51-70.

37 Delaney W., « The Secretarial Grapevine », *Supervisory Management*, 28, mars 1983, p. 31-34.

38 Delort R., « La guerre du loup », *L'Histoire*, nº 53, février 1983, p. 6-19.

39 Delumeau J., *La Peur en Occident*, Paris, Pluriel, 1978.

40 Deutsch E., « Anatomie d'une rumeur avortée », *Le Genre humain*, 5, 1982, p. 99-114.

41 Dichter E., « How Word of Mouth Advertising Works », *Harvard Business Review*, 44, novembre-décembre 1966, p. 147-166.

42 Douel J., *Le Journal tel qu'il est lu*, Paris, Centre de formation et de perfectionnement des journalistes, 1981.

43 Duhamel J., « La théorie mathématique des épidémies et des rumeurs », *La Presse médicale*, 63, nº 34, 1955, p. 717-718.

44 Dumerchat F., « Du Nouveau sur le Moine », *Bulletin du Comité Poitou-Charentes des groupements ufologiques*, n° 3, janvier 1985, p. 2-8.

45 Durandin G., « Les rumeurs », polycopié universitaire, Leçons de psychologie sociale, Paris, 1950.

46 Elias N., « Remarques sur le commérage », *Actes de la Recherche*, n° 60, novembre 1985, p. 23-30.

47 Erlanger, *Le Régent*, Paris, Folio-Histoire, 1985.

48 Esposito J.-L., Rosnow R., « Corporate Rumors : How They Start and How to Stop Them », *Management Review*, 72, avril 1983, p. 44-49.

49 Favreau-Colombier J., *Marie Besnard*, Paris, Robert Laffont, 1985.

50 Festinger L., « A Theory of Social Comparison Processes », *Human Relations*, 7, 1954, p. 117-140.

51 Festinger L., *A Theory of Cognitive Dissonance*, Stanford, Stanford University Press, 1962.

52 Festinger L., Cartwright D., *et al.*, « A Study of a Rumor : Its Origin and Spread », *Human Relations*, 1, 1948, p. 464-485.

53 Fine G., « Social Components of Children's Gossip », *Journal of Communication*, vol. 27 (1), hiver 1977, p. 181-185.

54 Fine G., « Cokelore and Coke Law : Urban Belief Tales and the Problem of Multiple Origins », *Journal of American Folklore*, 92, 1979, p. 477-482.

55 Flem L., « Bouche bavarde et oreille curieuse », *Le Genre humain*, 5, 1982, p. 11-18.

56 Gauchet M., « Le démon du soupçon », *L'Histoire*, n° 84, décembre 1985, p. 48-57.

57 Giffin G., « The Contribution of Studies of Source Credibility to a Theory of Interpersonal Trust in the Communication Process », *Psychological Bulletin*, 68 (2), p. 104-120.

58 Goldschmidt B., *Le Complexe atomique*, Paris, Fayard, 1980.

59 Gorphe F., *La Critique du témoignage*, Paris, Dalloz, 1927.

60 Gritti J., *Elle court, elle court la rumeur*, Ottawa, Stanké, 1978.

61 Gross E., *Personal Leadership in Marketing*, New Jersey, The Florham Park Press, 1968.

62 Guillet P., Bretxa M., « Rumeurs de Bourse », Mémoire effectué sous la direction de J.-N. Kapferer, HEC 3, Jouy-en-Josas, 1985.

63 Hall M., « The Great Cabbage Hoax », *Journal of Personality and Social Psychology*, 2 (4), 1965, p. 563-569.

64 Hannah D., Sternthal B., « Detecting and Explaining the Sleeper Effect », *Journal of Consumer Research*, 11 (2), 1984, p. 632-642.

65 Hirschhorn L., « Managing Rumors During Retrenchment », *Advanced Management Journal*, 48, été 1983, p. 4-11.

66 Holmes J., Lett J., « Product Sampling and Word of Mouth », *Journal of Advertising Research*, 17, n° 5, 1977, p. 35-45.

67 Hyman H., Singer E., *Reference Group Theory and Research*, New York, The Free Press, 1968.

68 Jaeger M., Rosnow R.-L., « Who Hears What from Whom and With What Effect : A Study of Rumor », *Personality and Social Psychology Bulletin*, vol. 6 (3), septembre 1980, p. 473-478.

69 Jervey G., « Entemann's Fights Moonie Link », *Advertising Age*, 52, novembre 1981, p. 33.

70 Johnson D. M., « The Phantom Anesthetist of Mattoon : A Field Study of Mass Hysteria », *Journal of Abnormal and Social Psychology*, 40, 1945, p. 175-186.

71 Jones E. *et al.*, *Attribution : Perceiving the Causes of Behavior*, Morristown, General Learning Press, 1972.

72 Jung C., « Ein Betrag zur Psychologie des Gerüchtes », *Zentralblatt für Psychoanalyse*, 1, 1910, p. 81-90.

73 Kahneman D., Slovic P., Tversky A., *Judgement Under Uncertainty : Heuristic and Biases*, Cambridge, Cambridge University Press, 1982.

74 Kapferer J.-N., *Les Chemins de la persuasion*, Paris, Dunod, 1984.

75 Kapferer J.-N., *L'Enfant et la Publicité : les chemins de la séduction*, Paris, Dunod, 1985.

76 Kapferer J.-N., « La rumeur de Villejuif : un cas de rumeur de la consommation », *Revue française de gestion*, 51, 1985, p. 87-93.

77 Kapferer J.-N., « Une rumeur de poison chez les Français », *Communications : Journal européen de la communication*, 1, 1985, p. 111-119.

78 Kapferer J.-N., « Une rumeur de la publicité : la publicité subliminale », *Revue française du marketing*, 110, décembre 1986.

79 Kapferer J.-N., Dubois B., *Échec à la science*, Paris, Nouvelles Éditions rationalistes, 1981.

80 Kapferer J.-N., Laurent G., *Comment mesurer le degré d'implication des consommateurs*, Paris, Institut d'études et de recherches publicitaires, 1983.

81 Kaplan S., *Le complot de famine : histoire d'une rumeur au XVIIIe siècle*, Paris, Armand Colin, 1982.

82 Katz E., Lazarsfeld P., *Personal Influence : the Part Played by People in the Flow of Mass Communications*, New York, Free Press, 1955.

83 Kindleberger C. P., *Manias, Panics and Crashes : A History of Financial Crises*, New York, Basic Books, 1978.

84 Klapp O., *Symbolic Leaders*, Chicago, Aldine, 1975.

85 Knapp R., « A Psychology of Rumor », *Public Opinion Quarterly*, 8 (1),1944, p. 22-37.

86 Knopf T., « Beating Rumors : Evaluation of Rumor Control Centers », *Policy Analysis*, vol. 1, n° 4, 1975, p. 599-612.

87 Lacouture J., « Bruit et Vérité », *Le Genre humain*, 5, 1982, p. 19-29.

88 Laufer R., Paradeise C., *Le Prince bureaucrate*, Paris, Flammarion, 1982.

89 Le Bon G., *La Psychologie des foules*, Paris, PUF, 1965.

90 Lecuyer B.-P., « Une quasi-expérimentation sur les rumeurs au XVIIIe siècle : l'enquête proto-scientifique du contrôleur général Orry (1745) », in *Science et Théorie de l'opinion publique. Hommage à Jean Stoetzel*, Paris, éditions Retz, Bibliothèque du CELP, 1981, p. 170-187.

91 Lefebvre G., *La Grande Peur de 1789*, Paris, Société de l'enseignement supérieur, 1957.

92 Lépront C., *Une Rumeur*, Paris, Gallimard, 1984.

93 Levy R., « Tilting at the Rumor Mill », *Dun's Review*, 118, juillet 1981, p. 52-54.

94 London I. D., London M. B., « Rumor as a Footnote to Chinese National Character », *Psychological Reports*, vol. 37 (2), octobre 1975, p. 343-349.

95 London H., Nisbett H., *Thought and Feelings : Cognitive Modification of Feeling States*, Chicago, Aldine, 1974.

96 LSA, « Le Cas Space Dust », *Libre-service actualités*, n° 759, 23 mai 1980, p. 56-58.

97 Mackay LL. D., *Extraordinary Popular Delusions and the Madness of Crowds*, New York, Harmony Books, 1980.

98 Mannoni O., *Clefs pour l'imaginaire ou l'Autre Scène*, Paris, Éditions du Seuil, 1969.

99 Marcellin R., *La Guerre politique*, Paris, Plon, 1985.

100 Marty M. E., « Satanism : No Soap », *Across the Board*, 19, décembre 1982, p. 8-14.

101 McGregor D., « The Major Determinants of the Prediction of Social Events », *Journal of Abnormal and Social Psychology*, 33, 1938, p 179-204.

102 McSweeny J. P., « Rumors : Enemy of Company Morale and Community Relations », *Personnel Journal*, 55, septembre 1976, p. 435-436.

103 Medalia N., Larsen O., « Diffusion and Bclief in a Collective Delusion : The Seattle Windshield Pitting Epidemic », *American Sociological Review*, 23, 1958, p. 180-186.

104 Medini G., Rosemberg E. H., « Gossip and Psychotherapy », *American Journal of Psychoterapy*, vol. 30 (3), juillet 1976, p. 452-462.

105 Meyer Spacks P., *Gossip*, New York, Alfred Knopf, 1985.

106 Morin E., *La Rumeur d'Orléans*, Paris, Éditions du Seuil, 1969.

107 Morin E., *Les Stars*, Paris, Éditions du Seuil, coll. « Points », 1972.

108 Moulins J.-L., Roux E., « Bouche-à-oreille et publicité média », in *La Publicité, nerf de la communication*, Paris, les Éditions d'organisation, 1984, p. 155-173.

109 Murphy R., « Rumors, Race and Riots », *Contemporary Sociology*, vol. 5, n° 2, 1976, p. 199-200.

110 Myon J.-C., « La rumeur et la vie interne de l'entreprise : étude de cas », Mémoire effectué sous la direction de J.-N. Kapferer, HEC 2, Jouy-en-Josas, 1985.

111 Nicolas J., « La rumeur de Paris : rapts d'enfants en 1750 », *L'Histoire*, n° 40, 1981, p. 48-57.

112 Nkpa N., « Rumors of Mass Poisoning in Biafra », *Public Opinion Quarterly*, 41 (3), automne 1977, p. 332-346.

113 Ojka A. B., « Rumour Research : An Overview », *Journal of the Indian Academy of Applied Psychology*, vol. 10 (2-3), 1973, p. 56-64.

114 Park R. E., « News as a Form of Knowledge », *American Journal of Sociology*, 45, 1940, p. 669-689.

115 Peterson W., Gist N., « Rumor and Public Opinion », *American Journal of Sociology*, 57, 1951, p. 159-167.

116 Pichevin M., Ringler A., Ringler M., « Une approche du biais d'équilibre par la technique de la rumeur », *Cahiers de psychologie*, 14, n° 3, 1971, p. 219-231.

117 Pomian K., « Samedi 19 décembre 1981, à 17 heures : Varsovie », *Le Genre humain*, n° 5, automne 1982, p. 63-70.

118 Ponting J., « Rumor Control Centers : Their Emergence and Operations », *American Behavorial Scientist*, vol. 16 (3), janvier 1973, p. 391-401.

119 Richins M. L., « Negative Word of Mouth by Dissatisfied Consumers : A Pilot Study », *Journal of Marketing*, vol. 47 (1), hiver 1983, p. 68-78.

120 Rose A., « Rumors on the Stock Market », *Public Opinion Quarterly*, 15, 1951, p. 461-486.

121 Rosen S., Tesser A., « On Reluctance to Communicate Undesirable Information : The Mum Effect », *Sociometry*, 33, 1970, p. 253-263.

122 Rosnow R. L., « Psychology of Rumor Reconsidered », *Psychological Bulletin*, vol. 87 (3), mai 1980, p. 578-591.

123 Rosnow R. L., Fine G. A., *Rumor and Gossip : the Social Psychology of Hearsay*, New York, Elsevier, 1976.

124 Ross L., Lepper M. R., Hubbard M., « Perseverance in Self-Perception and Social Perception : Biased Attributional Processes in the Debriefing Paradigm », *Journal of Personality and Social Psychology*, vol. 32, n° 5, 1975, p. 880-892.

125 Rossignol C., « Le phénomène de la rumeur », *Psychologie française*, 18, vol. 1, mars 1973, p. 23-40.

126 Rouquette M.-L., *Les Rumeurs*, Paris, PUF, 1975.

127 Rouquette M.-L., « Les phénomènes de rumeurs », thèse de doctorat, Université de Provence, 1979.

128 Roux E., « Le bouche-à-oreille : comment intégrer l'influence des leaders d'opinion à la stratégie de communication de l'entreprise », XXIes Journées d'études de l'Institut de recherches et d'études publicitaires, Paris, mai 1981, p. 163-195.

129 Rowan R., « Where Did That Rumor Come From ? », *Fortune*, 100, août 1979, p. 130-131.

130 Rysman A., « How the Gossip Became a Woman », *Journal of Communication*, vol. 27 (1), hiver 1977, p. 176-180.

131 Sabini J., Silver M., *Moralities on Everyday Life*, New York, Oxford University Press, 1982.

132 Sauvy A., *De la rumeur à l'histoire*, Paris, Dunod, 1985.

133 Schachter S., Burdick H., « A Field Experiment on Rumor Transmission and Distortion », *Journal of Abnormal and Social Psychology*, 50, 1955, p. 363-371.

134 Séguin J.-P., *Nouvelles à sensations, Canards du XIXe siècle*, Paris, Armand Colin, coll. « Kioske », 1975.

135 Sheatsley P., Feldman J., « The Assassination of President Kennedy », *Public Opinion Quarterly*, 28, 1964, p. 189-215.

136 Sherkovin Y., Nazaretyan A., « Rumors as a Social Phenomenon and as an Instrument of Psychological Warfare », *Psikhologicheskii Zhurnal*, vol. 5, n° 5, 1984, p. 41-51.

137 Shibutani T., *Improvised News : A Sociological Study of Rumor*, Indianapolis, Bobbs Merrill, 1966.

138 Simon Y., *Les Bourses de Commerce et de Marchandises*, Paris, Dalloz, 1980.

139 Stein H.-F., « Wars and Rumors of Wars : A Psychohistorical Study of a Medical Culture », *Journal of Psychohistory*, vol. 7 (4), printemps 1980, p. 379-401.

140 Tubiana M., *Le Cancer*, Paris, PUF, coll. « Que sais-je », n° 11, 1985.

141 Tybout A., Calder B.-J., Sternthal B., « Using Information Processing Theory to Design Marketing Strategies », *Journal of Marketing Research*, février 1981, 18, p. 73-79.

142 Volkoff V., *La Désinformation*, Paris, Julliard, 1986.

143 Walster E., Festinger L., « The Effectiveness of Overheard Persuasive Communications », *Journal of Abnormal and Social Psychology*, 65, 1962, p. 395-402.

144 Walster E. *et al.*, « Effectiveness of Debriefing Following Deception Experiments », *Journal of Personality and Social Psychology*, 6, 1967, p. 371-380.

145 Watzlawick P., *La Réalité de la Réalité*, Paris, Éditions du Seuil, 1978.

146 Weinberg E., « Fighting Fire with Fire », *Communication Quarterly*, 26 (3), été 1978, p. 26-31.

COMPLÉMENT BIBLIOGRAPHIQUE

147 Baker R. L. (1976), « The Influence of Mass Culture on Modern Legends », *Southern Folklore Quartely*, 40, p. 367-376.

148 Barnes D. R. (1972), « The Bosom Serpent. A Legend in American Literature and Culture », *Journal of American Folklore*, 85, p. 111-122.

149 Beardsley R. K., Hanhey R. (1943), « A History of the Vanishing Hitch-hiker », *California Folklore Quartely*, 2, p. 13-25.

150 Beezley W. H. (1980), « Locker Rumors : Folklore and Football », *Journal of the Folklore Institute*, 17, p. 196-221.

151 Bellemin-Noël J. (1983), *Les Contes et leurs fantasmes*, Paris, PUF.

152 Bennett G. (1984), « The Phantom Hitch-hiker : Neither Modern, Urban nor Legend ? », in P. Smith (ed.), *Perspectives on Contemporary Legend*, Sheffield University Press, p. 45-63.

153 Bennett G. (1985), « What's Modern about the Modern Legend ? », *Fabula*, 26, 3/4, p. 219-229.

154 Bennett G. (1987), « Problems in Collecting and Classifying Urban Legends », in G. Bennett *et al.* (eds.), *Perspectives on Contemporary Legend*, vol. 2, Sheffield Academic Press, p. 15-30.

155 Bennett G. (1988), « Legend : Performance and Truth », in G. Bennett and P. Smith (eds.), *Monsters with Iron Teeth, Perspectives on Contemporary Legend*, vol. 3, Sheffield Academic Press, p. 13-36.

156 Boyes G. (1984), « Belief and Disbelief : An Examination of Reactions to the Presentation of Rumor Legends », in P. Smith (ed.), *Perspectives on Contemporary Legend*, Sheffield University Press, p. 64-78.

157 Brunvand J.-H. (1986), *The Mexican Pet, More New Urban Legends and Some Old Favorites*, New York, Norton.

158 Campion-Vincent V. (1989), « Complots et avertissements : légendes dans la Ville », *Revue française de sociologie*, vol. XXX-1, janvier-mars, p. 91-105.

159 Carroll M. P. (1984), « Alligators in the Sewer, Dragons in the Well and Freud in the Toilet », *The Sociological Review*, 32, p. 57-74.

160 Carroll M. P. (1987), « The Castrated Boy : Another Contribution to the Psychoanalytic Study of Urban Legends », *Folklore*, vol. 98, 2, p. 216-225.

161 Degh L. (1971), « The Belief Legend in Modern Society : Form, Function and Relationships to Other Genres », in W. Hand (ed.), *American Folk Legend*, University of California Press, Berkeley, p. 55-68.

162 Degh L., Vazsonyi A. (1974), « The Memorate and the Proto-Memorate », *Journal of American Folklore*, 87, p. 225-239.

163 Degh L., Vazsonyi A. (1975), « The Hypothesis of Multi-Conduit Transmission in Folklore », in D. Ben-Amos and K. S. Goldstein (eds.), *Folklore, Performance and Communication*, Mouton, La Haye-Paris, p. 207-252.

164 Degh L., Vazsonyi A. (1976), « Legend and Belief », in D. Ben-Amos (ed.), *Folklore Genres*, University of Texas Press, Austin, p. 93-123.

165 Dundes A. (1971), « On the Psychology of Legend », in W. Hand (ed.), *American Folk Legend*, University of California Press, Berkeley, p. 21-36.

166 Fine G. A. (1980), « The Kentucky Fried Rat : Legends and Modern Society », *Journal of the Folklore Institute*, 17, 2-3, p. 222-243.

167 Fine G. A. (1985), « Rumors and Gossiping », in Handbook of Discourse Analysis, vol. 3 : *Discourse and Dialogue*, Academic Press, p. 223-237.

168 Fine G. A. (1987), « Welcome to the World of AIDS : Fantaisies of Female Revenge », *Western Folklore*, vol. 46, juillet, n° 3, p. 192-197.

169 Fine G. A. (1988), « The City as a Folklore Generator : Urban Legends in the Metropolis », *Urban Resources.*

170 Goss M. (1986), « Escaped Snakes and Other Urban Terrors », *Fate Magazine*, août, p. 30-37, et septembre, p. 78-88.

171 Kapferer J.-N. (1989), « Les disparitions de Mourmelon : origine et interprétation des rumeurs », *Revue française de sociologie*, vol. XXX-1, janvier-mars, p. 81-89.

172 Kapferer J.-N. (1989), « A Mass Poisoning Rumor in Europe », *The Public Opinion Quarterly*, vol. 53, 4, hiver.

173 Kapferer J.-N. (1990), « Le Contrôle des Rumeurs : expériences et réflexions sur le démenti », *Communications*, à paraître.

174 Klintberg B. af (1984), « Why Are there so Many Modern Legends about Revenge ? », in P. Smith (ed.), *Perspectives on Contemporary Legend*, Sheffield University Press, p. 141-146.

175 Klintberg B. af (1985), « Legends and Rumors about Spiders and Snakes », *Fabula*, 26, 3/4, p. 274-287.

176 Klintberg B. af (1989), « Do the Legends of Today and Yesterday Belong to the Same Genre ? », *International Folk Narratives Congress on Modern Storytelling*, Budapest, juin 10-17.

177 Kœning F. (1985), *Rumor in the Marketplace : the Social Psychology of Commercial Hearsay*, Dover, Mass., Auburn House Publishing Company.

178 Lecerf Y., Parker E. (1987), *L'Affaire Tchernobyl : la guerre des rumeurs*, Paris, PUF.

179 Marchalonis S. (1976), « Three Medieval Tales and their Modern American Analogues », *Journal of the Folklore Institute*, 13, n° 2, p. 173-184.

180 Mullen P. B. (1970), « Department Store Snakes », *Indiana Folklore*, 3, p. 214-228.

181 Mullen P. B. (1972), « Modern Legend and Rumor Theory », *Journal of the Folklore Institute*, 9, p. 95-109.

182 Nicolaisen W. F. H. (1985), « Perspectives on Contemporary Legend », *Fabula*, 26, 3/4, p. 213-218.

183 Nicolaisen W. F. H. (1987), « The Linguistic Structure of Legends », in G. Bennett *et al.* (eds.), *Perspectives and Contemporary Legend*, vol. 2, Sheffield Academic Press, p. 61-76.

184 Rosnow R. L. (1988), « Rumor as Communication : A Contextualist Approach », *Journal of Communication*, vol. 38, n° 1, hiver, p. 12-27.

185 Simpson R. L. (1981), « Rationalized Motifs in Urban Legends », *Folklore*, vol. 92, n° 2, p. 203-207.

186 Smith P. (1984), « On The Receiving End : When Legend Becomes Rumour », in P. Smith (ed.), *Perspectives on Contemporary Legend*, Sheffield University Press, p. 197-215.

187 Smith P. (1987), « Contemporary Legend and the Photocopy Revolution », in G. Bennett *et al.* (eds.), *Perspectives on Contemporary Legend*, vol. 2, Sheffield Academic Press, p. 171-176.

188 Snyder M., White P. (1981), « Testing Hypotheses about other People : Strategies of Verification and Falsification », *Personality and Social Psychology Bulletin*, 7, p. 39-43.

189 Williams N. (1984), « Problems in Defining Contemporary Legends », in P. Smith (ed.), *Perspectives on Contemporary Legend*, Sheffield University Press, p. 216-228.

Index

Table

COMPOSITION : CHARENTE-PHOTOGRAVURE À L'ISLE-D'ESPAGNAC
IMPRESSION : BUSSIÈRE CAMEDAN IMPRIMERIES À SAINT-AMAND (3-98)
DÉPÔT LÉGAL : AVRIL 1995. N° 24743-2 (981807/1)

Collection Points

DERNIERS TITRES PARUS

R280. Et si on parlait d'amour, *par Claire Gallois*
R281. Pologne, *par James A. Michener*
R284. Place de Sienne, côté ombre
par Carlo Fruttero et Franco Lucentini
R285. Meurtre au comité central
par Manuel Vázquez Montalbán
R286. L'Isolé soleil, *par Daniel Maximin*
R287. Samedi soir, dimanche matin, *par Alan Sillitoe*
R288. Petit Louis, dit XIV, *par Claude Duneton*
R289. Le Perchoir du perroquet, *par Michel Rio*
R290. L'Enfant pain, *par Agustin Gomez-Arcos*
R291. Les Années Lula, *par Rezvani*
R292. Michael K, sa vie, son temps, *par J. M. Coetzee*
R293. La Connaissance de la douleur
par Carlo Emilio Gadda
R294. Complot à Genève, *par Eric Ambler*
R295. Serena, *par Giovanni Arpino*
R297. Le Premier Regard, *par Marie Susini*
R299. La Vie fantôme, *par Danièle Sallenave*
R300. L'Enchanteur, *par Vladimir Nabokov*
R301. L'Ile atlantique, *par Tony Duvert*
R303. Le Manège espagnol, *par Michel del Castillo*
R304. Le Berceau du chat, *par Kurt Vonnegut*
R306. Les Fontaines du grand abîme, *par Luc Estang*
R307. Le Mauvais Lieu, *par Julien Green*
R309. La Vie et demie, *par Sony Labou Tansi*
R310. Jeune Fille en silence, *par Raphaële Billetdoux*
R312. Godelureaux, *par Eric Ollivier*
R313. La Chambre ouverte, *par France Huser*
R315. Les Silences ou la vie d'une femme
par Marie Chaix
R317. Le Levantin, *par Eric Ambler*
R318. Beno s'en va-t-en guerre, *par Jean-Luc Benoziglio*
R319. Miss Lonelyhearts, *par Nathanaël West*
R321. Un été à Jérusalem, *par Chochana Boukhobza*
R323. L'Amazone, *par Michel Braudeau*
R325. Le Cri, *par Chochana Boukhobza*
R326. Femmes devant un paysage fluvial, *par Heinrich Böll*
R327. La Grotte, *par Georges Buis*
R328. Bar des flots noirs, *par Olivier Rolin*
R329. Le Stade de Wimbledon, *par Daniele Del Giudice*

R330. Le Bruit du temps, *par Ossip E. Mandelstam*
R331. La Diane rousse, *par Patrick Grainville*
R332. Les Éblouissements, *par Pierre Mertens*
R333. Talgo, *par Vassilis Alexakis*
R334. La Vie trop brève d'Edwin Mullhouse
par Steven Millhauser
R335. Les Enfants pillards, *par Jean Cayrol*
R336. Les Mystères de Buenos Aires, *par Manuel Puig*
R337. Le Démon de l'oubli, *par Michel del Castillo*
R338. Christophe Colomb, *par Stephen Marlowe*
R339. Le Chevalier et la Reine, *par Christopher Frank*
R340. Autobiographie de tout le monde, *par Gertrude Stein*
R341. Archipel, *par Michel Rio*
R344. Loyola's blues, *par Erik Orsenna*
R346. Les Enfants des morts, *par Henrich Böll*
R347. Les Cent Premières Années de Niño Cochise
par A. Kinney Griffith et Niño Cochise
R348. Vente à la criée du lot 49, *par Thomas Pynchon*
R349. Confessions d'un enfant gâté
par Jacques-Pierre Amette
R350. Boulevard des trahisons, *par Thomas Sanchez*
R351. L'Incendie, *par Mohammed Dib*
R352. Le Centaure, *par John Updike*
R353. Une fille cousue de fil blanc, *par Claire Gallois*
R354. L'Adieu aux champs, *par Rose Vincent*
R355. La Ratte, *par Günter Grass*
R356. Le Monde hallucinant, *par Reinaldo Arenas*
R357. L'Anniversaire, *par Mouloud Feraoun*
R358. Le Premier Jardin, *par Anne Hébert*
R359. L'Amant sans domicile fixe
par Carlo Fruttero et Franco Lucentini
R362. Autopsie d'une étoile, *par Didier Decoin*
R363. Un joli coup de lune, *par Chester Himes*
R364. La Nuit sacrée, *par Tahar Ben Jelloun*
R365. Le Chasseur, *par Carlo Cassola*
R366. Mon père américain, *par Jean-Marc Roberts*
R368. Le Rêve du singe fou, *par Christopher Frank*
R369. Angelica, *par Bertrand Visage*
R370. Le Grand Homme, *par Claude Delarue*
R371. La Vie comme à Lausanne, *par Erik Orsenna*
R372. Une amie d'Angleterre, *par Anita Brookner*
R373. Norma ou l'exil infini, *par Emmanuel Roblès*
R374. Les Jungles pensives, *par Michel Rio*
R375. Les Plumes du pigeon, *par John Updike*
R378. L'Objet perdu de l'amour, *par Michel Braudeau*

R381. Les Pays lointains, *par Julien Green*
R385. Les Lèvres nues, *par France Huser*
R387. Une enfance à l'eau bénite
par Denise Bombardier
R389. Tarabas, *par Joseph Roth*
R391. Rabbit Boss, *par Thomas Sanchez*
R393. La Ferme, *par John Updike*
R394. L'Obscène Oiseau de la nuit, *par José Donoso*
R395. Un printemps d'Italie, *par Emmanuel Roblès*
R396. L'Année des méduses, *par Christopher Frank*
R397. Miss Missouri, *par Michel Boujut*
R398. Le Figuier, *par François Maspero*
R399. La Solitude du coureur de fond, *par Alan Sillitoe*
R402. La Croyance des voleurs, *par Michel Chaillou*
R403. Rock Springs, *par Richard Ford*
R405. Tara, *par Michel del Castillo*
R407. Le Beau Rôle, *par Louis Gardel*
R408. Le Messie de Stockholm, *par Cynthia Ozick*
R409. Les Exagérés, *par Jean-François Vilar*
R410. L'Objet du scandale, *par Robertson Davies*
R411. Berlin mercredi, *par François Weyergans*
R412. L'Inondation, *par Evguéni Zamiatine*
R413. Rentrez chez vous Bogner !, *par Heinrich Böll*
R414. Les Herbes amères, *par Chochana Boukhobza*
R415. Le Pianiste, *par Manuel Vázquez Montalbán*
R416. Une mort secrète, *par Richard Ford*
R420. Lacenaire (un film de Francis Girod)
par Georges Conchon
R421. Œuvres pré-posthumes, *par Robert Musil*
R422. Merlin, *par Michel Rio*
R423. Charité, *par Éric Jourdan*
R424. Le Visiteur, *par György Konrad*
R425. Monsieur Adrien, *par Franz-Olivier Giesbert*
R426. Palinure de Mexico, *par Fernando Del Paso*
R427. L'Amour du prochain, *par Hugo Claus*
R428. L'Oublié, *par Elie Wiesel*
R430. Les Comptoirs du Sud, *par Philippe Doumenc*
R431. Le Jeu des décapitations, *par Jose Lezama Lima*
R432. Tableaux d'une ex, *par Jean-Luc Benoziglio*
R433. Les Effrois de la glace et des ténèbres
par Christoph Ransmayr
R434. Paris-Athènes, *par Vassilis Alexakis*
R436. Le Jardin à la dérive, *par Ida Fink*
R437. Malina, *par Ingeborg Bachmann*
R438. Moi, laminaire, *par Aimé Césaire*

R439. Histoire d'un idiot racontée par lui-même
par Félix de Azúa
R440. La Résurrection des morts, *par Scott Spencer*
R441. La Caverne, *par Eugène Zamiatine*
R442. Le Manticore, *par Robertson Davies*
R443. Perdre, *par Pierre Mertens*
R444. La Rébellion, *par Joseph Roth*
R445. D'amour P. Q., *par Jacques Godbout*
R446. Un oiseau brûlé vif, *par Agustin Gomez-Arcos*
R447. Le Blues de Buddy Bolden, *par Michael Ondaatje*
R448. Étrange séduction (Un bonheur de rencontre)
par Ian McEwan
R449. La Diable, *par Fay Weldon*
R450. L'Envie, *par Iouri Olecha*
R451. La Maison du Mesnil, *par Maurice Genevoix*
R453. Le Photographe et ses Modèles, *par John Hawkes*
R454. Rendez-vous sur la terre, *par Bertrand Visage*
R455. Les Aventures singulières du soldat Ivan Tchonkine
par Vladimir Voïnovitch
R456. Départements et Territoires d'outre-mort
par Henri Gougaud
R457. Vendredi des douleurs, *par Miguel Angel Asturias*
R458. L'Avortement, *par Richard Brautigan*
R459. Histoire du ciel, *par Jean Cayrol*
R463. Les Grosses Rêveuses, *par Paul Fournel*
R465. Les Marches du palais, *par David Shahar*
R467. La Vie exagérée de Martín Romaña
par Alfredo Bryce-Echenique
R468. Les Étoiles du Sud, *par Julien Green*
R469. Aventures, *par Italo Calvino*
R472. Les cyprès meurent en Italie, *par Michel del Castillo*
R473. Kilomètre zéro, *par Thomas Sanchez*
R474. Singulières Jeunes Filles, *par Henry James*
R475. Franny et Zooey, *par J. D. Salinger*
R476. Vaulascar, *par Michel Braudeau*
R478. Les Visiteurs du crépuscule, *par Eric Ambler*
R479. L'Ancienne Comédie, *par Jean-Claude Guillebaud*
R481. Les Yaquils, *suivi de* Ile déserte, *par Emmanuel Roblès*
R482. Proses éparses, *par Robert Musil*
R483. Le Loum, *par René-Victor Pilhes*
R484. La Fascination de l'étang, *par Virginia Woolf*
R485. Journaux de jeunesse, *par Rainer Maria Rilke*
R486. Tirano Banderas, *par Ramón del Valle-Inclán*
R488. En attendant les barbares, *par J. M. Coetzee*
R489. Les Hauts-Quartiers, *par Paul Gadenne*

R490. Je lègue mon âme au diable
par Germán Castro Caycedo
R491. Le Monde des merveilles, *par Robertson Davies*
R492. Louve basse, *par Denis Roche*
R494. Poupée blonde
par Patrick Modiano, dessins de Pierre Le-Tan
R495. La Mort de Lohengrin, *par Heinrich Böll*
R496. L'Aïeul, *par Aris Fakinos*
R497. Le Héros des femmes, *par Adolfo Bioy Casares*
R498. 1492. Les Aventures de Juan Cabezón de Castille
par Homero Aridjis
R499. L'Angoisse du tigre, *par Jean-Marc Roberts*
R501. L'Innocent, *par Ian McEwan*
R502. Les Passagers du Roissy-Express
par François Maspero
R503. Adieu à Berlin, *par Christopher Isherwood*
R504. Remèdes désespérés, *par Thomas Hardy*
R505. Le Larron qui ne croyait pas au ciel
par Miguel Angel Asturias
R506. Madame de Mauves, *par Henry James*
R507. L'Année de la mort de Ricardo Reis, *par José Saramago*
R508. Abattoir 5, *par Kurt Vonnegut*
R509. Comme je l'entends, *par John Cowper Powys*
R510. Madrapour, *par Robert Merle*
R511. Ménage à quatre, *par Manuel Vázquez Montalbán*
R512. Tremblement de cœur, *par Denise Bombardier*
R513. Monnè, Outrages et Défis, *par Ahmadou Kourouma*
R514. L'Ultime Alliance, *par Pierre Billon*
R515. Le Café des fous, *par Felipe Alfau*
R516. Morphine, *par Mikhaïl Boulgakov*
R517. Le Fou du tzar, *par Jaan Kross*
R518. Wolf et Doris, *par Martin Walser*
R519. La Course au mouton sauvage, *par Haruki Murakami*
R520. Adios Schéhérazade, *par Donald Westlake*
R521. Les Feux du Bengale, *par Amitav Ghosh*
R522. La Spéculation immobilière, *par Italo Calvino*
R523. L'homme qui parlait d'Octavia de Cadix
par Alfredo Bryce-Echenique
R524. V., *par Thomas Pynchon*
R525. Les Anges rebelles, *par Robertson Davies*
R526. Nouveaux Contes de Bustos Domecq
par Jorge Luis Borges et Adolfo Bioy Casares
R527. Josepha, *par Christopher Frank*
R528. L'Amour sorcier, *par Louise Erdrich*
R529. L'Europe mordue par un chien, *par Christophe Donner*

R530. Les hommes qui ont aimé Evelyn Cotton
par Frank Ronan
R531. Agadir, *par Mohammed Khaïr-Eddine*
R532. Brigitta, *par Adalbert Stifter*
R533. Lune de miel et d'or, *par David Shahar*
R534. Histoires de vertige, *par Julien Green*
R535. Voyage en France, *par Henry James*
R536. La Femme de chambre du Titanic, *par Didier Decoin*
R537. Le Grand Partir, *par Henri Gougaud*
R538. La Boîte noire, *par Jean-Luc Benoziglio*
R542. L'Aimé, *par Axel Gauvin*
R543. Vends maison, où je ne veux plus vivre
par Bohumil Hrabal
R544. Enquête sous la neige, *par Michael Malone*
R545. Sérénissime, *par Frédéric Vitoux*
R547. Les Girls du City-Boum-Boum, *par Vassilis Alexakis*
R548. Les Rives du fleuve Bleu, *par Emmanuel Roblès*
R549. Le Complexe polonais, *par Tadeusz Konwicki*
R550. La Patte du scarabée, *par John Hawkes*
R551. Sale Histoire, *par Eric Ambler*
R552. Le Silence des pierres, *par Michel del Castillo*
R553. Une rencontre en Westphalie, *par Günter Grass*
R554. Ludo & Compagnie, *par Patrick Lapeyre*
R555. Les Calendes grecques, *par Dan Franck*
R556. Chaque homme dans sa nuit, *par Julien Green*
R557. Nous sommes au regret de..., *par Dino Buzzati*
R559. Nouvelles démesurées, *par Adolfo Bioy Casares*
R560. Sylvie et Bruno, *par Lewis Carroll*
R561. L'Homme de Kiev, *par Bernard Malamud*
R562. Le Brochet, *par Eric Ambler*
R563. Mon valet et moi, *par Hervé Guibert*
R564. Les Européens, *par Henry James*
R565. Le Royaume enchanté de l'amour, *par Max Brod*
R566. Le Fou noir *suivi de* Le Poing fermé, *par Arrigo Boito*
R567. La Fin d'une époque, *par Evelyn Waugh*
R568. Franza, *par Ingeborg Bachmann*
R569. Les Noces dans la maison, *par Bohumil Hrabal*
R571. Une saison ardente, *par Richard Ford*
R572. Le Dernier Été des Indiens, *par Robert Lalonde*
R573. Beatus Ille, *par Antonio Muñoz Molina*
R574. Les Révoltés de la « Bounty »
par Charles Nordhoff et James Norman Hall
R575. L'Expédition, *par Henri Gougaud*
R576. La Loi du capitaine, *par Mike Nicol*
R577. La Séparation, *par Dan Franck*

R578. Voyage autour de mon crâne, *par Frigyes Karinthy*
R579. Monsieur Pinocchio, *par Jean-Marc Roberts*
R580. Les Feux, *par Raymond Carver*
R581. Mémoires d'un vieux crocodile, *par Tennessee Williams*
R582. Patty Diphusa, la Vénus des lavabos
par Pedro Almodóvar
R583. Le Voyage de Hölderlin en France
par Jacques-Pierre Amette
R584. Les Noms, *par Don DeLillo*
R585. Le Châle, *par Cynthia Ozick*
R588. Mr. Stone, *par V. S. Naipaul*
R589. Loin de la troupe, *par Heinrich Böll*
R590. Dieu et nous seuls pouvons, *par Michel Folco*
R591. La Route de San Giovanni, *par Italo Calvino*
R592. En la forêt de longue attente, *par Hella S. Haasse*
R593. Lewis Percy, *par Anita Brookner*
R594. L'Affaire D., *par Charles Dickens*
Carlo Fruttero et Franco Lucentini
R595. La Pianiste, *par Elfriede Jelinek*
R597. L'Ile enchantée, *par Eduardo Mendoza*
R598. Vineland, *par Thomas Pynchon*
R599. Jolie, la fille !, *par André Dubus*
R602. Le Déménagement, *par Jean Cayrol*
R603. Arrêt de jeu, *par Dan Kavanagh*
R605. La Belle Affaire, *par T. C. Boyle*
R609. Une femme en soi, *par Michel del Castillo*
R610. Le Parapluie jaune, *par Elsa Lewin*
R611. L'Amateur, *par André Balland*
R612. Le Suspect, *par L. R. Wright*
R613. Le Tueur des abattoirs, *par Manuel Vázquez Montalbán*
R614. Mémoires du Capitán Alonso de Contreras
par Alonso de Contreras
R615. Colère, *par Patrick Grainville*
R616. Le Livre de John, *par Michel Braudeau*
R617. Faux Pas, *par Michel Rio*
R618. Quelqu'unbis est mort, *par Jean-Luc Benoziglio*
R619. La Vie, quelque part, *par Anita Brookner*
R620. Iblis ou la Défroque du serpent, *par Armande Gobry-Valle*
R621. Fin de mission, *par Heinrich Böll*
R622. Les Mains vides, *par Maurice Genevoix*
R623. Un amour de chat, *par Frédéric Vitoux*
R624. Johnny s'en va-t-en guerre, *par Dalton Trumbo*
R625. La Remontée des cendres, *par Tahar Ben Jelloun*
R626. L'Enfant chargé de songes, *par Anne Hébert*
R628. La Terre et le Sang, *par Mouloud Feraoun*

R629. Le Cimetière des fous, *par Dan Franck*
R630. Cytomégalovirus, *par Hervé Guibert*
R631. La Maison Pouchkine, *par Andreï Bitov*
R632. La Mémoire brûlée, *par Jean-Noël Pancrazi*
R633. Le taxi mène l'enquête, *par Sam Reaves*
R634. Les Sept Fous, *par Roberto Arlt*
R635. La Colline rouge, *par France Huser*
R636. Les Athlètes dans leur tête, *par Paul Fournel*
R637. San Camilo 1936, *par Camilo José Cela*
R638. Galíndez, *par Manuel Vázquez Montalbán*
R639. China Lake, *par Anthony Hyde*
R640. Tlacuilo, *par Michel Rio*
R641. L'Élève, *par Henry James*
R642. Aden, *par Anne-Marie Garat*
R644. Dis-moi qui tuer, *par V. S. Naipaul*
R646. L'Étrange Histoire de Sir Hugo et de son valet Fledge *par Patrick McGrath*
R647. L'Herbe des ruines, *par Emmanuel Roblès*
R648. La Première Femme, *par Nedim Gürsel*
R649. Les Exclus, *par Elfriede Jelinek*
R650. Providence, *par Anita Brookner*
R651. Les Nouvelles Mille et Une Nuits, vol. 1 *par Robert Louis Stevenson*
R652. Les Nouvelles Mille et Une Nuits, vol. 2 *par Robert Louis Stevenson*
R653. Les Nouvelles Mille et Une Nuits, vol. 3 *par Robert Louis Stevenson*
R654. 1492. Mémoires du Nouveau Monde, *par Homero Aridjis*
R655. Lettres à Doubenka, *par Bohumil Hrabal*
R657. Cassandra, *par John Hawkes*
R658. La Fin des temps, *par Haruki Murakami*
R659. Mémoires d'un nomade, *par Paul Bowles*
R660. La Femme du boucher, *par Li Ang*
R661. Anaconda, *par Horacio Quiroga*
R663. Je ferai comme si je n'étais pas là, *par Christopher Frank*
R666. Une sécheresse à Paris, *par Alain Chany*
R667. Charles et Camille, *par Frédéric Vitoux*
R668. Les Quatre Fils du Dr March, *par Brigitte Aubert*
R669. 33 Jours, *par Léon Werth*
R670. La Mort à Veracruz, *par Héctor Aguilar Camín*
R671. Le Bâtard de Palerme, *par Luigi Natoli*
R672. L'Ile du lézard vert, *par Eduardo Manet*
R673. Juges et Assassins, *par Michael Malone*
R674. L'Enfant de Port-Royal, *par Rose Vincent*
R675. Amour et Ordures, *par Ivan Klíma*

R676. Rue de la Cloche, *par Serge Quadruppani*
R677. Les Dunes de Tottori, *par Kyotaro Nishimura*
R678. Lucioles, *par Shiva Naipaul*
R679. Tout fout le camp !, *par Dan Kavanagh*
R680. Les Sept Solitudes de Lorsa Lopez, *par Sony Labou Tansi*
R681. Le Bout du rouleau, *par Richard Ford*
R682. Hygiène de l'assassin, *par Amélie Nothomb*
R684. Les Adieux, *par Dan Franck*
R687. L'Homme de la passerelle, *par Isabelle Jarry*
R688. Bambini, *par Bertrand Visage*
R689. Nom de code : Siro, *par David Ignatius*
R690. Paradis, *par Philippe Sollers*
R693. Rituels, *par Cees Nooteboom*
R695. Le Trouveur de feu, *par Henri Gougaud*
R696. Dumala, *par Eduard von Keyserling*
P1. Cent Ans de solitude, *par Gabriel García Márquez*
P2. Le Chevalier inexistant, *par Italo Calvino*
P3. L'Homme sans qualités, tome 1, *par Robert Musil*
P4. L'Homme sans qualités, tome 2, *par Robert Musil*
P5. Le Monde selon Garp, *par John Irving*
P6. Les Désarrois de l'élève Törless, *par Robert Musil*
P7. L'Enfant de sable, *par Tahar Ben Jelloun*
P8. La Marche de Radetzky, *par Joseph Roth*
P9. Trois Femmes *suivi de* Noces, *par Robert Musil*
P10. Un Anglais sous les tropiques, *par William Boyd*
P11. Grand Amour, *par Erik Orsenna*
P12. L'Invention du monde, *par Olivier Rolin*
P13. Rastelli raconte..., *par Walter Benjamin*
P14. Ce qu'a vu le vent d'ouest, *par Fruttero & Lucentini*
P15. L'Appel du crapaud, *par Günter Grass*
P16. L'Appât, *par Morgan Sportès*
P17. L'Honneur de Saint-Arnaud, *par François Maspero*
P18. L'Héritage empoisonné, *par Paul Levine*
P19. Les Égouts de Los Angeles, *par Michael Connelly*
P20. L'Anglais saugrenu, *par Jean-Loup Chiflet*
P21. Jacques Chirac, *par Franz-Olivier Giesbert*
P22. Questions d'adolescents, *par Christian Spitz*
P23. Les Progrès du progrès, *par Philippe Meyer*
P24. Le Paradis des orages, *par Patrick Grainville*
P25. La Rage au cœur, *par Gérard Guégan*
P26. Le Patient anglais, *par Michael Ondaatje*
P27. Ça n'est pas pour me vanter, *par Philippe Meyer*
P28. Notre homme, *par Louis Gardel*
P29. Mort en hiver, *par L. R. Wright*
P30. L'Exposition coloniale, *par Erik Orsenna*

P31. La Dame du soir, *par Dan Franck*
P32. Le Monde du bout du monde, *par Luis Sepúlveda*
P33. Brazzaville Plage, *par William Boyd*
P34. Les Nouvelles Confessions, *par William Boyd*
P35. Comme neige au soleil, *par William Boyd*
P36. Hautes Trahisons, *par Félix de Azúa*
P37. Dans la cage, *par Henry James*
P38. L'Année du déluge, *par Eduardo Mendoza*
P39. Pluie et Vent sur Télumée Miracle
par Simone Schwarz-Bart
P40. Paroles malvenues, *par Paul Bowles*
P41. Le Grand Cahier, *par Agota Kristof*
P42. La Preuve, *par Agota Kristof*
P43. La Petite Ville où le temps s'arrêta, *par Bohumil Hrabal*
P44. Le Tunnel, *par Ernesto Sabato*
P45. La Galère : jeunes en survie, *par François Dubet*
P46. La Ville des prodiges, *par Eduardo Mendoza*
P47. Le Principe d'incertitude, *par Michel Rio*
P48. Tapie, l'homme d'affaires, *par Christophe Bouchet*
P49. L'Homme Freud, *par Lydia Flem*
P50. La Décennie Mitterrand
1. Les ruptures
par Pierre Favier et Michel Martin-Roland
P51. La Décennie Mitterrand
2. Les épreuves
par Pierre Favier et Michel Martin-Roland
P52. Dar Baroud, *par Louis Gardel*
P53. Vu de l'extérieur, *par Katherine Pancol*
P54. Les Rêves des autres, *par John Irving*
P55. Les Habits neufs de Margaret
par Alice Thomas Ellis
P56. Les Confessions de Victoria Plum, *par Anne Fine*
P57. Histoires de faire de beaux rêves, *par Kaye Gibbons*
P58. C'est la curiosité qui tue les chats, *par Lesley Glaister*
P59. Une vie bouleversée, *par Etty Hillesum*
P60. L'Air de la guerre, *par Jean Hatzfeld*
P61. Piaf, *par Pierre Duclos et Georges Martin*
P62. Lettres ouvertes, *par Jean Guitton*
P63. Trois Kilos de café, *par Manu Dibango*
en collaboration avec Danielle Rouard
P64. L'Ange aveugle, *par Tahar Ben Jelloun*
P65. La Lézarde, *par Édouard Glissant*
P66. L'Inquisiteur, *par Henri Gougaud*
P67. L'Étrusque, *par Mika Waltari*
P68. Leurs mains sont bleues, *par Paul Bowles*

P69. Contes d'amour, de folie et de mort, *par Horacio Quiroga*
P70. Le vieux qui lisait des romans d'amour, *par Luis Sepúlveda*
P71. Rumeurs, *par Jean-Noël Kapferer*
P72. Julia et Moi, *par Anita Brookner*
P73. Déportée à Ravensbruck
par Margaret Buber-Neumann
P74. Meurtre dans la cathédrale, *par T. S. Eliot*
P75. Chien de printemps, *par Patrick Modiano*
P76. Pour la plus grande gloire de Dieu, *par Morgan Sportès*
P77. La Dogaresse, *par Henri Sacchi*
P78. La Bible du hibou, *par Henri Gougaud*
P79. Les Ivresses de Madame Monro, *par Alice Thomas Ellis*
P80. Hello, Plum !, *par Pelham Grenville Wodehouse*
P81. Le Maître de Frazé, *par Herbert Lieberman*
P82. Dans la peau d'un intouchable, *par Marc Boulet*
P83. Entre le ciel et la terre, *par Le Ly Hayslip*
(avec la collaboration de Charles Jay Wurts)
P84. Sur la route des croisades, *par Jean-Claude Guillebaud*
P85. L'Homme sans postérité, *par Adalbert Stifter*
P86. Le Nez de Mazarin, *par Anny Duperey*
P87. L'Alliance, tome 1, *par James A. Michener*
P88. L'Alliance, tome 2, *par James A. Michener*
P89. Regardez-moi, *par Anita Brookner*
P90. Si par une nuit d'hiver un voyageur, *par Italo Calvino*
P91. Les Grands Cimetières sous la lune, *par Georges Bernanos*
P92. Salut Galarneau !, *par Jacques Godbout*
P93. La Barbare, *par Katherine Pancol*
P94. American Psycho, *par Bret Easton Ellis*
P95. Vingt Ans et des poussières, *par Didier van Cauwelaert*
P96. Un week-end dans le Michigan, *par Richard Ford*
P97. Jules et Jim, *par François Truffaut*
P98. L'Hôtel New Hampshire, *par John Irving*
P99. Liberté pour les ours !, *par John Irving*
P100. Heureux Habitants de l'Aveyron et des autres
départements français, *par Philippe Meyer*
P101. Les Égarements de Lili, *par Alice Thomas Ellis*
P102. Esquives, *par Anita Brookner*
P103. Cadavres incompatibles, *par Paul Levine*
P104. La Rose de fer, *par Brigitte Aubert*
P105. La Balade entre les tombes, *par Lawrence Block*
P106. La Villa des ombres, *par David Laing Dawson*
P107. La Traque, *par Herbert Lieberman*
P108. Meurtres à cinq mains, *par Jack Hitt*
avec Lawrence Block, Sarah Caudwell,
Tony Hillerman, Peter Lovesey, Donald E. Westlake

P109. Hygiène de l'assassin, *par Amélie Nothomb*
P110. L'Amant sans domicile fixe
par Carlo Fruttero et Franco Lucentini
P111. La Femme du dimanche
par Carlo Fruttero et Franco Lucentini
P112. L'Affaire D., *par Charles Dickens, Carlo Fruttero et Franco Lucentini*
P113. La Nuit sacrée, *par Tahar Ben Jelloun*
P114. Sky my wife ! Ciel ma femme !, *par Jean-Loup Chiflet*
P115. Liaisons étrangères, *par Alison Lurie*
P116. L'Homme rompu, *par Tahar Ben Jelloun*
P117. Le Tarbouche, *par Robert Solé*
P118. Tous les matins je me lève, *par Jean-Paul Dubois*
P119. La Côte sauvage, *par Jean-René Huguenin*
P120. Dans le huis clos des salles de bains, *par Philippe Meyer*
P121. Un mariage poids moyen, *par John Irving*
P122. L'Épopée du buveur d'eau, *par John Irving*
P123. L'Œuvre de Dieu, la Part du Diable, *par John Irving*
P124. Une prière pour Owen, *par John Irving*
P125. Un homme regarde une femme, *par Paul Fournel*
P126. Le Troisième Mensonge, *par Agota Kristof*
P127. Absinthe, *par Christophe Bataille*
P128. Le Quinconce, vol. 1, *par Charles Palliser*
P129. Le Quinconce, vol. 2, *par Charles Palliser*
P130. Comme ton père, *par Guillaume Le Touze*
P131. Naissance d'une passion, *par Michel Braudeau*
P132. Mon ami Pierrot, *par Michel Braudeau*
P133. La Rivière du sixième jour (Et au milieu coule une rivière)
par Norman Maclean
P134. Mémoires de Melle, *par Michel Chaillou*
P135. Le Testament d'un poète juif assassiné, *par Elie Wiesel*
P136. Jésuites, 1. Les conquérants
par Jean Lacouture
P137. Jésuites, 2. Les revenants
par Jean Lacouture
P138. Soufrières, *par Daniel Maximin*
P139. Les Vacances du fantôme, *par Didier van Cauwelaert*
P140. Absolu, *par l'abbé Pierre et Albert Jacquard*
P141. En attendant la guerre, *par Claude Delarue*
P142. Trésors sanglants, *par Paul Levine*
P143. Le Livre, *par Les Nuls*
P144. Malicorne, *par Hubert Reeves*
P145. Le Boucher, *par Alina Reyes*
P146. Le Voile noir, *par Anny Duperey*
P147. Je vous écris, *par Anny Duperey*

P148. Tierra del fuego, *par Francisco Coloane*
P149. Trente Ans et des poussières, *par Jay McInerney*
P150. Jernigan, *par David Gates*
P151. Lust, *par Elfriede Jelinek*
P152. Voir ci-dessous : Amour, *par David Grossman*
P153. L'Anniversaire, *par Juan José Saer*
P154. Le Maître d'escrime, *par Arturo Pérez-Reverte*
P155. Pas de sang dans la clairière, *par L. R. Wright*
P156. Une si belle image, *par Katherine Pancol*
P157. L'Affaire Ben Barka, *par Bernard Violet*
P158. L'Orange amère, *par Didier Van Cauwelaert*
P159. Une histoire américaine, *par Jacques Godbout*
P160. Jour de silence à Tanger, *par Tahar Ben Jelloun*
P161. La Réclusion solitaire, *par Tahar Ben Jelloun*
P162. Fleurs de ruine, *par Patrick Modiano*
P163. La Mère du printemps (L'Oum-er-Bia)
par Driss Chraïbi
P164. Portrait de groupe avec dame, *par Heinrich Böll*
P165. Nécropolis, *par Herbert Lieberman*
P166. Les Soleils des indépendances, *par Ahmadou Kourouma*
P167. La Bête dans la jungle, *par Henry James*
P168. Journal d'une Parisienne, *par Françoise Giroud*
P169. Ils partiront dans l'ivresse, *par Lucie Aubrac*
P170. Le Divin Enfant, *par Pascal Bruckner*
P171. Les Vigiles, *par Tahar Djaout*
P172. Philippe et les Autres, *par Cees Nooteboom*
P173. Far Tortuga, *par Peter Matthiessen*
P174. Le Dieu manchot, *par José Saramago*
P175. Molière ou la Vie de Jean-Baptiste Poquelin
par Alfred Simon
P176. Saison violente, *par Emmanuel Roblès*
P177. Lunes de fiel, *par Pascal Bruckner*
P178. Le Voyage à Paimpol, *par Dorothée Letessier*
P179. L'Aube, *par Elie Wiesel*
P180. Le Fils du pauvre, *par Mouloud Feraoun*
P181. Red Fox, *par Anthony Hyde*
P182. Enquête sous la neige, *par Michael Malone*
P183. Cœur de lièvre, *par John Updike*
P184. La Joyeuse Bande d'Atzavara
par Manuel Vázquez Montalbán
P185. Le Petit Monde de Don Camillo
par Giovanni Guareschi
P186. Le Temps des Italiens, *par François Maspero*
P187. Petite, *par Geneviève Brisac*
P188. La vie me fait peur, *par Jean-Paul Dubois*

P189. Quelques Minutes de bonheur absolu
par Agnès Desarthe
P190. La Lyre d'Orphée, *par Robertson Davies*
P191. Pourquoi lire les classiques, *par Italo Calvino*
P192. Franz Kafka ou le Cauchemar de la raison, *par Ernst Pawel*
P193. Nos médecins, *par Hervé Hamon*
P194. La Déroute des sexes, *par Denise Bombardier*
P195. Les Flamboyants, *par Patrick Grainville*
P196. La Crypte des capucins, *par Joseph Roth*
P197. Je vivrai l'amour des autres, *par Jean Cayrol*
P198. Le Crime des pères, *par Michel del Castillo*
P199. Les Cahiers de Malte Laurids Brigge
par Rainer Maria Rilke
P200. Port-Soudan, *par Olivier Rolin*
P201. Portrait de l'artiste en jeune chien, *par Dylan Thomas*
P202. La Belle Hortense, *par Jacques Roubaud*
P203. Les Anges et les Faucons, *par Patrick Grainville*
P204. Autobiographie de Federico Sánchez, *par Jorge Semprún*
P205. Le Monarque égaré, *par Anne-Marie Garat*
P206. La Guérilla du Che, *par Régis Debray*
P207. Terre-Patrie, *par Edgar Morin et Anne-Brigitte Kern*
P208. L'Occupation américaine, *par Pascal Quignard*
P209. La Comédie de Terracina, *par Frédéric Vitoux*
P210. Une jeune fille, *par Dan Franck*
P211. Nativités, *par Michèle Gazier*
P212. L'Enlèvement d'Hortense, *par Jacques Roubaud*
P213. Les Secrets de Jeffrey Aspern, *par Henry James*
P214. Annam, *par Christophe Bataille*
P215. Jimi Hendrix. Vie et légende, *par Charles Shaar Murray*
P216. Docile, *par Didier Decoin*
P217. Le Dernier des Justes, *par André Schwarz-Bart*
P218. Aden Arabie, *par Paul Nizan*
P219. Dialogues des Carmélites, *par Georges Bernanos*
P220. Gaston Gallimard, *par Pierre Assouline*
P221. John l'Enfer, *par Didier Decoin*
P222. Trente Mille Jours, *par Maurice Genevoix*
P223. Cent Ans de chanson française
par Chantal Brunschwig, Jean-Louis Calvet et Jean-Claude Klein
P224. L'Exil d'Hortense, *par Jacques Roubaud*
P225. La Grande Maison, *par Mohammed Dib*
P226. Une mort en rouge, *par Walter Mosley*
P227. N'en faites pas une histoire, *par Raymond Carver*
P228. Les Quatre Faces d'une histoire, *par John Updike*
P229. Moustiques, *par William Faulkner*

P230. Mortelle, *par Christopher Frank*
P231. Ceux de 14, *par Maurice Genevoix*
P232. Le Baron perché, *par Italo Calvino*
P233. Le Tueur et son ombre, *par Herbert Lieberman*
P234. La Nuit du solstice, *par Herbert Lieberman*
P235. L'Après-Midi bleu, *par William Boyd*
P236. Le Sémaphore d'Alexandrie, *par Robert Solé*
P237. Un nom de torero, *par Luis Sepúlveda*
P238. Halloween, *par Lesley Glaister*
P239. Un bonheur mortel, *par Anne Fine*
P240. Mésalliance, *par Anita Brookner*
P241. Le Vingt-Septième Royaume, *par Alice Thomas Ellis*
P242. Le Sucre et autres récits, *par Antonia S. Byatt*
P243. Le Dernier Tramway, *par Nedim Gürsel*
P244. Une enquête philosophique, *par Philippe Ken*
P245. Un homme peut en cacher un autre, *par Andreu Martín*
P246. A l'ouest d'Allah, *par Gilles Kepel*
P247. Nedjma, *par Kateb Yacine*
P248. Le Prochain sur la liste, *par Dan Greenburg*
P249. Les Chambres de bois, *par Anne Hébert*
P250. La Nuit du décret, *par Michel del Castillo*
P251. Malraux, une vie dans le siècle, *par Jean Lacouture*
P252. Une année en Provence, *par Peter Mayle*
P253. Cap Horn, *par Francisco Coloane*
P254. Eldorado 51, *par Marc Trillard*
P255. Juan sans terre, *par Juan Goytisolo*
P256. La Dynastie des Rothschild, *par Herbert Lottman*
P257. La Trahison des Lumières, *par Jean-Claude Guillebaud*
P258. Je suis vivant et vous êtes morts, *par Emmanuel Carrère*
P259. Minuit passé, *par David Laing Dawson*
P260. Le Guépard, *par Giuseppe Tomasi di Lampedusa*
P261. Remise de peine, *par Patrick Modiano*
P262. L'Honneur perdu de Katharina Blum, *par Heinrich Böll*
P263. Un loup est un loup, *par Michel Folco*
P264. Daddy's Girl, *par Janet Inglis*
P265. Une liaison dangereuse, *par Hella S. Haasse*
P266. Sombre Sentier, *par Dominique Manotti*
P267. Ténèbres sur Jacksonville, *par Brigitte Aubert*
P268. Blackburn, *par Bradley Denton*
P269. La Glace noire, *par Michael Connelly*
P270. La Couette, *par Camille Todd*
P271. Le Petit Mitterrand illustré, *par Plantu*
P272. Le Train vert, *par Herbert Lieberman*
P273. Les Villes invisibles, *par Italo Calvino*
P274. Le Passage, *par Jean Reverzy*

P275. La Couleur du destin, *par Franco Lucentini et Carlo Fruttero*
P276. Gérard Philipe, *par Gérard Bonal*
P277. Petit Dictionnaire pour lutter contre l'extrême droite *par Martine Aubry et Olivier Duhamel*
P278. Le premier amour est toujours le dernier *par Tahar Ben Jelloun*
P279. La Plage noire, *par François Maspero*
P280. Dixie, *par Julien Green*
P281. L'Occasion, *par Juan José Saer*
P282. Le diable t'attend, *par Lawrence Block*
P283. Les cancres n'existent pas, *par Anny Cordié*
P284. Tous les fleuves vont à la mer, *par Elie Wiesel*
P285. Parias, *par Pascal Bruckner*
P286. Le Baiser de la femme-araignée, *par Manuel Puig*
P287. Gargantua, *par François Rabelais*
P288. Pantagruel, *par François Rabelais*
P289. La Cocadrille, *par John Berger*
P290. Senilità, *par Italo Svevo*
P291. Le Bon Vieux et la Belle Enfant, *par Italo Svevo*
P292. Carla's Song, *par Ken Loach*
P293. Hier, *par Agota Kristof*
P294. L'Orgue de Barbarie, *par Bernard Chambaz*
P295. La Jurée, *par George Dawes Green*
P296. Siam, *par Morgan Sportès*
P297. Une saison dans la vie d'Emmanuel *par Marie-Claire Blais*
P298. Smilla et l'Amour de la neige, *par Peter Høeg*
P299. Mal et Modernité, *suivi de* Vous avez une tombe au creux des nuages *par Jorge Semprún*
P300. Vidal et les Siens, *par Edgar Morin*
P301. Dieu et nous seuls pouvons, *par Michel Folco*
P302. La Mulâtresse Solitude, *par André Schwarz-Bart*
P303. Les Lycéens, *par François Dubet*
P304. L'Arbre à soleils, *par Henri Gougaud*
P305. L'Homme à la vie inexplicable, *par Henri Gougaud*
P306. Bélibaste, *par Henri Gougaud*
P307. Joue-moi quelque chose, *par John Berger*
P308. Flamme et Lilas, *par John Berger*
P309. Histoires du Bon Dieu, *par Rainer Maria Rilke*
P310. In extremis *suivi de* La Condition, *par Henri James*
P311. Héros et Tombes, *par Ernesto Sábato*
P312. L'Ange des ténèbres, *par Ernesto Sábato*
P313. Acid Test, *par Tom Wolfe*

P314. Un plat de porc aux bananes vertes
par Simone et André Schwarz-Bart
P315. Prends soin de moi, *par Jean-Paul Dubois*
P316. La Puissance des mouches, *par Lydie Salvayre*
P317. Le Tiers Livre, *par François Rabelais*
P318. Le Quart Livre, *par François Rabelais*
P319. Un enfant de la balle, *par John Irving*
P320. A la merci d'un courant violent, *par Henry Roth*
P321. Tony et Susan, *par Austin Wright*
P322. La Foi du charbonnier, *par Marguerite Gentzbittel*
P323. Les Armes de la nuit *et* La Puissance du jour
par Vercors
P324. Voltaire le conquérant, *par Pierre Lepape*
P325. Frère François, *par Julien Green*
P326. Manhattan terminus, *par Michel Rio*
P327. En Russie, *par Olivier Rolin*
P328. Tonkinoise..., *par Morgan Sportès*
P329. Peau de lapin, *par Nicolas Kieffer*
P330. Notre jeu, *par John le Carré*
P331. Brésil, *par John Updike*
P332. Fantômes et Cie, *par Robertson Davies*
P333. Sofka, *par Anita Brookner*
P334. Chienne d'année, *par Françoise Giroud*
P335. Nos hommes, *par Denise Bombardier*
P336. Parlez-moi de la France, *par Michel Winock*
P337. Apolline, *par Dan Franck*
P338. Le Lien, *par Patrick Grainville*
P339. Moi, Franco, *par Manuel Vázquez Montalbán*
P340. Ida, *par Gertrude Stein*
P341. Papillon blanc, *par Walter Mosley*
P342. Le Bonheur d'apprendre, *par François de Closets*
P343. Les Écailles du ciel, *par Tierno Monénembo*
P344. Une tempête, *par Aimé Césaire*
P345. Kamouraska, *par Anne Hébert*
P346. La Journée d'un scrutateur, *par Italo Calvino*
P347. Le Tambour, *par Günter Grass*
P348. La Minute nécessaire de monsieur Cyclopède
par Pierre Desproges
P349. Fort Saganne, *par Louis Gardel*
P350. Un secret sans importance, *par Agnès Desarthe*
P351. Les Millions d'arlequin, *par Bohumil Hrabal*
P352. La Mort du lion, *par Henry James*
P353. Une sage femme, *par Kaye Gibbons*
P354. Dans un jardin anglais, *par Anne Fine*
P355. Les Oiseaux du ciel, *par Alice Thomas Ellis*

P356. L'Ange traqué, *par Robert Crais*
P357. L'Homme symbiotique, *par Joël de Rosnay*
P358. Moha le fou, Moha le sage, *par Tahar Ben Jelloun*
P359. Les Yeux baissés, *par Tahar Ben Jelloun*
P360. L'Arbre d'amour et de sagesse, *par Henri Gougaud*
P361. L'Arbre aux trésors, *par Henri Gougaud*
P362. Le Vertige, *par Evguénia S. Guinzbourg*
P363. Le Ciel de la Kolyma (Le Vertige, II)
par Evguénia S. Guinzbourg
P364. Les hommes cruels ne courent pas les rues
par Katherine Pancol
P365. Le Pain nu, *par Mohamed Choukri*
P366. Les Lapins du commandant, *par Nedim Gürsel*
P367. Provence toujours, *par Peter Mayle*
P368. La Promeneuse d'oiseaux, *par Didier Decoin*
P369. Un hiver en Bretagne, *par Michel Le Bris*
P370. L'Héritage Windsmith, *par Thierry Gandillot*
P371. Dolly, *par Anita Brookner*
P372. Autobiographie d'un cheval, *par John Hawkes*
P373. Châteaux de la colère, *par Alessandro Baricco*
P374. L'Amant du volcan, *par Susan Sontag*
P375. Chroniques de la haine ordinaire, *par Pierre Desproges*
P376. La Prière de l'absent, *par Tahar Ben Jelloun*
P377. La Plus Haute des solitudes, *par Tahar Ben Jelloun*
P378. Scarlett, si possible, *par Katherine Pancol*
P379. Journal, *par Jean-René Huguenin*
P380. Le Polygone étoilé, *par Kateb Yacine*
P381. La Chasse au lézard, *par William Boyd*
P382. Texas (tome 1), *par James A. Michener*
P383. Texas (tome 2), *par James A. Michener*
P384. Vivons heureux en attendant la mort, *par Pierre Desproges*
P385. Le Fils de l'ogre, *par Henri Gougaud*
P386. La neige tombait sur les cèdres, *par David Guterson*
P387. Les Seigneurs du thé, *par Hella S. Haasse*
P388. La Fille aux yeux de Botticelli, *par Herbert Lieberman*
P389. Tous les hommes morts, *par Lawrence Block*
P390. La Blonde en béton, *par Michael Connelly*
P391. Palomar, *par Italo Calvino*
P392. Sous le soleil jaguar, *par Italo Calvino*
P393. Félidés, *par Akif Pirinçci*
P394. Trois Heures du matin à New York, *par Herbert Lieberman*
P395. La Maison près du marais, *par Herbert Lieberman*
P396. Le Médecin de Cordoue, *par Herbert Le Porrier*
P397. La Porte de Brandebourg, *par Anita Brookner*
P398. Hôtel du Lac, *par Anita Brookner*

P399. Replay, *par Ken Grimwood*
P400. Chesapeake, *par James A. Michener*
P401. Manuel de savoir-vivre à l'usage des rustres et des malpolis *par Pierre Desproges*
P402. Le Rêve de Lucy *par Pierre Pelot et Yves Coppens (dessins de Liberatore)*
P403. Dictionnaire superflu à l'usage de l'élite et des bien nantis *par Pierre Desproges*
P404. La Mamelouka, *par Robert Solé*
P405. Province, *par Jacques-Pierre Amette*
P406. L'Arbre de vies, *par Bernard Chambaz*
P407. La Vie privée du désert, *par Michel Chaillou*
P408. Trop sensibles, *par Marie Desplechin*
P409. Kennedy et moi, *par Jean-Paul Dubois*
P410. Le Cinquième Livre, *par François Rabelais*
P411. La Petite Amie imaginaire, *par John Irving*
P412. La Vie des insectes, *par Viktor Pelevine*
P413. La Décennie Mitterrand, 3. Les Défis *par Pierre Favier et Michel Martin-Roland*
P414. La Grimace, *par Heinrich Böll*
P415. La Famille de Pascal Duarte, *par Camilo José Cela*
P416. Cosmicomics, *par Italo Calvino*
P417. Le Chat et la Souris, *par Günter Grass*
P418. Le Turbot, *par Günter Grass*
P419. Les Années de chien, *par Günter Grass*
P420. L'Atelier du peintre, *par Patrick Grainville*
P421. L'Orgie, la Neige, *par Patrick Grainville*
P422. Topkapi, *par Eric Ambler*
P423. Le Nouveau Désordre amoureux *par Pascal Bruckner et Alain Finkielkraut*
P424. Un homme remarquable, *par Robertson Davies*
P425. Le Maître de chasse, *par Mohammed Dib*
P426. El Guanaco, *par Francisco Coloane*
P427. La Grande Bonace des Antilles, *par Italo Calvino*
P428. L'Écrivain public, *par Tahar Ben Jelloun*
P429. Indépendance, *par Richard Ford*
P430. Les Trafiquants d'armes, *par Eric Ambler*
P431. La Sentinelle du rêve, *par René de Ceccatty*
P432. Tuons et créons, c'est l'heure, *par Lawrence Block*
P433. Textes de scène, *par Pierre Desproges*
P434. François Mitterrand, *par Franz-Olivier Giesbert*
P435. L'Héritage Schirmer, *par Eric Ambler*
P436. Ewald Tragy et autres récits de jeunesse *par Rainer Maria Rilke*
P437. Histoires pragoises, *par Rainer Maria Rilke*

P438. L'Admiroir, *par Anny Duperey*
P439. Une trop bruyante solitude, *par Bohumil Hrabal*
P440. Temps zéro, *par Italo Calvino*
P441. Le Masque de Dimitrios, *par Eric Ambler*
P442. La Croisière de l'angoisse, *par Eric Ambler*
P443. Milena, *par Margarete Buber-Neumann*
P444. La Compagnie des loups et autres nouvelles
par Angela Carter
P445. Tu vois, je n'ai pas oublié
par Hervé Hamon et Patrick Rotman
P446. Week-end de chasse à la mère
par Geneviève Brisac
P447. Un cercle de famille, *par Michèle Gazier*
P448. Étonne-moi, *par Guillaume Le Touze*
P449. Le Dimanche des réparations, *par Sophie Chérer*
P450. La Suisse, l'Or et les Morts, *par Jean Ziegler*
P451. L'Humanité perdue, *par Alain Finkielkraut*
P452. Abraham de Brooklyn, *par Didier Decoin*
P454. Les Immémoriaux, *par Victor Segalen*
P455. Moi d'abord, *par Katherine Pancol*
P456. Traité du zen et de l'entretien des motocyclettes
par Robert H. Pirsig
P457. Un air de famille, *par Michael Ondaatje*
P458. Les Moyens d'en sortir, *par Michel Rocard*
P459. Le Mystère de la crypte ensorcelée, *par Eduardo Mendoza*
P460. Le Labyrinthe aux olives, *par Eduardo Mendoza*
P461. La Vérité sur l'affaire Savolta, *par Eduardo Mendoza*
P462. Les Pieds-bleus, *par Claude Ponti*
P463. Un paysage de cendres, *par Élisabeth Gille*
P464. Un été africain, *par Mohammed Dib*
P465. Un rocher sur l'Hudson, *par Henry Roth*
P466. La Misère du monde, *sous la direction de Pierre Bourdieu*
P467. Les Bourreaux volontaires de Hitler
par Daniel Jonah Goldhagen
P468. Casting pour l'enfer, *par Robert Crais*
P469. La Saint-Valentin de l'homme des cavernes
par George Dawes Green
P470. Loyola's blues, *par Erik Orsenna*
P472. Les Adieux, *par Dan Franck*
P473. La Séparation, *par Dan Franck*
P474. Ti Jean L'horizon, *par Simone Schwarz-Bart*
P475. Aventures, *par Italo Calvino*
P476. Le Château des destins croisés, *par Italo Calvino*
P477. Capitalisme contre capitalisme, *par Michel Albert*
P478. La Cause des élèves, *par Marguerite Gentzbittel*

P479. Des femmes qui tombent, *par Pierre Desproges*
P480 Le Destin de Nathalie X, *par William Boyd*
P481. Le Dernier Mousse, *par Francisco Coloane*
P482. Jack Frusciante a largué le groupe, *par Enrico Brizzi*
P483. La Dernière Manche, *par Emmett Grogan*
P484. Les Lauriers du lac de Constance, *par Marie Chaix*
P485. Les Fous de Bassan, *par Anne Hébert*
P486. Collection de sable, *par Italo Calvino*
P487. Les étrangers sont nuls, *par Pierre Desproges*
P488. Trainspotting, *par Irvine Welsh*
P489. Suttree, *par Cormac McCarthy*
P490. De si jolis chevaux, *par Cormac McCarthy*
P491. Traité des passions de l'âme, *par António Lobo Antunes*
P492. N'envoyez plus de roses, *par Eric Ambler*
P493. Le corps a ses raisons, *par Thérèse Bertherat*
P494. Le Neveu d'Amérique, *par Luis Sepúlveda*
P495. Mai 68, une histoire du mouvement
par Laurent Joffrin
P496. Que reste-t-il de Mai 68 ?,
essai sur les interprétations des « événements »
par Henri Weber
P497. Génération
1. Les années de rêve
par Hervé Hamon et Patrick Rotman
P498. Génération
2. Les années de poudre
par Hervé Hamon et Patrick Rotman
P499. Eugène Oniéguine, *par Alexandre Pouchkine*
P500. Montaigne à cheval, *par Jean Lacouture*
P501. Le Mendiant de Jérusalem, *par Elie Wiesel*
P502. … Et la mer n'est pas remplie, *par Elie Wiesel*
P503. Le Sourire du chat, *par François Maspero*
P504. Merlin, *par Michel Rio*
P505. Le Semeur d'étincelles, *par Joseph Bialot*
P506. Hôtel Pastis, *par Peter Mayle*
P507. Les Éblouissements, *par Pierre Mertens*
P508. Aurélien, Clara, mademoiselle et le lieutenant anglais
par Anne Hébert
P509. Dans la plus stricte intimité, *par Myriam Arissimov*
P510. Éthique à l'usage de mon fils, par *Fernando Savater*
P511. Aventures dans le commerce des peaux en Alaska
par John Hawkes
P512. L'Incendie de Los Angeles, *par Nathanaël West*
P513. Montana Avenue, *par April Smith*
P514. Mort à la Fenice, *par Donna Leon*